한국국방안보포럼(KODEF)은 21세기 국방정론을 발전시키고 국가안보에 대한 미래 전략적 대안들을 제시하기 위해, 뜻있는 군·정치·언론·법조·경제·문화·매니아 집단이 만든 사단법인입니다. 온-오프 라인을 통해 국방정책을 논의하고, 국방정책에 관한 조사·연구·자문·지원 활동을 하고 있으며, 국방 관련 단체 및 기관과 공조하여 국방교육 자료를 개발하고 안보의식을 고양하는 사업을 하고 있습니다. http://www.kodef.net

고려, 북진을 꿈꾸다

KODEF 한국 전쟁사 ❷

고려, 북진을 꿈꾸다

고구려 영토 회복의 꿈과 500년 고려전쟁사

정해은

| 들어가는 말 |

고려시대를 이해하는 키워드, 전쟁

● 고려(918~1392)는 5백여 년 가까이 지속되면서 찬란한 문화를 일구어낸 왕조이지만 삼국이나 조선만큼 일반인들에게 친숙하지 않다.

그러나 고려를 들여다보면 'KOREA'의 원조답게 바깥세상을 향한 다양한 통로를 열어놓고 세계와 공존했다. 구성원들을 성리학적 교양으로 무장시키려고 노력하던 조선과 달리 불교·유교·도교 등 다양한 종교와 가치관을 허용했으며 그 결과 개방성과 역동성에 바탕을 둔 사회를 창출했다.

동시에 고려는 전쟁에 대한 성찰 없이는 온전한 이해가 불가능하다고 말할 수 있을 만큼 전쟁의 시대였다. 거란(요) 전쟁, 여진 정벌, 몽골 전쟁, 홍건적 및 왜구 토벌 등 우리가 기억하는 큰 전쟁 외에도 북쪽과 남쪽에서 수시로 크고 작은 침략을 받았다. 여기서 한 가지 주목할 사항은 고려가 큰 전쟁을 치른 대상이 거란·여진·몽골 등 북방에서 흥기한 유목민족이라는 점이다.

중국사에서 10~14세기는 '한족漢族의 굴욕'으로 평가되는 시기다. 이 기간은 유목민족이 중국 대륙을 점령한 '정복왕조'의 시기이기 때문이다. 정복왕조란 북방의 유목민족이 한족을 점령하고 세운 왕조라는 의미로, 1949년에 비트포겔K.W.Wittfogel이 처음 사용한 이후 보편화되었다. 여기에는 한족의 역사를 정통으로 삼으려는 의도가 밑바탕에 깔려 있다.

그렇다면 어떻게 '정복왕조'의 시대가 도래했는가? 그것은 한족 국가의 약체 송이 초래한 결과였다. 907년 중국 대륙에서 당이 붕괴하고 5대 10국이 난립하자 이 틈을 타고 만주 일대에서 거란이 일어났다. 936년에 고려가 통일왕조를 세우고 얼마 지나지 않아 중국 대륙에서도 960년에 통일왕조 송이 탄생했다.

그러나 송이 건국된 이후에도 유목민족의 우위는 계속되었다. 중국 역사상 송은 '중국의 르네상스'로 불릴 만큼 문예가 치성한 시기였다. 이에 비해 군사력은 가장 약체라는 평을 받을 만큼 취약했다. 그 이유는 송 태조가 당말 혼란의 원인을 강성하게 일어난 지방 군벌에서 찾았기 때문이다. 송 태조는 임금과 궁성을 위한 군대를 제외하고는 군벌이 성장하지 못하도록 경계했다.

그리고 송이 택한 대외 전략은 경제력을 이용해 주변국에 많은 양의 비단과 은銀을 제공하면서 평화를 유지하는 방식이었다. 그러자 유목민족들은 오히려 엄청난 군사적 우위를 가지고 송을 위협했고 거란에 이어 여진·몽골도 흥기할 수 있었다. 심지어 몽골이 남송을 멸망시키고 중국 대륙을 송두리째 차지해버리면서 오랫동안 유지되던 위상은 역전되었다.

이처럼 고려가 마주한 당시의 국제질서는 당이나 명·청처럼 중국 대륙에 자리한 왕조만이 천하를 누리고 황제를 칭하던 세상이 아니었다. 고려가 망할 때까지 한반도의 북쪽 지역과 동쪽의 중국 대륙은 북방민족과 중원 왕조의 대결로 요동쳤다.

중국 대륙의 북부에서 일어난 거란·금·몽골(원)이 제국을 형성하는 과정에서 궁극적으로 지향한 곳은 중원이었다. 그러나 이 유목민족들은 서로 약속이나 한 듯이 중원을 먼저 공략하지 않았다. 중원을 차지하기 위한 전초 작업으로서 자국의 배후에 있는 주변국으로 주의를 돌렸고 고려는 그 한가운데에 있었다.

따라서 고려가 수행한 이민족과의 전쟁은 중국 대륙의 왕조와 북방의 유목국가 사이에 벌어진 패권 다툼과 깊은 연관을 맺고 있었다. 그러므로 고려의 전쟁사를 이해하기 위해서는 주변국에 대한 파악과 이해가 필수라고 할 수 있다.

지금까지 한국사에서 전쟁은 지나치게 국난극복사로 이해되거나 서술되어왔다. 일제 강점기와 70년대 유신 독재를 거치는 동안 역사에서 자긍심과 향수를 찾아내려는 이데올로기적 경향이 강해지면서 나타난 결과였다.

이 책이 궁극적으로 지향한 점은 고려시대 주변국 정세에 대한 관심과 이해였다. 전쟁이 내전이 아닌 이상에야 상대국이 있을 터인데 당시 국제 정세나 상대국에 대한 올바른 이해가 없다면 그저 지난한 '외침'을 극복했다는 전쟁사에서 한 걸음도 더 나갈 수 없다고 보았다. 한편으론 복잡다기한 국제 정세 속에서 고려가 주체적으로 헤쳐 나가던 생존의 방식을 보여주기 위한 고심이기도 하다.

동북아에서 고려는 우리의 예상보다 훨씬 더 강대국이었다. 강국 사이에서 살아남기 위한 절박함이 고려를 동북아의 강자로 만들었고 고려가 획득한 성취는 상당한 정도의 성과라는 점을 인정해야 할 것이다.

예컨대, 금의 제4대 임금 해릉海陵(재위기간 1149~1161)이 등극한 후 넓어진 금의 영토를 보고 의기양양해하자 한 신하가 "본국은 강토는 넓지만 천하에 군주가 넷이옵니다. 남에는 송, 동에는 고려, 서에는 서하西夏가 있어 이를 통일해야 진정 넓다 하겠습니다"라고 대답했듯이 고려는 동북아의 한 축이었다.

이 책의 구성 방식은 다소 생소한 측면이 있다. 대외정세나 적국을 먼저 소개하고 고려에 대해 이야기하고 있기 때문이다. 이 방식은 자칫 주객이 전도되었다는 오해를 불러일으킬 수도 있다. 그래서 이 책을 탈고하기 전에 한 지인으로부터 고려를 먼저 다루고 그다음에 대외정세를 배치하는 것이 어떻겠느냐는 충고도 들었다.

그럼에도 저자가 이 구성을 선택한 이유는 한국사에 대한 자주성이나 자긍심이 부족해서가 아니었다. 적을 알고 나를 알면 백전백승이라는 말이 있다. 고려가 싸운 나라가 어떤 나라인지, 왜 고려를 쳐들어왔는지, 그리고 전쟁 국면에서 고려가 왜 그런 선택을 내렸는지 이해하려면 시각을 크게 확대할 필요가 있다고 보았다. 그러다 보니 국제 정세에 많은 지면을 할애한 감도 없지 않지만 이 부분은 저자가 이 책을 마칠 때까지 마음속으로 놓지 않던 고민이었다.

이 책은 선학들의 연구에 많은 빚을 지고 있다. 현재까지 수준 높게 진행된 연구 성과들이 없었다면 이 책은 가능하지 않았을 것이다. 더구나 조선시대 전공자로서 고려시대 전쟁사에 관한 책을 내놓으려니 두려움만 앞선다. 끝으로 이 책이 나올 때까지 오랜 시간을 기다려준 플래닛미디어 사장님과 원고를 정성껏 다듬어준 편집부 김은주 씨에게 감사의 뜻을 전한다.

2009년 11월 23일
정 해 은

고려, 북진을 꿈꾸다
차례

들어가는 말 | 고려시대를 이해하는 키워드, 전쟁 … 4

제1장 고려 태조, 북쪽으로 향하다 … 12

1. 10세기 동아시아 정세
중국 대륙의 분열 · 16
변방에서 일어난 제국 거란 · 19
여진의 존재 · 22

2. 태조의 원대한 구상
민심을 얻기 위한 노력 · 25
〈훈요십조〉에 담긴 뜻 · 28
5대 10국 정책 · 30
거란 정책 · 33
여진 정책 · 36

3. 북진 정책의 실체
왜 북진 정책이 필요한가 · 39
북진 정책의 신호탄 평양 개척 · 43
평양의 요새화 · 45
북계에 설치한 군사요새 · 50
청천강 유역까지 북상한 군사거점 · 53

4. 발해 유민의 활용
뜨거운 감자 발해 · 59
발해 유민의 규모 · 62
발해 유민의 전력화 · 65

❖ 회고와 전망 · 67

제2장 거란과 싸워 이기다 … 70

1. 거란의 전쟁 준비
거란은 강했다 · 74
군사제도 · 78
무기와 전법 · 81

2. 고려의 준비 태세
국내 사정 · 83
송과 거란 사이에 선 고려 · 85
군사제도 · 89
성곽과 무기 · 93

3. 제1차 전쟁
거란의 침공 배경 · 97
봉산성의 패배 · 100
할지론의 대두 · 103
안융진 전투의 승리 · 104
고려에는 서희가 있었다 · 107

4. 제2차 전쟁
거란의 침공 배경 · 112
흥화진과 통주성의 사수 · 114
서경 공방전과 개경 함락 · 116
통쾌한 반격 · 120

5. 제3차 전쟁
거란의 뒤늦은 후회 · 123
거란군의 목표 · 125
개경 직공에 실패한 거란군 · 128
아, 구주성이여! · 129
◆ 회고와 전망 · 133

제3장 '해동천하' 고려, 여진을 정벌하다 … 136

1. 완옌부 여진은 누구인가
과소평가된 여진 · 140
완옌부 여진의 기원 · 145
완옌부 여진의 성장 · 147
완옌부 여진의 군사조직 · 149
고려와 완옌부 여진의 만남 · 151

2. 고려와 주변 정세
팽창이 멈춰버린 거란 · 155
송의 위축 · 157
고려의 번영 · 160
천리장성의 축조 · 162
여진 정책의 변화 · 167

3. 제1차 여진 정벌
   - 여진 정벌의 배경 · 170
   - 고전을 면치 못하는 고려군 · 174
   - 성과 없는 귀환 · 176
   - 정보 부재가 낳은 실패 · 177
   - 재정벌 준비 : 별무반 창설 · 179
   - 군기 확립 · 182

4. 제2차 여진 정벌
   - 재정벌을 선언하다 · 185
   - 고려의 군사 기동 · 187
   - 9성 축조와 공험진 · 190
   - 생활 터전을 빼앗긴 여진인들 · 193
   - 반격에 나선 여진 · 195
   - 9성에서 철수하는 고려군 · 198

   ❖ 회고와 전망 · 201

제4장 제국 몽골과 맞서다 · 204

1. 몽골의 부상
   - 제국을 건설한 몽골 · 208
   - 군사제도 · 212
   - 무기와 전법 · 216

2. 동북아의 재편
   - 금의 번성과 멸망 · 219
   - 북송·남송의 멸망이 주는 교훈 · 221
   - 변혁기 고려의 갈등과 선택 · 223

3. 13세기 고려의 상황
   - 무인정권의 시대 · 226
   - 군사력 실태 · 228
   - 녹슬지 않은 관방 요새 · 233

4. 30년 전쟁의 시작
   - 몽골의 침공 배경 · 236
   - 4개월의 사투 구주성 전투 · 239
   - 다루가치의 설치 · 242
   - 강화로 천도한 고려 정부 · 244
   - 몽골의 재침 · 246

5. 기나긴 전쟁
   - 전장의 확대 · 250
   - 끝이 보이지 않는 전쟁 · 252
   - 무인정권 붕괴와 종전 · 260
   - 삼별초, 끝나지 않은 전쟁 · 262

   ❖ 회고와 전망 · 265

제5장 홍건적을 몰아내다 ... 268

1. 홍건적의 발생
   저무는 태양 원 · 272
   홍건적이 일어나다 · 275
   재건의 꿈이 좌절되다 · 277

2. 국내 정세
   원 사신에게 걷어차이는 고려 임금 · 280
   몽골 옷을 벗어던지다 · 284
   100여 년 만에 되찾은 쌍성총관부 · 286

3. 제1차 홍건적 토벌
   홍건적, 압록강을 넘다 · 290
   고려군은 왜 서경을 내주었을까 · 292

4. 제2차 홍건적 토벌
   홍건적, 청천강 방어선을 뚫다 · 295
   안동으로 피신한 공민왕 · 298
   다시 되찾은 수도 개경 · 300

   ❖ 회고와 전망 · 303

연표 ... 306
참고 문헌 ... 311
찾아보기 ... 319

제1장
고려 태조, 북쪽으로 향하다

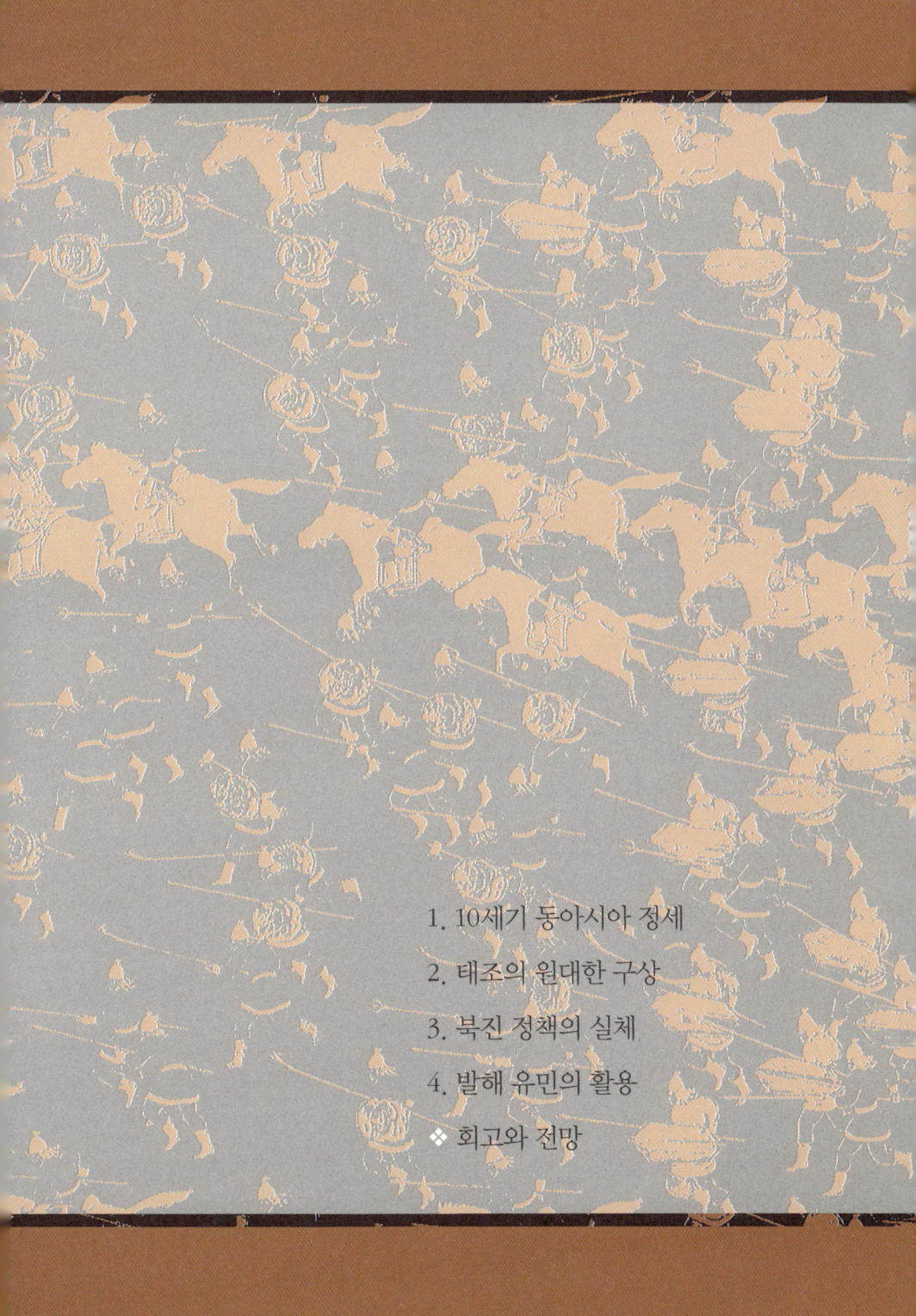

1. 10세기 동아시아 정세
2. 태조의 원대한 구상
3. 북진 정책의 실체
4. 발해 유민의 활용
❖ 회고와 전망

고려가 건국될 무렵인 10세기 초 동북아시아는 중심축을 이루던 당唐이 무너지면서 격동의 시대로 돌입했다. 중국 대륙에는 50여 년간 5대代 10국國이 흥망을 거듭하면서 힘의 공백 상태가 발생했다. 이와 때를 같이해 몽골 유목지대에서 패권을 장악하던 튀르크(돌궐突厥) 족도 동서로 분열했다. 이 틈을 타고 북중국의 만주 일대에서 일어난 거란契丹이 동아시아의 새로운 강자로 등장했다.

태조는 건국 직후부터 고구려의 전통을 이어받아 고구려 영토를 되찾겠다는 강한 의지를 드러냈다. 국호도 '고려'로 정한 태조는 북진 정책을 대외 정책의 기조로 삼아 중원中原의 왕조와 북방민족의 충돌과 경쟁을 적절하게 이용하면서 정책을 추진했다. 후삼국 통일 이후 국내 정세가 안정되자 태조는 전략적 관심을 북방 영토 개척에 집중시켰다.

이 과정에서 태조가 가장 먼저 추진한 일은 평양 개척이었다. 평양을 전진기지로 삼아 압록강 이동以東의 여진족을 포섭하거나 무력으로 토벌했다. 동북쪽으로도 여러 여진 부족을 공략해 안변 이북의 땅을 확보하는 가

시적 성과를 거두었다.

 평양 개척을 마무리한 태조는 평양을 기점으로 하여 북쪽으로 성곽을 구축해나갔다. 그리고 군사기지인 진鎭을 설치하고 중앙군을 파견해 주둔시켰다. 이 과정에서 고려는 발해 유민을 적극 수용해 고려군의 전력 증강을 도모했다. 그 결과 태조 말년 고려의 국경선은 서북으로 청천강 유역인 안주까지 북상했고 동북으로는 안변에서 영흥까지 확장되었다.

 태조가 추진한 북진 정책은 북방민족과 충돌이 불가피했다. 만약 태조가 대동강 이남의 영토에 안주했다면 이후 거란과 마찰을 빚지 않았을까? 당시 국제 정세는 화해와 타협보다는 전쟁과 충돌에 의해 주도권을 장악하는 특성을 띠었다. 거란은 송宋과의 대결에 앞서 송의 후방 세력인 여진을 복속시켰으므로 송과 친밀한 관계를 맺고 있던 고려의 존재를 간과했을 리 없다.

 중국사에서 10세기 초부터 14세기 후반은 '한족漢族의 굴욕'으로 평가되는 시기다. 거란, 여진, 몽골로 이어지는 북방민족의 흥기로 동아시아는 460여 년간 여러 세력들이 패권을 다투던 각축장이었다. 이런 상황에서 고려가 어떻게 동북아의 중심 세력으로 우뚝 설 수 있었는지, 그 저력이 어디에서 나왔는지를 이 장에서 확인할 수 있을 것이다.

1. 10세기 동아시아 정세

중국 대륙의 분열

고려 왕조가 건국될 무렵인 10세기 초 동아시아는 중심축을 이루던 당^唐이 붕괴되면서 힘의 공백 상태를 맞이했다. 당은 618년부터 907년까지 300년간 지속된 왕조였다. 그 무렵 동아시아는 당을 비롯해 신라, 일본, 안남(베트남) 등이 중심에 있고 그 주변을 거란, 흉노, 여진 등이 둘러싸고 있는 형세였다.[1]

중국 대륙에는 당이 망하자 그 틈새를 비집고 15개 왕조가 난립했다. 5대는 당 멸망 직후인 907년부터 960년까지 54년 동안 낙양^{洛陽}과 개봉^{開封}에서 흥망성쇠를 거듭한 다섯 왕조를 말한다. 후량^{後梁}・후당^{後唐}・후진^{後晉}・후한^{後漢}・후주^{後周}가 여기에 해당한다. 이 다섯 왕조가 나타났다가 사라지는 사이 양자강 이남에서는 오^吳・남당^{南唐}・전촉^{前蜀}・후촉^{後蜀}・남한^{南漢}・초^楚・오월^{吳越}・민^閩・형남^{荊南}(남평국^{南平國}) 및 북한^{北漢} 등 10국^國이 등

---

1 박종기, 『새로 쓴 5백년 고려사』(푸른역사, 2008), 276-278쪽.

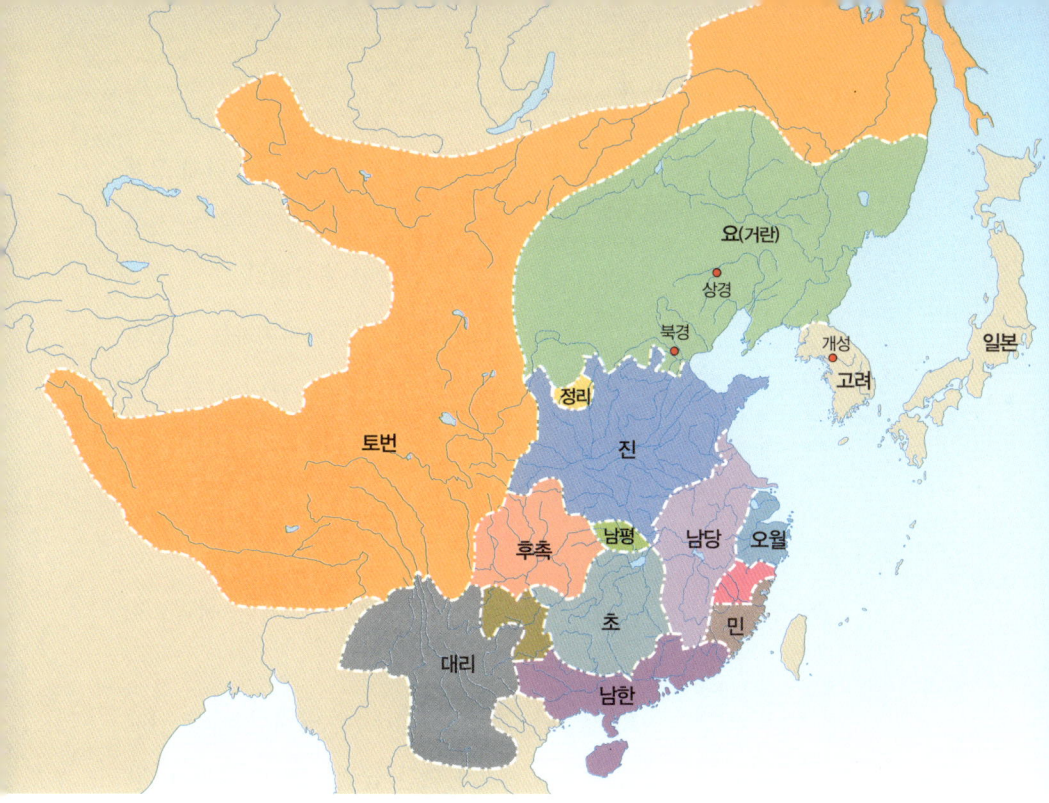

5대 10국

장했다가 사라졌다.

 송대 역사가들은 5대 10국에 대해 5대만 정통 왕조로 인정해 '당말 5대'라는 표현을 사용하기도 한다. 5대가 당을 이어받아 송으로 계승되었다고 보기 때문이다. 10국의 경우에는 후량이나 후당으로부터 책봉을 받은 곳도 있으므로 독립 왕조로 인정하지 않고 당 말에 치성하던 번진藩鎭의 하나로 간주했다.

 번진이란 8세기 초 북방민족의 침입을 막기 위해 변경의 중요 진鎭에 설치한 군사조직이다. 병농일치에 기반한 징병제인 부병제府兵制 2가 유명무

---

2 부병제府兵制 : 병농일치兵農一致의 군사제도. 중국 서위西魏에서 시작해 수·당에 이르러 정비되었다. 농민 가운데 군인을 뽑아 일정 기간 수도나 변경의 수비를 맡기고 그 대가로 복역 기간에는 조세를 면제해주었다.

[표 1] 10세기 중국 대륙의 5대 10국

	왕조	존속기간	도읍지
5대	후량	907~923	개봉開封→낙양洛陽
	후당	923~936	낙양
	후진	936~946	개봉
	후한	947~950	개봉
	후주	951~959	개봉
10국	오	902~937	양주楊州
	남당	937~975	금릉金陵
	전촉	907~925	성도成都
	후촉	934~965	성도
	남한	917~971	광주廣州
	초	907~978	형주
	오월	907~978	항주
	민	909~946	복주
	형남	924~963	강릉
	북한	951~979	진양晉陽

실해지자 변경 방어를 위해 모색한 제도로서, 모병募兵으로 군사를 뽑아 급료를 지급했다.

번진의 최고 지휘자는 절도사節度使였는데 수십만에 이르는 용병을 거느리면서 권력이 비대해졌다. 더구나 내륙의 절도사는 주州의 최고 행정책임자인 자사刺史까지 겸하면서 강력한 세력으로 성장했다.

5대 10국은 중국 역사상 전례가 없는 군벌軍閥의 시대였다. 남당을 제외하고 모두 당 말기에 반독립적으로 할거하던 절도사 출신의 무인들이 스스로 황제라고 칭한 국가들이다.

이들은 한결같이 중국 대륙의 통일을 지향했으나 국가 체제를 갖추지 못했고, 정권을 유지하기 위해 민民에 대한 가혹한 압박과 수탈을 일삼았다. 내부적으로도 정권 분할을 놓고 갈등이 심했으므로 쿠데타가 끊이지 않는 악순환을 거듭했다.

따라서 동북아시아에서 5대 10국의 입지는 위태로웠다. 동북으로는 930년 이후 탕구트족3이 성장하면서 변방을 위협했고, 북쪽 만주에서는 거란이 급부상하면서 중원中原을 넘보고 있었다. 5대 10국은 이민족의 공

---

3 탕구트黨項族족 : 중국 고대 강족羌族의 한 갈래로 중국 대륙 서쪽 사막에 분산되어 있던 민족. 1038년에 이원호李元昊가 송에서 벗어나 서하西夏를 세웠다. 송과 서역을 잇는 중개무역이 활발했다.

격과 침투에 자주 시달렸지만 복잡한 내부 사정으로 인해 일관된 대외전략을 수립하지 못했다.

오히려 후진을 개국한 석경당石敬瑭은 쿠데타를 앞두고 거란의 유혹에 빠져들어 결국 거란을 끌어들였다. 거란에게 원병을 받는 대가로 연주燕州(지금의 북경)·운주雲州(지금의 대동大同) 등 16주를 떼어 주고 매년 비단 30만 필을 바치기로 약조한 것이다. 정권 찬탈을 위해 이민족을 끌어들인 후진은 결국 10년 만에 이민족인 거란에 의해 망하고 말았다.

이런 분위기에서 농민군으로 구성된 기의군起義軍(의병)이 결성되었다. 후량 시기부터 조직된 기의군은 혹심한 정부의 수탈에 대항하는 한편 거란에 대한 투쟁도 함께 벌여나갔다.[4] 농민 기의군들은 화북과 중원 지역에서 활발하게 무장 투쟁을 전개해 거란군에게 타격을 입혔고 거란이 황하 이남을 넘보지 못하게 하는 수훈갑을 세웠다.

변방에서 일어난 제국 거란

거란의 등장은 동아시아 역사상 일대 파란이라 할 만큼 중요한 사건이다. 거란이 등장하면서 동아시아에서는 한족漢族이 독점적으로 군림하던 판도가 깨지고 용과 범이 각축하는 시대가 도래했다. 중국 대륙에서 당처럼 동북아의 주도권을 확실히 장악한 왕조가 등장하지 못한 결과 북방민족이 강성하게 일어나는 것을 견제하지 못했기 때문이다.

중국사에서 이 시기를 '난세亂世'라 일컫고, '정복 왕조'라고 평가할 만

---

[4] 전백찬翦伯贊 편, 『중국전사』(하), 이진복·김진옥 옮김(학민사, 1990), 9-11쪽.

큼 그 여파는 오랜 기간 지속되었다. 거란 이후 탕구트 · 여진 · 몽골의 홍기로 결국 송이 망해버렸으니 '한족 문명이 굴욕을 받은' 역사의 단초가 거란에서 시작된 것이다. 거란의 등장을 계기로 동아시아는 향후 460여 년간 한족과 이민족의 각축장이 되었다.

그렇다면 이런 변화를 몰고 온 거란족은 누구이며 어디에서 왔는가? 거란은 퉁구스와 몽골의 혼혈족으로 4세기 말에 지금의 내몽골에 위치한 요하遼河 상류 지역인 시라무렌潢水과 토하土河에서 유목생활을 했다고 알려져 있다.5 거란이라는 이름을 사용하기 시작한 것은 북위北魏(386~532) 시대로 '강철' 또는 '정제된 철'이라는 뜻을 담고 있다.

거란이 오랜 기간 연燕, 고구려, 튀르크(돌궐), 당 등 주변국에 부족 단위로 예속되었다가 정치 체제를 갖추기 시작한 때는 7세기경이었다. 여덟 개 부족의 연맹체인 8부部를 형성하면서 부족의 결속력을 강화해나간 거란은 9세기 말 10세 초 세력을 확장할 기회를 포착했다. 몽골 유목지대에서 오랫동안 패권을 장악하고 있던 튀르크(돌궐)가 동서로 분열되고, 중국 대륙 역시 당 멸망 이후 5대 10국이라는 혼란기에서 허우적거리자 거란은 이 기회를 놓치지 않았다.

거란족을 통일해 제국을 건설한 사람은 야율아보기耶律阿保機였다. 야율은 오늘날의 성姓에 해당하며 아보기가 이름이다. 역사서에 의하면 야율아보기는 9척 키에 300근짜리 활을 거뜬히 당길 만큼 몸집이 크고 힘도 강했다고 한다.

902년 오늘날 산서성 일대를 공략하면서 정치 무대에 등장한 야율아보기는 당이 멸망하던 해인 907년에 부족 연맹장이 되어 스스로 칸汗이라 선

---

5 『요사遼史』에는 거란이 선비족鮮卑族에서 나왔다고 되어 있다.

언하고 8부족의 통일을 추진했다. 916년에는 본인에게 비협조적이던 8부 대인大人(부족의 우두머리) 전원을 참수한 후 명실상부한 황제로 등극하고 연호年號도 제정했다.

거란을 일약 동북아의 강국으로 끌어올린 사람은 야율아보기의 둘째 아들로 927년에 제위에 오른 야율덕광耶律德光이다. 이 사람이 바로 거란의 두 번째 임금 태종이다. 야율덕광은 936년 석경당에게 군사력을 제공해 후진의 건국을 도운 대가로 연주·운주 등 16주를 장악했다.

야율덕광이 확보한 16주는 오늘날 북경을 중심으로 하북성河北省 북부에 이르는 지역으로, 요동에서 중국 대륙으로 통하는 길목이자 만리장성 안쪽이었다. 오늘날 중국의 수도 북경은 938년 야율덕광에게 넘어간 뒤 1368년 한족에게 되돌아오기까지 무려 430년이라는 세월이 걸렸다. 석경당의 권력욕과 오판이 낳은 결과였다.

연운 16주의 획득으로 화북평원華北平原을 장악한 거란은 농경 지역을 확보하고 한족의 문화를 흡수하면서 서진 정책을 추진했다. 946년 야율덕광은 후진을 멸망시키고 이듬해 947년에 후진의 수도 개봉에다 요遼6를 세웠다. 거란족의 통일 국가인 요가 등장한 것이다. '요'라는 국호는 초창기 조상들이 머물던 지역인 요하라는 강 명칭을 따서 지은 이름이다.

요컨대, 10세기 중반 이후 거란은 동북아에서 가장 위험한 국가였다. 거란은 승승장구했고 전략적 관점에서 볼 때 거란의 군사 목표는 여진 복속이나 발해 멸망(926년)으로 끝나지 않고 중국 대륙으로 진군하리란 사실도

---

6 거란은 국명을 '요遼'라고 정한 이후에도 임금들조차 '요'와 '거란'을 구분 없이 사용했을 만큼 공식 국명을 하나로 통일하여 사용하지 않았다(룩 콴텐,『유목민족제국사』, 송기중 옮김(민음사, 1984), 133쪽). 따라서 이 책에서는 '요'보다는 국내에 많이 알려져 있는 '거란'을 사용했음을 밝혀둔다.

분명했다.

역사가 입증하듯 북방민족들이 중원을 침공할 때마다 먼저 해결하고자 한 과제는 배후에 자리한 한반도였다. 고려가 거란의 동태에 촉각을 곤두세운 것도 동북아의 변화 추세에 능동적으로 대처하지 않으면 생존이 불가능했기 때문이다.

여진의 존재

중국 선진先秦(B.C.221 이전) 시대에 '숙신肅愼'이라는 이름으로 존재를 나타내기 시작한 여진은 퉁구스 계통에 속하는 민족이다. 초창기 이들이 거주한 지역은 흑룡강(또는 혼동강混同江)의 최대 지류라 할 수 있는 송화강의 삼림지대 및 현재 러시아 연해주 방면이었다.

여진은 시대마다 명칭이 달랐다. 한漢 이후로 읍루邑婁로 불리다가, 남북조시대에는 물길勿吉, 수隋 시대에는 흑수부黑水部, 당에서는 흑수말갈黑水靺鞨 등으로 불리다가 거란(요) 이후로 '여진'으로 통용되었다. 그리고 17세기 초인 명明 말기에 와서야 현재 사용하는 만주족으로 불리게 되었다.

여진은 지리적으로 고려와 거란의 중간에 끼여 있었다. 통일국을 형성하지 못한 여진은 생존을 위해 어느 한쪽으로 거취를 결정해야만 했다. 그래서 일부는 거란에 편입되어 거란의 지배를 받은 숙여진熟女眞이 되었고 다른 일부는 거란의 지배를 피해 부족 생활을 영유하는 생여진生女眞이 되었다.

숙여진이 거란의 호적에 편입되면서 이주해간 곳은 동경 요양부東京遼陽府(오늘날 요령성 요양)의 남쪽이었다. 여기서 숙여진은 거란의 강력한 지배를 받으면서 만주의 동남쪽 방위를 일부 담당했다. 군사는 각 호에서 차출해 충당하고 군역에서 벗어나면 다시 살던 곳으로 돌아갔다.[7] 이에 비해 생여진은 거란의 지배를 거부한 채 송화강 동북 지역에 흩어져 거주했다.

『고려사』에서 '여진'이 처음 등장하는 시기는 948년(정종 3) 9월 무렵이다. "동여진東女眞의 대광 소무개 등이 와서 말 700필과 방물을 바쳤다"[8]는 기록이 그것이다. 거란이 자국의 복속 여부에 따라 여진을 숙여진과 생여진으로 구분한 것과 달리 고려에서는 동여진과 서여진西女眞으로 나누어 불렀다.

동여진은 함경도와 간도 및 수분하 유역 등에 분포하면서 부족 단위로 생활했다. 서여진은 압록강 북방과 만주 서부 및 요동 일대를 근거로 하여 거란의 지배를 받고 있었다. 동여진은 흔히 '삼십성부락三十姓部落'이라고도 지칭하며 '흑수말갈'과 혼용해 쓰였다. 서여진은 '압록여진'이라고도 했다.

여진은 부족 단위로 자치 집단을 형성했다. 부족의 규모는 적게는 1,000호이고 많으면 수천 호였다. 초기에 이들은 고유의 문자도 없이 산이나 들에 흩어져 살면서 유목 및 농경민족의 특성을 동시에 지녔다. 고려의 기록에 따르면 여진은 이전의 유목 민족과 달리 소·말뿐만이 아니라 돼지도 길렀는데, 말은 하루에 1,000리나 달릴 수 있을 만큼 준마가 많았다. 또 여진족은 기질이 강인하고 날쌔며 어린 시절부터 활쏘기와 말타기를 익혀 장성할수록 강한 군사로 성장했다고 한다.[9]

여진 부족들은 내부적으로 군사나 경제적 이해에 따라 동맹과 적대 관

---

[7] 김한규, 『요동사』(문학과지성사, 2004), 460-462쪽.
[8] 『고려사』 권2, 세가 정종 3년 9월.
[9] 『고려사』 권14, 세가 예종 10년 1월.

계 또는 충성과 배반을 번복하면서 세력을 확장해나갔다. 거란과 크고 작은 싸움을 벌이기도 했으나 해마다 공물을 바치면서 속국임을 자처했다. 『요사遼史』에 따르면, 여진은 발해가 멸망한 926년부터 942년까지 17년 동안 총 25회의 공물을 거란에 바쳤다. 1년에 평균 1.5회 정도 방문한 셈이다.[10]

여진은 고려에 대해서도 다르지 않았다. 고려를 부모 나라로 섬기면서도 방비가 허술한 곳을 뚫고 게릴라식으로 침투해 왔다. 여진의 행동은 갈수록 조직화되고 전투 기술도 일취월장했다. 이제 고려와 거란 모두 믿을 수 없는 여진을 마냥 방치해둘 수만은 없었다.

---

[10] 추명엽, 「고려시기 '해동海東' 인식과 해동천하海東天下」, 『한국사연구』 129(한국사연구회, 2005), 46쪽.

2. 태조의 원대한 구상

민심을 얻기 위한 노력

10세기 초 후삼국 시기에는 각 지방에 반독립적인 세력이 할거했다. 이들은 독자적인 무력과 경제력을 기반으로 주민들을 끌어모아 지배 영역을 구축했다. 지방 세력가의 향배에 따라 민심도 좌지우지되었다. 그래서 후백제나 고려의 지배층 모두 영토를 넓히고 세력을 키우기 위해서는 지방 세력가들을 끌어모으는 일이 무엇보다도 중요했다.

태조 왕건이 궁예를 몰아내고 고려를 건국하자 주변 호족들이 동요하면서 왕권에 도전해왔다. 태조가 즉위한 해인 918년 6월에 일어난 환선길桓宣吉과 이흔암伊昕巖의 반란이 대표적이다. 또 일찍이 궁예의 세력 기반이던 명주溟洲(강릉) 지역의 대호족 김순식金順式은 협조를 거부했고, 궁예의 정치 기반이던 청주 지역 호족들도 모반을 꾀하는 등 저항이 거셌다. 웅주와 운주 등 10여 개 주현도 후백제로 귀부했다.

그리하여 태조는 즉위 초부터 호족들을 끌어들이는 일에 역량을 집중했다. 태조는 아직 호족들을 정면으로 상대하기에는 약체임을 스스로 인정

936년 고려의 후삼국 통일 태조 왕건은 일리천─利川(선산) 전투에서 승리하면서 후삼국 통일의 위업을 달성했다.

했다. 그래서 호족들에게 "선물을 후하게 하고 말을 공손히 하는"[11] 방법으로 접근했다. 이것은 호족들이 갖고 있던 지역 사회에 대한 영향력을 인정하면서 중앙으로 진출하는 길을 열어주는 방식이었다.

태조는 고려로 귀순한 사람들에게 관직과 토지를 제공하고, 일부 호족들에게 '왕王'이라는 성姓을 하사해 가족적 결합을 도모했다. 또 유력 호족을 끌어들이기 위해 혼인 관계를 맺어 무려 29명의 왕비를 두었다. 이 방식들은 단약한 왕권을 지키기 위한 고육책이었으나, 결과적으로 호족의 군사 및 경제 기반을 활용해 세력을 확대하는 효과를 가져왔다. 현재 고려 초기의 집권 형태를 '호족연합정권'이라 부르는 이유도 여기에 있다.

태조가 호족과 함께 세심한 주의를 기울인 대상은 민초였다. 이 무렵은 크고 작은 전쟁이 습관적으로 계속되던 시절이므로 백성들은 정부에 대한 불신 속에서 불안정한 삶을 이어갔고 말세의식末世意識도 팽배했다. 그러므로 후삼국의 패권을 차지하기 위해서는 민심의 획득 여부가 관건이라 해도 과언이 아니었다.

태조는 고려를 건국하기까지 20여 년간 군대를 이끌고 전국을 돌아다니면서 관리의 가렴주구와 전쟁 동원으로 시달리는 농민의 참상을 목격했다. 백성의 안정 없이는 정권도 존속할 수 없다고 판단을 내린 태조는 집권 이후에도 이를 잊지 않았다.

태조는 즉위한 이튿날 국정 운영의 포부를 발표하는 자리에서 '백성을 위한 정치'를 하겠다고 천명했다. 궁예가 망한 것도 폭정으로 백성을 괴롭혔기 때문이라고 주장하면서 민심 획득을 최우선 과제로 삼았다. 얼마 후에는 "내가 즉위한 것은 백성의 추대에 힘입었다"고 강조하면서 3년 동안

---

[11] 『고려사』 권1, 세가 태조 2년 8월 기유.

농민의 조세와 부역을 면제하는 특단의 조치를 단행했다.[12]

태조가 민초를 위해 시행한 정책들은 호족과 농민의 지지를 이끌어냈다. 태조는 이들의 지지 속에서 후삼국 통일은 물론 이후 북진 정책을 추진하기 위한 물적·인적 토대를 마련하는 여건을 조성했다.

〈훈요십조〉에 담긴 뜻

943년(태조 26) 태조는 죽음을 앞두고 왕업의 번창을 위해 후손에게 10가지 유훈을 남겼다. 그것이 오늘날 우리에게 잘 알려져 있는 〈훈요십조訓要十條〉다.[13] 이 중 제4조는 태조의 대외 인식을 잘 보여준다.

> 우리 동방은 옛날부터 중국(당)의 풍속을 본받아 문물과 예악禮樂 제도를 그대로 준수해왔다. 그러나 지역이 다르고 사람의 성품도 각각 같지 않으니 반드시 억지로 같게 하려 하지 말라. 거란은 우매한 나라로서 풍속과 언어가 다르니 그들의 의관제도를 아예 본받지 말라!

이 조항에서 인상적인 점은 태조가 중원 왕조와 거란에 대해서 고려의 독자성을 강조하고, 거란에 대한 적대감도 숨기지 않았다는 점이다.

10세기 동북아시아에서 중원 왕조의 위상은 예전 같지 않았다. 당 멸망 직후 만주 지역에서 거란이 혜성과 같이 등장하면서 동북아는 중심 국가

---

[12] 『고려사절요』 권1, 태조 원년 8월.
[13] 『고려사』 권2, 세가 태조 26년 4월.

없이 다원적인 관계 속에서 각국의 생존을 모색해야 했다. 만약 중국 대륙에 강력한 천자天子가 버티고 있었다면 북방에서 또 다른 제국을 건설하는 일은 불가능했을 것이다. 당시 5대 10국은 분열된

고려 태조의 현릉顯陵 태조 왕건과 제1비인 신혜왕후가 합장된 능. 개성시 개풍군에 있다. (ⓒKallgan-Creative Commons)

채 패권 다툼에 골몰했으므로 북방에서 새로 일어나는 제국을 견제할 힘과 열정을 가질 수 없었다.

　태조는 외교 면에서 상대국의 부침 상황을 적극적으로 활용했다. 그래서 국제 정세에 촉각을 세우고 국익 우선이라는 원칙에 따라 냉정한 판단을 내렸다. 중원 왕조는 여전히 동아시아의 중심축으로서 고려가 공을 들인 대상이지만 예전만큼 강한 영향력을 발휘할 수 없었다. 중원 왕조에 대한 고려의 당당한 태도는 이러한 배경에서 기인했다고 본다. 이것이 태조의 외교 정책을 '실리주의'로 평가하는 이유다.

　위의 〈훈요십조〉는 태조가 견지한 중원 왕조에 대한 정책 기조를 단박에 나타내준다. 그것은 자주성이었다. 태조는 고려가 중국 대륙과 풍토가 다르고 사람도 다르니 반드시 그 나라의 문물제도를 따를 필요가 없다는 자신감을 내보이고 있다. 이것은 국제적으로 고려의 외교 선택권이 넓어졌기에 가능한 태도이나, 중국 대륙의 문물을 일방적으로 받아들이던 기존 태도에서 크게 탈피했음을 엿볼 수 있다.

2. 태조의 원대한 구상 ■ 29

태조는 중원 왕조에 대해 보여준 독자적인 태도를 거란에 대해서도 관철시켰다. 거란이라는 변화의 물결이 엄습해 올 무렵 고려는 거란과 마찰 요인을 최소화하면서 외교를 통해 해결할 수 없는 사안을 만들지 않으려고 했다. 건국 직후 불안정한 국내 형국을 감안해 평화관계를 유지하는 한편, 5대와 거란의 관계를 예의주시하면서 양쪽에 대해 신축성 있는 입장을 취했다. 다른 말로 표현하면 고려는 아직 거란 정책에 대한 태도가 불투명했다고 할 수 있다.

그러다가 태조의 인식에 격렬한 변화를 몰고 온 계기가 있었는데, 발해 멸망과 후삼국 통일이라는 대내외적 환경의 변화였다. 태조는 후삼국 통일 이후 점차 거란에 대한 태도를 바꾸어 발해를 멸망시킨 원수의 나라로 규정하고 942년에 외교 관계마저 단절했다.

〈훈요십조〉에서 태조가 거란을 금수의 나라로 보고 문화적 우월감을 드러낸 것은 독자적인 대외전략을 구사하겠다는 의지였고 그만큼 북방 지역에 대한 영향력이 확대되었다는 증표가 아닐 수 없다.

요컨대, 태조 왕건은 그가 처한 시대적 상황에 걸맞게 하나의 국가만을 신봉하거나 상대하지 않았다. 중원 왕조와 북방 왕조 사이의 충돌과 경쟁을 적절하게 이용하고 수없이 대외전략을 바꾸면서 독자적인 생존의 길을 모색했다. 태조는 참다운 전략가였다.

5대 10국 정책

한반도에서 고려 태조가 집권하던 시기 중국 대륙에서는 후량·후당·후진이 성쇠를 거듭했다. 고려는 후백제와 대치중이었고 국제적으로도 신홍 국가 거란의 움직임이 심상치 않았다. 고려는 백제를 고립시키고 거란을 견제하기 위해서 고려를 지원할 세력이 절실했다. 그래서 태조가 공을 들인 국가가 중국 대륙의 5대 국가였다.

후백제 견훤은 양자강 일대의 10국에 속하는 오월과 친밀한 외교를 이어갔다. 태조도 오월이나 남당과 수교했으나 외교의 중점 대상국은 5대였다. 10국 중에는 후량이나 후당으로부터 책봉을 받은 곳도 있었다. 오월도 후량과 후당에게 복종해 제후국이라 할 수 있는 오월왕吳越王이 되었다. 그러므로 태조가 정통 왕조에 가까운 오대와 긴밀한 관계를 맺은 점은 견훤에 비해 탁월한 선택이었다고 평할 수 있다.

태조가 5대 왕조에 대해 추진한 정책을 유추할 수 있는 주목할 만한 통계가 있다.[14] 고려에서 5대로 사신을 보낸 횟수는 925년부터 943년까지 12차례였다.[15] 이 중 다섯 번은 후삼국 통일을 전후한 시기인 934년부터 937년에 이루어졌다. 이에 비해 5대에서 고려로 사신을 파견한 것은 2회 뿐이었다. 그것도 고려 국왕을 책봉하기 위한 방문으로 후당은 933년에, 후진은 939년에 사신을 보냈다.

이 간단한 수치만으로도 고려와 후당·후진의 통교에서 고려가 더 적극적인 자세를 취했음을 알 수 있다. 고려는 후당이 사신을 보낸 일을 계기로 후당의 연호 '장흥長興'을 사용했다.

연호란 군주의 치세 기간 동안에 재위 연도를 나타내는 별칭으로 중국을 비롯해 한국·일본에서 사용했고 일본은 오늘날까지 연호를 고수하고

---

[14] 이기백, 「고려 초기 오대五代와의 관계」, 『고려광종연구高麗光宗研究』(일조각, 1981), 136-142쪽.
[15] 고려에서 후당과 후진으로 사신을 파견한 해는 925년(태조 8), 926년(태조 9), 929년(태조 12), 932년(태조 15), 934년(태조 17), 935년(태조 18, 2회), 936년(태조 19), 937년(태조 20), 939년(태조 22), 941년(태조 24), 943년(태조 26)이다.

있다. 천명天命을 받은 천자만이 사용할 수 있다는 연호는 "하늘은 군주가 일어날 때에 반드시 상서로운 징조를 내려 백성들에게 보인다"라는 오행사상의 영향을 받아 새 시대 새 군주에게 바라는 희망을 두 글자로 나타낸 데에서 연유한다.[16]

한국도 이미 삼국시대부터 연호를 사용했고 후백제의 궁예도 연호를 사용했다. 왕건도 고려를 개국하면서 '천수天授'라는 연호를 사용했다. 고려가 이 연호를 폐기하고 후당의 연호를 사용한 점은 후당을 천명을 받은 천자로 인정해 사대事大하겠다는 의사 표시라고 할 수 있다.

고려는 후당이 망하고 후진이 일어나자 특사를 파견해 고조高祖(석경당)의 즉위를 축하했고 938년(태조 21)부터 후진의 연호 '천복天福'을 사용했다. 이듬해인 939년 형순邢順이 인솔하는 92인이 다시 후진을 방문했으며, 이해에 후진도 답례로 고려에 책봉 사신을 파견했다.

태조는 후진과 외교 관계가 두터워지자 군사 연합까지 제안했다. 태조는

---

[16] 박성래, 「고려 초의 역曆과 연호年號」, 『한국학보』 4(일지사, 1978), 141-142쪽.

고려 왕궁 만월대터 이곳에 제2의 정전正殿이라 할 수 있는 건덕전乾德殿이 있었다.

고려와 발해가 혼인 관계로 맺어진 나라임을 강조하면서 함께 연합해 거란을 협공하자고 제안했다.17 이 제안은 태조의 죽음으로 불발에 그쳤으나 고려와 후진이 거란에 대한 입장을 공유했다는 측면에서 주목할 만하다.

태조가 실제로 거란을 공격하려고 시도했는지는 단언할 수 없다. 그러나 적어도 고려가 후진과 군사 협력 관계를 통해 거란에 대처하고 북방 개척을 위한 여건을 마련하려는 의도를 가졌던 것으로 보인다. 태조가 거란과 단교라는 강경한 조치를 취한 배경에는 전쟁도 감수하겠다는 의지가 있었기에 가능했다.

거란 정책

고려 태조와 거란의 야율아보기가 처음 접촉한 시기는 기록상 922년(태

---

17 『자치통감資治通鑑』 권285, 후진 고조(김한규, 『요동사』, 450-451쪽 재인용).

조 9)이다. 양국 관계에서 적극적인 쪽은 거란이었다. 거란 야율아보기가 922년 2월에 사신을 보내 낙타와 모전毛氈(양모로 짠 카펫용 모직물) 등을 전하면서 친선을 표시했다.[18] 당시 거란은 발해를 견제하기 위해 고려의 협조 내지는 중립을 요구했으나 고려는 가타부타 응하지 않았다.

어떤 측면에서 고려는 오히려 거란이 발해를 정벌하는 것을 묵인 또는 방조하는 입장이었다. 태조는 925년 9월 발해장군 신덕申德 등 500여 명이 고려에 투항한 사실을 거란에게 통보해 호감을 이끌어내고자 했다.[19] 태조가 발해가 멸망하던 해인 926년 2월에 거란으로 사신을 파견한 것도 이러한 맥락으로 볼 수 있다.

태조가 처음으로 거란에 사신을 파견한 해는 925년(태조 8) 10월이었다. 이 시기 바깥 정세는 거란이 발해를 멸망시키기 몇 개월 전이었고 거란과 백제의 왕래도 증가하고 있었다. 국내 정세는 고려가 후백제와 조물성(안동 부근)에서 일전을 치를 무렵이었다. 조물성 전투는 고려와 후백제의 대결이 본격화되었음을 알리는 신호탄으로, 고려는 후백제를 압박하기 위해 지금까지 긴밀한 관계를 맺지 않던 거란의 지원을 끌어들이려고 한 것으로 보인다.

고려는 거란과 평화를 유지하는 동안 군사 역량을 후삼국 통일에 집중할 수 있었다. 고려가 후삼국을 통일한 936년은 거란이 후진의 건국을 지원한 대가로 연주·운주 등 16주를 획득한 해였다. 고려는 거란이 서진西進 전략을 추진하는 상황을 최대한 활용해 후삼국 통일의 발판을 마련하는 한편, 발 빠르게 한반도 북쪽 지역에 군사 시설인 성곽과 진들을 조성했다.

---

18 『고려사』 권1, 세가 태조 5년.
19 한규철, 『발해의 대외관계사』(신서원, 1994), 150쪽.

고려가 거란에 대해 온건한 태도를 버리고 적대적으로 바뀌기 시작한 때는 후삼국 통일을 전후한 시기였다. 여기에는 발해의 멸망이 기폭제 역할을 했다. 태조는 거란이 발해를 복속시키자 생각이 달라졌다. 북쪽에서 거란과 국경 지대를 공유하게 되면서 거란에 대한 입장을 수정해야 했다.

고려는 거란의 위협을 봉쇄하기 위한 행보를 시작했다. 대외적으로 고려는 후당과 긴밀한 관계를 맺어 932년에 책봉을 받고 이듬해에는 후당의 연호를 사용했다. 936년 후당이 망하고 후진이 들어서자 고려는 938년부터 후진의 연호를 사용하면서 거란을 견제했다. 그리고 발해 유민을 받아들이고 북쪽 지역에 성곽과 진을 설치하면서 여진에 대한 장악력을 높여갔다.

이러한 고려의 태도 변화는 거란에게 위구심을 불러일으켰다. 거란은 고려가 거란에 우호적이던 후백제를 멸망시키고 후당에 이어 후진과도 긴밀한 관계를 맺자 위협을 느꼈다. 942년(태조 25) 거란의 사절단 38명이 선물로 낙타 50필을 이끌고 고려를 방문했다.

그러나 이미 태조는 거란에 대한 입장을 정리한 상태였다. 태조는 "거란이 발해와 화목하게 지내다가 갑자기 옛 맹약을 파기하고 하루아침에 멸망시켰으니 극히 무도하다. 이런 나라와는 화친을 맺어 이웃할 수 없다"[20]고 하면서 국교 단절을 선언했다. 그리고 거란 사신들을 먼 섬에 유배 보내고 낙타 50필을 개경 만부교 아래에서 굶겨 죽였다.

만부교는 개경 남대문 밖에 있던 다리로 중남부 지방으로 내려가는 길목이었다. 사람들의 왕래가 많던 곳이었으므로 거란에서 보내온 낙타를 굶어 죽인 소식은 아마도 이 다리를 건너 전국에 퍼졌을 것이다. 태조는 이 조치를 통해 백성에게 거란에 대한 강경한 입장을 각인시키는 효과를

---

[20] 『고려사』 권2, 세가 태조 25년 10월.

얻었다.[21]

발해가 멸망한 지 15년이 지나 발생한 이 '만부교 사건'은 꽤 극단적인 조치였다. 다른 나라의 사신 일행을 유배시키는 일은 전쟁도 불사하겠다는 의지가 없다면 할 수 있는 일이 아니었다. 고려와 거란의 관계를 악화시킨 만부교 사건은 고려의 대對거란 정책이 달라졌음을 보여주는 상징적인 사건이었다.

여진 정책

고려시대 각종 자료들을 보면 여진을 지칭하는 용어로 '번蕃(또는 번藩)'이라는 단어를 빈번하게 사용했다. 북번北蕃, 동번東蕃, 서번西蕃 등이 그것이다. 번이란 중국 대륙에서 천자의 울타리 역할을 하는 주변국들을 지칭하는 용어로서 당 시대에 보편화되었다.[22]

이런 측면에서 고려가 여진을 포함한 북방의 여러 민족들에 대해 '번'이라는 용어를 사용한 점은 독자적인 천하관을 갖고 있었다는 증거로 활용할 수 있다. 고려는 여진을 먼 지역에서 고려를 받드는 신하로 보고 상당한 영향력을 미치고 있던 것이다.

그러나 여진은 고려에 충성스러운 번신蕃臣은 아니었다. 여진은 실리를 쫓아 충성과 배반을 번복했고 고려에서도 여진을 바라보는 시각은 불신에 차 있었다.

---

21 임용한, 『전쟁과 역사 - 거란·여진과의 전쟁』(혜안, 2004), 13-14쪽.
22 추명엽, 「고려전기 '번蕃' 인식과 '동·서번'의 형성」, 『역사와 현실』 43(2002), 16쪽.

"북쪽 오랑캐〔북번北藩〕들은 사람의 얼굴을 하고 마음은 짐승과 다름이 없어서, 굶주리면 오고 배부르면 가버리며 이익을 보면 부끄러움도 잊으니 지금은 비록 우리에게 복종하나 언제 배신할지 모른다." [23]

뒤에서 자세히 언급하겠지만 건국 초기에는 고려의 통치력이 황해도 북쪽과 평안도 일대에는 미치지 못한 상태였다. 태조는 이 지역을 실질적인 고려의 영토로 확보하기 위해 성곽이나 진 등 일련의 방어 진지를 구축한 후 군대를 파견했다.

이 과정에서 평안도 일대나 두만강 유역 및 함경도의 북청·함흥 일대에 부족 단위로 흩어져 거주하던 여진들과 무력 충돌이 빈번했다. 여진은 게릴라식으로 이 일대에 출몰해 약탈을 일삼거나 분쟁을 일으켰고, 태조가 "지금 남방의 흉도가 망하지 않았고 북쪽 오랑캐가 걱정스러우니 짐이 자나 깨나 근심이 된다"[24]고 말할 정도로 변경 지역 안보에 걸림돌이었다.

고려는 여진을 제압하고 약탈 행위를 봉쇄하기 위해 무력 사용을 주저하지 않았다. 920년(태조 3) 태조는 여진의 피해가 심하던 골암진鶻嚴鎭(함남 안변)에 장수 유금필을 파견해 여진을 몰아서 쫓아냈다. 928년 이후에는 안북부安北府(평남 안주), 통덕진通德鎭(평남 숙천), 안정진安定鎭(평남 순안), 안수진安水鎭(평남 개천), 강덕진剛德鎭(평남 성천) 등지에도 진을 설치하고 성곽을 쌓아 여진을 압박했다.

고려가 펼친 강경 정책은 몇몇 기록을 볼 때 비교적 성공했다고 할 수 있다. 대표적으로 936년 고려가 후백제와 최후의 일전을 벌인 일리천一利川

---

23 『고려사』 권2, 세가 태조 14년.
24 『고려사절요』 권1, 태조 3년 3월조.

(선산) 전투에서 유금필 등이 흑수黑水·달고達姑·철륵鐵勒 등 여진 기병 9,500명을 동원한 기록을 꼽을 수 있다. 여진 기병 9,500명이 고려에 투항한 병력인지 알 수 없으나 대규모의 여진 기병을 동원한 정황만으로도 여진 정책이 상당한 성과를 거두었다고 판단된다.

요컨대, 태조가 말년에 서북으로 청천강 하류까지, 동북으로 안변에서 영흥 부근까지 영역을 확대한 것은 여진족을 몰아내야만 실현이 가능한 과업이었다. 고려가 여진이 횡행하던 지역에 과감하게 군사 조치를 취한 결과 여진들은 점점 북으로 쫓겨 가는 신세로 내몰리고 말았다.

3. 북진 정책의 실체

왜 북진 정책이 필요한가

10세기 말 이후부터 13세기까지 한반도에서는 크고 작은 전쟁이 되풀이되었다. 여기서 유의해야 할 사항은 고려가 상대한 대상이 거란·여진·몽골 등 북방에서 크게 일어난 민족이라는 점이다. 이 점은 매우 놀랄 만한 공통점으로 동북아에서 일고 있던 변화의 파고가 고려에까지 미쳤음을 단박에 짐작할 수 있게 한다.

여기서 근대 역사학자 최남선崔南善(1890~1957)의 견해를 경청할 필요가 있다. 최남선은 『고사통故事通』에서 고려·거란 전쟁의 주요 요인으로 고려의 북방 진출을 꼽았던 것이다. 이 지적은 고려가 대외 전쟁을 수행한 근본적인 원인이 태조 이후 추진된 북방 정책과 밀접한 연관성이 있음을 가리키고 있다. 환언하면 고려와 북방민족이 충돌한 배경으로 고려의 내부 사정 즉 고려의 의지도 주목해야 한다는 의미로 읽을 수 있다.

태조가 건국한 나라는 '고려'다. 고려라는 국호 속에는 고구려의 정통 계승자로서 고구려의 영토를 다시 찾고야 말겠다는 강한 의지가 들어 있다. 그렇다면 태조가 고려를 건국할 당시 한반도에서 고구려의 고토古土는 어떤 상황에 놓여 있었을까? 이 상황을 이해하려면 통일신라 말까지 거슬러 올라가야 한다.

927년 12월 후백제의 임금 견훤은 태조에게 한 통의 편지를 보냈다. 견훤은 이해 9월에 신라의 수도 경주에 침입해 친親고려로 돌아선 경애왕을 타도하고 경순왕을 옹립했다. 왕건은 이 소식을 듣자마자 기병 5,000을 이끌고 백제군을 추격해 공산(대구 팔공산)에서 전투를 벌였다. 그러나 크게 패해 신라 왕실에 대한 복수는커녕 왕건 본인만 간신히 탈출하는 치욕을 당하고 말았다.

견훤은 이 승기를 놓치지 않고 태조를 압박했다. 그리고 "내가 기약하는 것은 평양의 다리 위에 활을 걸고 패강浿江(대동강)의 물을 말에게 먹이는 것이다"[25]라는 편지를 보내 평양까지 공략하겠다는 자신감을 드러냈다. 평양까지 진격하겠다는 견훤의 이 통첩은 당시 고려의 영역이 평양까지 뻗어 있음을 알려준다.

그러나 평양이 처음부터 고려의 영역 안에 있던 것은 아니었다. 676년 신라가 삼국통일을 달성했을 무렵 신라의 영역은 서북으로는 대동강, 동북으로는 원산 부근으로 알려져 있다.[26] 하지만 신라가 이 지역에 실질적인 영향력을 행사하기까지는 통일 후 100여 년을 기다려야 했다.

신라가 대동강 이남 지역을 경략하기 시작한 때는 경덕왕(재위기간 742~765) 시절이었다. 이 지역은 고구려 멸망 이후 당이 지배하고 있었다. 그러다가 발해가 흥기하면서 당이 점차 후퇴하자 신라가 점진적으로 손을 뻗

---

[25] 『고려사』 권1, 세가 태조 10년 12월.
[26] 노계현, 『고려영토사』(갑인출판사, 1993), 23-24쪽.

쳤다. 8세기 중엽부터 9세기 초까지 황해도에 군사 기지를 세우고 평산에 국경 수비의 본영으로 패강진浿江鎭을 설치하면서 명실상부하게 신라의 영역이 되었다.27

신라가 의욕적으로 추진한 북방 개척은 신라 하대가 되면서 후퇴했다. 신라 말에 이르러 중앙의 통치력이 경주 일대를 제외한 다른 지역에 미치지 못하자 평안도 일대는 방치된 채 어느새 여진들이 활보하는 미확정 국경 지대로 변모했다. 그러므로 고려가 건국한 직후 통치권이 미친 지역은 사실상 패강진이 자리한 예성강 이남이라고 말해도 좋다.

이런 상황에서 태조가 고구려 고토 회복을 현실화하면서 북방 영토 개척에 나선 이유는 무엇일까? 당시 동북아의 정세는 당 멸망 이후 거란이 태풍의 눈으로 부상하면서 지각 변동을 예고하고 있었다. 또 이미 고려 건국 이전부터 평안도 일대에 흩어져 있던 여진도 고려의 안보에 큰 장애물이었다. 따라서 북진 정책은 거란의 남진에 대비하는 동시에 여진족을 한반도 밖으로 구축하기 위한 장기적인 포석이었다.

여기에다가 북진 정책이 후삼국 통일 과정에서 추진되었다는 점을 고려해보면 국민 총화를 이끌어낼 수 있는 호재이기도 했다. 건국 당시 고려의 구성원은 고구려계 유민이 차지하는 비중이 높은 편이었다. 태조는 후삼국 통일을 달성하기 위해 이들의 지지가 절실했고, 고구려 유민의 염원인 고구려 고토 회복을 국가 이념으로 내세워 국력을 결집시키고자 한 것이다.

요컨대, 후삼국 통일 과정이나 이후 거란과 대치 상황을 고려해보면 북진北進은 고려의 생존과 직결된 잠시라도 유보할 수 없는 현안 과제였다고 할 수 있다.

---

27 방동인, 『한국의 국경획정연구』, 52쪽.

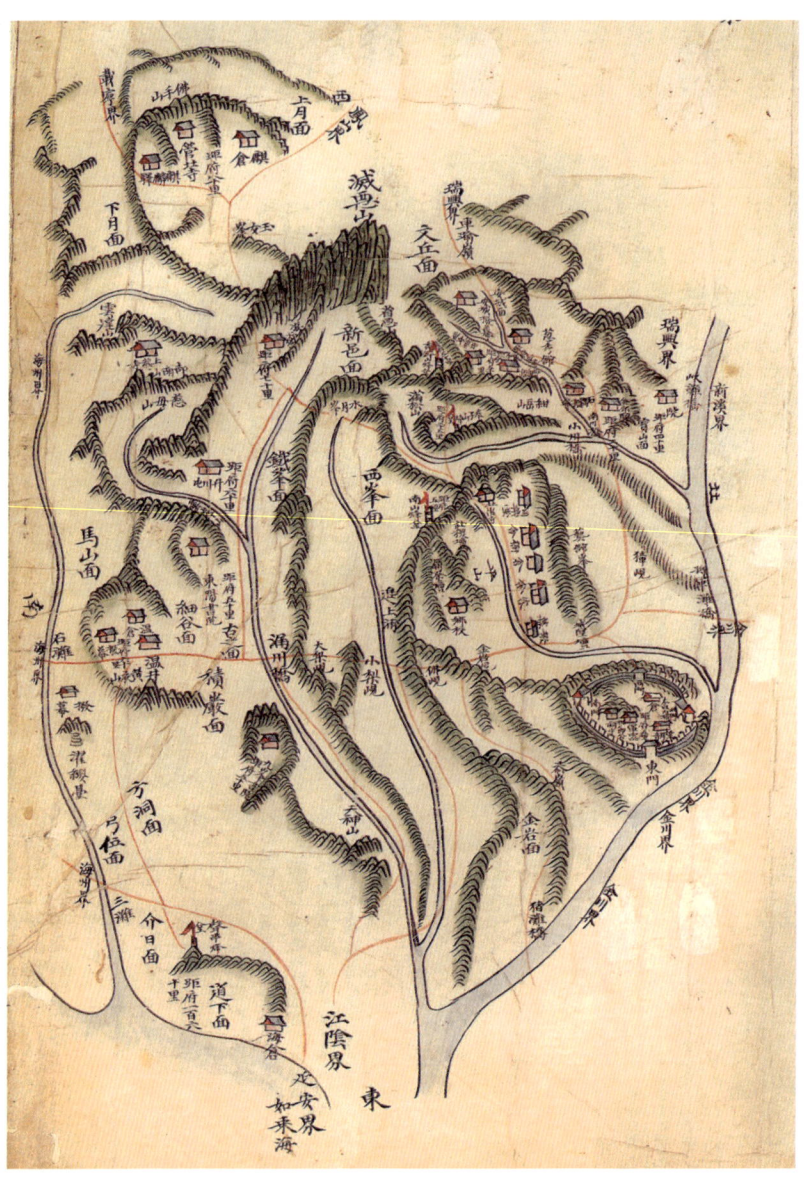

「해동지도海東地圖」(1750년대 초)의 황해도 평산부 8세기 중엽 이후 패강진이 설치되면서 황해도 평산은 신라의 최전방 군사 요충지가 되었다.

북진 정책의 신호탄 평양 개척

"평양 옛 도읍이 황폐한 지 비록 오래이나 다행히 옛터가 남아 있다. 그런데 가시넝쿨이 무성한 탓에 여진들이 거기서 수렵을 하고 이를 핑계 삼아 변방 고을들을 침입하니 피해가 막심하다. 당연히 백성을 옮겨 살게 해서 국가의 변방을 튼튼히 하여 백세토록 이익이 되도록 해야 한다."

918년 9월 태조는 평양 재건에 대한 확고한 구상을 발표했다.[28] 건국한 지 3개월 만이었다. 태조는 옛 고구려 수도인 평양이 황폐한 지 오래되어 이민족이 침범하는 일이 잦다고 지적한 후, 백성을 이주시켜 북쪽 지역의 방위력을 강화해야 한다고 역설했다.

태조가 수도를 개경으로 정하고 궁궐을 짓고 도시를 조성한 시점이 919년 정월이었다. 평양 개척이 수도를 결정하는 일보다 앞서 결정된 셈이다. 그만큼 평양 개척이 중대한 사안이었으며 태조가 평양에 쏟는 관심이 지대했음을 반영한다.

태조가 구상한 북진 정책은 두 가지 형태였다. 하나는 북방민족의 남진에 대비하고, 또 하나는 실제적으로 영토를 확대하는 일이었다. 이를 실행에 옮기려면 군사 거점 지역의 확보가 무엇보다도 선행되어야 했다.

통일신라시대에 북방의 군사 거점은 황해도 패서浿西였다. 패서는 예성강 이북에서 대동강 이남 지역으로 중심지는 평산의 패강진(황해도 평산)이었다. 평산은 국제 무역의 중심지인 예성강에 가까웠고 여진과 왕래하는 교통 요지였다.

---

[28] 『고려사』 권1, 세가 태조 원년 9월 병신.

그런데 태조가 패강진을 뒤로 한 채 평양 개척을 선언한 것은 건국과 동시에 북방 군사 거점을 패강진에서 평양으로 옮기려는 중대한 시도였다. 곧 평양 개척은 북진 정책의 신호탄이었다.

태조가 죽음을 앞두고 후손에게 남긴 〈훈요십조〉에서도 "짐이 삼한 산천의 지리의 도움에 힘입어 대업을 성취했다. 서경西京(평양)은 수덕水德이 순조로워

『고려사』에 나오는 〈훈요십조〉 제4조 부분

우리나라 지맥의 근본이 되는 곳이니 마땅히 2월·5월·8월·11월에 행차해 100일 이상 머물면서 나라의 안녕을 이루도록 하라"[29]고 당부할 만큼 평양을 중시했다.

그러면 태조가 북쪽을 향하는 전초기지로서 버려진 도시 평양을 선택한 이유는 무엇일까?[30] 평양은 낮은 구릉성 산지와 평야지대로 이루어진 곳으로, 대동강이 남단으로 흐르고 있고 평원군에서 발원한 보통강이 남쪽으로 흐르다가 대동강과 합류하는 곳이다.

평야가 발달하고 천혜의 수운 조건을 가진 평양은 물자와 식량이 풍부해 고조선과 고구려(후기)의 수도로 번영을 누렸다. 그러나 고구려가 망한 이후 보잘것없는 도시로 변해버렸고 도읍으로서의 면모도 잃었다. 더구나

---

[29] 『고려사』 권1, 세가 태조 26년 4월.
[30] 현재 학계에서는 태조가 서경을 주목한 이유에 대해서 전략상 요지 확보, 서경의 풍수지리, 왕권의 지지기반 마련 등으로 설명하고 있다.

신라 하대 이후로 통치력이 미치지 못하자 그 틈을 타고 여진이 넘나들면서 침입을 일삼았다.

이런 평양을 태조가 주목한 이유는 정치·군사적으로 평양이 갖는 전략적 가치 때문이었다. 평양은 고구려의 옛 도읍지로서 고구려 고토를 되찾겠다는 태조의 이념과 부합하는 곳이었다. 이 점이 중요했다. 평양이 갖는 상징성만으로도 고구려 영토를 회복하겠다는 이상을 현실화하기에 충분했으며 고구려 유민의 지지가 얼마나 높았을지 상상이 간다.

태조는 26년간 왕위에 있으면서 무려 10여 차례나 평양을 방문했다. 921년부터 935년까지 18년에 걸쳐 평균 2년에 한 번 정도 평양을 순시하면서 공을 들였다. 평양을 행차하면서 주변 지역의 정찰 활동을 병행하고 북쪽의 군사 요새도 둘러보았다. 태조에게 평양이 어떤 존재였는지는 990년(성종 9) 서경 방문을 앞두고 내린 성종의 교서에 잘 나타나 있다.[31]

> (우리 태조께서) … 높이 임금의 지위에 올라 서경을 창건하고 왕족을 파견해 요충지를 지키게 했으며 여러 부서를 설치해 중요한 직무들을 맡겼다. 매년 봄가을에 친히 제사를 지내고 오랑캐들을 막아 국가의 울타리를 공고히 했으며, 평양이라는 웅대한 도시에 의거해 선조들의 왕업을 튼튼히 하려고 했다. …

평양의 요새화

태조가 추진한 평양 재건 프로젝트는 일거에 이루어지지 않았다. 후백

---

[31] 『고려사』 권3, 세가 성종 9년 9월.

개경 나성 1029년(현종 20)에 완성된 개경의 나성. 개경을 에워싸고 있는 이 성의 둘레는 약 23km였다.

제와 대치하고 있는 상황에서 태조는 무리하게 추진하기보다는 시차를 두고 정책을 추진했다. 태조는 후삼국 통일 이후 수도를 평양으로 옮기려는 구상도 갖고 있었기에 평양에 쏟는 정성이 대단히 컸다.[32]

태조가 평양의 옛 영광을 회복하기 위해 1단계로 착수한 사업은 평양을 정식 행정구역으로 편입시킨 조치였다. 태조는 918년 9월에 평양으로 주민을 이주시킨 후 대도호부大都護府를 설치하고 사촌 동생 왕식렴王式廉과 광평시랑 열평列評을 파견했다. 현재 이 시기 대도호부의 위상이나 성격은 명

---

[32] 『고려사』 권1, 세가 태조 15년 하5월 갑신.

확하지 않다. 다만 당에서 도호부는 새로 정복한 변경의 이민족을 통치하기 위한 군사 기구의 성격이 강했다고 한다.

921년(태조 4) 10월 무렵에는 평양을 '서경'으로 지칭하고 있어 그 사이에 평양이 서경으로 승격되었음을 알 수 있다. 922년에는 행정조직도 대폭 개편해 총 45명의 관리를 두었고 934년에는 66명까지 늘어났다. 이와 함께 백성 이주도 꾸준히 진행되어 922년에 패서 지역의 세력가 및 여러 군현의 일반 민가 자제들을 이주시켰다.

여기서 한 가지 주목할 사항은 평양으로 옮긴 대상들이 황주, 봉주鳳州(봉산), 해주, 백주白州(배천), 염주鹽州(연안) 등 대부분 패서 지역의 주민이라는 점이다. 특히 평산 지역의 세력가 김행파金行波와 박질영朴質榮 등 호족 세력의 이주는 눈여겨볼 만한 사항이다.

현재 학계에서는 패서 지역 세력가 및 주민의 이주에 대해 두 가지 시각으로 바라본다. 한쪽은 태조가 패서 지역의 기반을 활용해 서경의 재건을 도모했다는 의견이며,[33] 다른 쪽에서는 군사적으로 성장해있던 패서 지역의 호족 세력을 약화시키고자 이주를 추진했다는 의견이다.

---

[33] 김일우, 『고려초기 국가의 지방지배체계 연구』(일지사, 1998), 194쪽.

어느 쪽 의견이 태조의 의도와 가까운지 확언할 수 없으나 분명한 사실은 태조가 패서의 세력가들과 긴밀한 관계를 맺었다는 점이다. 고려 건국 이후 국가 운영에 주도적으로 참여한 인물은 송악과 그 주변의 패서 지역 출신들이다. 왕건의 할머니도 평산 지역 호족의 딸로 알려져 있고 제1왕후 유씨 역시 정주의 호족 유천궁의 딸이었다. 그러므로 패서 지역은 태조에게 양날의 칼처럼 결단을 내리기 어려운 문제였을지도 모른다.

한편, 평양 재건을 향한 첫 단계가 행정 조치였다면 두 번째 단계는 군사 조치로서 성곽을 건설하는 일이었다. 성곽 건설은 919년(태조 2) 10월부터 실시되어 행정조직을 재정비한 922년부터 본격화되었다. 922년 쌓기 시작한 내성內城은 6년에 걸쳐 완성됐고, 938년에는 나성羅城을 축조해 평양을 감쌌다.[34] 내성과 나성의 축조로 평양은 요새화되었고 이곳으로 이주한 주민의 생활 터전도 보호할 수 있었다.

여기서 한 가지 주목할 점은 평양에 나성을 축조한 시기가 고려에서 후진의 연호를 사용하기 시작한 때와 일치한다는 점이다. 이는 고려가 후진의 협조를 바탕으로 평양을 전초기지로 삼아 북진을 추진하려는 의지를 표출했다고 볼 수 있다.

평양 재건을 위한 태조의 노력은 행정 및 군사 측면에서 멈추지 않았다. 평양 개척에 필요한 인적 기반을 마련하기 위해 거시적으로 교육에도 힘을 쏟았다. 930년(태조 13) 서경에 학교를 세우고 정악廷鶚을 서학박사書學博士로 임명했다. 또 학원學院을 따로 설치해 6부의 생도들을 모아 가르치도록 했다.

이후 성과가 우수하자 곡식을 보내 학보學寶를 만들어 학교 운영 기금으

---

[34] 『고려사』 권82, 지26 병2 성보城堡.

로 쓰도록 했다. 보란 오늘날 재단의 일종으로 곡식이나 돈을 적립해 그 이자로 운영 자금을 쓰도록 한 제도였다.

이러한 노력에도 평양 재건이 계획대로 순조롭게 진행된 것만은 아니었다. 평양에서 민가의 암탉이 수탉으로 변하거나 큰 바람이 불어 관사가 무너지는 등 이상한 재변이 자주 발생했다.[35] 이런 괴이한 일들은 평양을 개척하는 과정에서 빚어진 갈등과 충돌을 우회적으로 표현한 것으로 평양 재건이 결코 순탄하지 않았음을 보여준다.

이러한 어려움 속에서 진행된 평양 재건은 성공적이었다. 평양은 비약적인 발전을 이루었고 후대 국왕들에게 북진 정책의 이정표가 되었다. 그중 원元의 만권당[36]에서 10여 년 동안 인질 생활을 하던 충선왕忠宣王의 평가가 눈에 띈다. 아마도 태조의 북진 정책을 계승하지 못한 채 원의 지배를 받게 된 만시지탄晩時之歎이 아니었을까 싶다.

"우리 태조는 왕위에 오르자 아직 신라 왕이 항복하지 않고 견훤도 사로잡히기 전이었지만 누차 평양에 거둥하고 친히 북방 변경을 순찰했으니 그 뜻은 동명왕의 옛 땅을 우리의 귀중한 유산으로 여겨 반드시 석권하려는 것이었다. 그러니 어찌 다만 계림(경주)를 취하고 압록강을 칠 뿐이었으리오?"[37]

---

35 『고려사』 권2, 세가 태조 15년 5월 갑신.
36 만권당萬卷堂: 고려 제26대 임금 충선왕이 왕위를 아들에게 넘겨주고 1314년(충숙왕 1) 원의 겨울 수도 대도大都(북경)에 세운 독서당.
37 『고려사』 권2, 세가 태조 26년 5월 이제현李齊賢찬贊.

북계에 설치한 군사요새

한국사에서 전쟁사는 늘 방어의 역사에 치중되어 왔다. 방어의 역사에서 빠지지 않고 등장하는 전술이 청야입보淸野入堡38와 산성 방어다. 그러므로 성곽이 방어 시설에 불과하다는 일반적인 인식은 그리 놀라울 일이 아니다. 그러나 한반도에서 성곽의 중요성은 아무리 강조해도 지나치지 않다.

전통시대에 전쟁은 한번 발생하면 오랜 기간 지속되었으나 실제 결정적인 전투는 간헐적으로 이루어졌다. 군사 규모나 무기의 성능이 제한적이었으므로 공격하는 쪽에서도 전투 상황이 벌어지면 조심스러울 수밖에 없었다. 그래서 방어수단이 공격수단보다 훨씬 강력했고, 여기에 한몫을 한 군사시설물이 성곽이었다. 성곽은 공격하는 쪽에서 불충분한 무기나 수단으로 공격하면 공략하는 데 수개월씩 걸리기 십상이었다.

거란군과 몽골군이 고려군과 싸울 때 성곽전에서 고전을 면치 못한 것도 이러한 특징을 잘 보여준다. 한반도 북쪽은 협곡과 산지가 많은 지역이다. 게다가 역대로 한반도 주변은 중국 대륙을 비롯해 기마騎馬를 장기로 하는 북방민족이 포진해 있었다. 이들과 맞서 싸울 때에는 평지에서 전투를 벌이기보다는 성곽과 같은 시설을 이용하는 편이 유리했다. 방어가 곧 공격인 셈이었다.

1000~1300년 유럽에서도 공격 무기나 포위 공격 기술은 그다지 진보하지 못한 반면에 군사 건축물은 더 튼튼하게 지어졌다. 12세기에 프랑스나 잉글랜드에서 바이킹에 대비해 언덕 위에 요새를 세운 것도 방어 전술이 공격 전술보다 더 유리하다고 여겼기 때문이다.39

---

38 청야입보에 대해서는 「제4장 제국 몽골과 맞서다」 233-235쪽에 자세히 나와 있다.

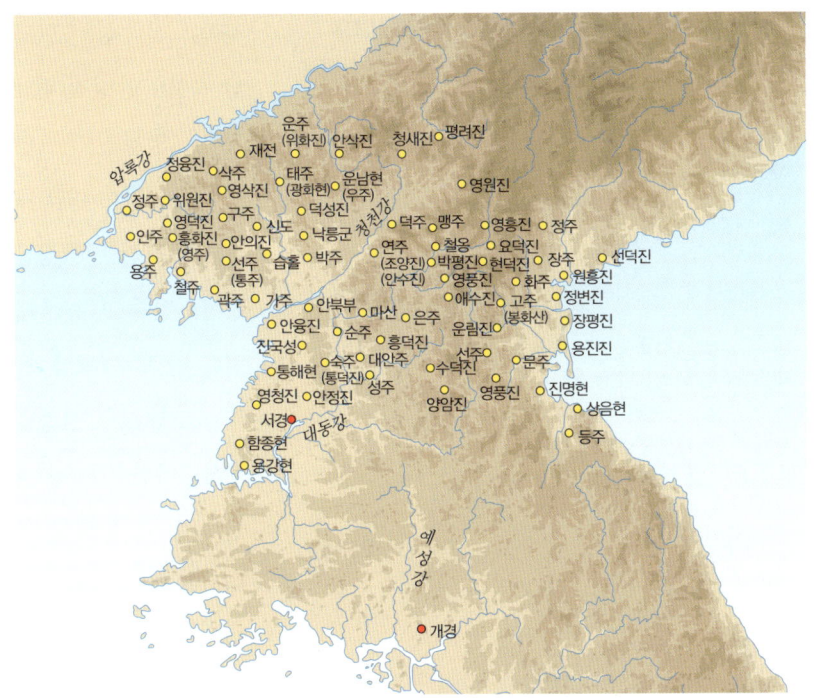

고려시대 북계(평안도)와 동계(함경도)에 구축한 성곽과 진[40]

    태조는 건국 직후부터 북쪽 지역에 성곽을 간헐적으로 축조했다. 그러다가 평양 개척이 궤도에 오르는 925년 이후 힘을 쏟아부었고 그 결과 성곽들이 우뚝우뚝 세워졌다. 초창기 성곽이 축조된 지역은 용강현龍岡縣, 함종현咸從縣, 운남현雲南縣(평북 영변)이었다. 용강과 함종은 서경 아래쪽 서해안에 위치한 지역으로 수로를 통한 보급이나 서경을 방어하기 위한 성곽으로 보인다.

    925년 이후로 축성된 지역은 성주成州(평남 성천), 탕정군湯井郡(평북 구성

---

39 버나드 로 몽고메리 지음, 『전쟁의 역사A History of Warfare』, 승영조 옮김(책세상, 1995), 248쪽.
40 신안식, 「고려시대 양계의 성곽과 특징」, 『군사』 66(국방부 군사편찬연구소, 2008), 22쪽 전재.

【표 2】고려 태조 대 북쪽 지역에 설치한 성곽 및 진 현황

연도	축성 위치	진 설치 지역
919(태조 2)	용강	
920(태조 3)	함종, 안북부(안주)	골암진(안변)
921(태조 4)	운남(영변)	
925(태조 8)	성주(성천), 운주(운산), 탕정(평북 구성 북쪽)	
928(태조 11)	진국성(숙천)	안북부 통덕진(진국성)
929(태조 12)	안정진(순안), 영청진(영유), 안수(개천), 홍덕진(순천)	안정진, 안수진, 홍덕진
930(태조 13)	연주(개천), 안북부(안주), 조양진(개천군 조양면), 마산(개천)	마산
931(태조 14)		강덕진(성천)
934(태조 17)	통해(평남 평원)	통해진
935(태조 18)	숙주(숙천)	
937(태조 20)	순주(순천)	
938(태조 21)	영청(영유), 양암진(양덕) 용강, 평원	
939(태조 22)	숙주, 대안주(순천)	
940(태조 23)	은주(은산)	

북쪽), 진국성鎭國城(평남 숙천), 안정진(평남 순안), 영청진永淸鎭(평남 영유), 안수(평남 개천), 홍덕진興德鎭(평남 순천), 연주漣州(평남 개천), 안북부(평남 안주), 조양진朝陽鎭(평남 개천), 마산馬山(평남 개천, 안수진), 통해현通海縣(평남 평원), 숙주肅州(평남 숙천), 순주順洲(평남 순천), 영청현永淸縣(평남 영유), 양암진陽岩鎭(평남 양덕), 평원平原, 대안주大安州(평남 순천), 은주殷州(평남 순천) 등이었다.[41]

태조가 일궈놓은 군사 요새로서 성곽과 함께 주목해야 할 대상이 진이

---

[41] 축성 기록은 주로 『고려사』, 『고려사절요』의 태조 연간 기록을 참조했다. 이 밖에 『고려사』 권82, 지36 병2 진수조, 성보조 등도 참조했다. 【표 2】에서 진국성의 축성 시기가 『고려사』 진수조와 『고려사절요』에는 태조 11년(928)으로 되어 있지만 『고려사』 성보조에는 태조 8년으로 되어 있다. 『고려사』 성보조의 기사는 태조가 탕정군에 쌓은 성을 보고 "진국성에 옮겨 쌓게 했다"고 되어 있어 이때부터 쌓기 시작해 928년에 완성된 것이 아닌가 싶다. 또한 윤무병 교수는 대안주를 자주慈州로 파악했는데, 순천順川일 가능성도 배제하지 않았다(윤무병, 「고려북계지리고高麗北界地理考」(상), 『역사학보』 4(역사학회, 1953), 47쪽].

다. 진이란 적을 막고 자기 편을 지키기에 좋은 지점에 군대를 주둔시킨 일종의 군사 기지를 말한다. 이 시절 진과 성곽은 동전의 양면과도 같아 진이 설치된 곳에 성곽을 축조하거나 성곽이 축조된 지역에 진을 설치했다.

진이 설치된 지역은 골암진(함남 안변), 안북부(평남 안주), 통덕진(평남 숙천), 안정진(평남 순안), 안수진(평남 개천 또는 마산), 흥덕진(평남 순천), 강덕진(평남 성천), 통해진通海鎭(평남 평원) 등이었다.[42] 이 밖에도 영청진, 순주, 양암진(평남 양덕), 대안주(평남 순천) 등지에도 진을 설치했다.[43]

진을 설치한 지역을 보면 대부분 성곽이 축조된 지역과 일치한다. 곧 태조 대에 설치된 진은 원래 독립된 성을 진으로 개편하거나 새로 성을 쌓아 만든 것이었다. 그러므로 축성 사업은 진 설치의 토대가 되었다고 본다. 진에는 개정군開定軍[44] 등 군대를 파견해 주둔시키고 지휘관으로서 진두鎭頭를 두었다.

청천강 유역까지 북상한 군사거점

태조 왕건과 신라 말의 승려 도선道詵(827~898)의 인연은 매우 깊었다. 왕건의 탄생을 예언한 사람도 도선이었고 왕건이 성장하자 "그대는 세상을 구제할 운명을 타고 났다"는 예언과 함께 진법陣法을 비롯해 지리, 천문, 산

---

[42] 『고려사』 권82, 지36 병2 진수鎭戍.
[43] 이기백, 「고려 태조시의 진鎭」, 『고려병제사의 연구』(일조각, 1968), 236쪽.
[44] 개정군의 실체는 명확하지 않으나 태조 대에 동계東界(함경도)·북계北界(평안도)의 방비, 또는 후백제와 맞닿은 국경지대 수비라는 특수 목적을 갖고 파견된 중앙군으로 보고 있다 (이기백, 「고려 경군고」, 『고려병제사연구』, 52쪽).

청천강 평안북도 향산군의 남북을 가로질러 흐르는 청천강의 모습. 멀리 금성다리가 보인다. (ⓒ박도)

천의 도움을 받는 법 등을 전수한 사람도 도선이었다.⁴⁵

왕건은 이에 보답이라도 하듯 천하를 통일했고, 〈훈요십조〉에서 도선이 추천한 곳에만 절을 짓도록 당부할 만큼 도선을 신뢰했다. 태조가 도선에게 전수받은 이치들이 구체적으로 무엇인지 알 수 없으나 적어도 성곽이나 진을 구축한 지역을 살펴보면 한반도 지형을 꿰뚫어 보는 탁견과 전략적 혜안에 절로 감탄이 나온다. 중요한 특징을 정리해보면 아래와 같다.

첫째, 태조가 진을 설치하고 성곽을 집중적으로 축조한 지역은 대동강 이북과 청천강 이남의 북계北界(평안도)에 집중되어 있다. 동계東界(함경도)에 설치한 골암진(함남 안변)을 제외하고 대부분 북계에 설치한 북진北鎭이었다.

926년 발해가 망하고 928년에 거란이 괴뢰국 동란국東丹國⁴⁶을 요양의 동경부로 옮긴 점을 고려할 때 태조가 지향한 목표는 한반도 북서쪽을 위협하는 거란임을 잘 보여준다. 더구나 북진이 설치된 지역은 비교적 평야지대이므로 방어선을 튼튼히 하려면 성곽을 쌓고 진을 설치해야 했다. 최승로崔承老의 표현대로 "서북이 오랑캐(융적戎狄)와 인접해 있어서 수비할 곳이 많은 까닭"이었다.⁴⁷

둘째, 태조 대에 완성된 성곽들은 서경을 기점으로 북쪽으로 청천강을 주방어선으로 형성하고 있다. 북쪽의 거점 군사기지를 패강진에서 평양으로 옮긴 후 군사 거점을 청천강 유역까지 북상해 단계적으로 구축한 결과라고 할 수 있다. 태조는 북계를 순시하다가 구주龜州 북쪽에 위치한 탕정군에 쌓은 성을 보고 진국성으로 옮겨 쌓게 했다. 구주 쪽에서 숙천으로

---

45 『고려사』 권1, 세가 태조 1.
46 동란국 : 흔히 '동단국'이라고 함. 그러나 최근에는 동쪽에 있는 거란이라는 의미로서 '동란국'이라고 부르고 있음.
47 『고려사』 권82, 지36 병2 진수.

내려와 성을 쌓은 이유는 정확하지 않으나 청천강 아래로 축성을 집중하려는 의도로 보인다.

태조는 서경에 성을 쌓은 뒤 서쪽 아래인 용강과 함종에, 동쪽으로는 성천에 성을 쌓았다. 그리고 북상해 청천강 중류에 인접한 안주에 성을 축조했다. 안주에서 평양까지의 거리는 직선으로 약 70km 정도에 불과하다. 그래서 태조는 중간 지점인 숙천, 순천, 영유, 자산, 은산 등지에 성을 쌓아 평양에서 안주까지 겹겹으로 방어선을 구축했다. 또 청천강 상류인 개천에도 성을 쌓아 청천강 방어선을 공고히 했다.

셋째, 북쪽 지역에 진을 설치하고 성곽을 쌓는 일이란 대동강 이북에서 활동하던 여진들을 몰아내지 않고서는 이루어질 수 없으므로 곧 영토 확장이라는 의미를 띠었다. 서경에서 시작되어 청천강을 경계로 축차적으로 성을 쌓고 진을 설치한 태조는 군대를 파견해 이 지역을 확실히 장악한 것이다.

920년(태조 3)에는 골암성에 개정군 3,000명을, 928년(태조 11)에는 안북부에 개정군 700명을 파견했다. 그리고 929년 안정진(순안)에 언수고^{彦守考}, 안수진(평남 개천)에 흔평^{昕平}, 홍덕진(평남 순천)에 아차성^{阿次城}, 930년 미신에 흔행^{昕幸}, 강덕진(평남 성천)에 평환^{平奐}, 통해진(평남 평원)에 재훤^{才萱} 등을 진두로 파견했다.

후고구려를 연 궁예도 예성강 이북에서 대동강 이남 지역에 진 13개를 설치한 적이 있으나 군대는 파견하지 못했다. 군대를 파견하지 못했으므로 실질적으로 장악했다기보다는 상징성만 갖고 있던 셈이다. 이에 비해 고려 태조는 진을 설치한 후 군대를 주둔시킴으로써 명실상부하게 그 지역이 고려의 영토임을 분명히 했다.

요컨대 태조는 평양을 발판으로 북쪽으로 청천강 유역까지 성곽이나 진을 설치해 북진北進의 초석을 마련했다. 태조는 고려의 영역을 동북으로는 안변에서 영흥 부근까지, 서북으로는 청천강 하류까지 확보하는 성과를 거두었다. 곧 패강진 → 평양 → 청천강으로 축차적으로 북상해 나간 것이었다. 태조의 업적을 바탕으로 후대 임금들은 고려 영토를 청천강을 넘어 압록강 유역까지 북상하는 성과를 올릴 수 있었다. 그리고 북계의 성곽들은 이후 거란은 물론 북방민족의 침략을 격퇴하는 초석이 되었다.

4. 발해 유민의 활용

뜨거운 감자 발해

발해는 698년부터 926년까지 228년간 존속한 거대한 국가였다. 전성기 발해의 영역은 동으로 오늘날 러시아 연해주, 서쪽으로 중국의 요동, 북으로 송화강과 아무르 강 유역, 남으로 한반도의 원산만 유역에 이를 정도로 광대했다.

발해의 건국에 대해서는 몇 가지 이론異論들이 있으나, 대체로 698년 대조영大祚榮이 고구려 유민과 말갈족을 흡수해 동모산東牟山 일대에서 건설한 나라로 보고 있다. 고구려 멸망 이후 30년 만의 일이었다. 동모산 위치도 이론이 있는 편인데 오늘날 중국 길림성 돈화시 성산자산성城山子山城으로 비정되고 있다.

대조영이 발해를 건국했을 당시 국호는 '진국辰國'이었다. 당은 성장하는 진국을 인정하지 않을 수 없어 713년에 대조영을 '발해군왕홀한주도독渤海郡王忽汗州都督'으로 책봉했고 762년에는 발해군에서 발해국으로 승격해 독립국으로 대우했다. 한편 8세기 초에서 중반 무렵의 일본 측 자료에 따

르면 발해는 '고려高麗'나 '고려국高麗國'이라는 국호도 사용했다.[48]

발해는 926년 1월에 거란에게 망했다. 발해 멸망은 기존에 구축된 동북아 질서를 균열시키는 일대 사건이었다. 거란의 태조 야율아보기는 발해를 멸망시킨 후 발해 수도 상경성上京城에 동란국을 세우고 태자 야율배耶律倍(야율아보기의 장남)를 왕으로 임명했다.

926년 7월 야율아보기가 죽은 후 대권을 이어받은 태종 야율덕광은 928년 요양에 동경부東京府를 설치하고 동란국과 발해 주민을 이주시켰다. 설상가상으로 930년 동란국 왕이자 태종의 형인 야율배가 후당으로 망명하면서 동란국은 상당기간 왕이 없는 상태가 되어버렸다.

그 결과 동란국의 통치 범위는 발해 고토의 서쪽 지역으로 축소되고 통치력도 허약해졌다. 반면에 동쪽 지역의 경우 발해인들이 '후발해'를 시작으로 정안국定安國, 흥료국興遼國, 대발해국 등을 세워 부흥 운동을 끈질기게 벌이자 실질적인 영향력을 행사하지 못했다.

그렇다면 발해가 멸망하기 이전 고려와 발해는 어떤 관계를 맺고 있었을까? 이와 관련해 자주 거론되는 사항이 두 나라가 혼인한 사이라는 지적이다. 『자치통감』에 왕건이 후진의 임금 고조에게 "발해는 나(또는 우리)와 혼인한 사이"이므로 거란에 잡혀간 발해 왕을 구하기 위해 협공을 요청한 내용이 있는데 여기에 근거하고 있다.[49]

그러나 여기서 한 가지 유의할 점은 고려가 처음부터 발해에게 호의적인 입장을 보이지 않았다는 점이다. 고려와 발해의 직접적인 교섭은 923년 이후로 알려져 있다. 발해가 거란의 압박이 심해지자 주변국에게 도움

---

[48] 임상선, 「발해의 건국과 국호」, 『새롭게 본 발해사』(고구려연구재단, 2004), 27쪽.
[49] 『자치통감資治通鑑』 권285, 후진기後晉紀 제왕齊王 개운開運2년 10월, 11월.

을 요청하는 과정에서 고려에도 도움을 청했던 것이다.[50]

이에 대해 고려가 어떤 반응을 보였는지 알 길은 없다. 『고려사』에는 고려가 건국된 918년부터 925년 3월까지 발해에 관한 어떤 기사도 등장하지 않기 때문이다. 이것은 무엇을 의미할까? 그것은 고려가 아직까지 발해에 대해 깊은 주의를 기울이지 않았음을 보여주는 정황으로 해석해야 한다. 당시 고려는 후백제와 대립하고 있는 시점에서 거란을 자극할 필요가 없다고 판단해 발해의 요청을 거절했을지도 모른다. 그래서 고려 측 기록이 없다고 여겨진다.

고려가 발해 유민에 대해 대우를 달리한 시점은 발해 멸망 직후 귀순하는 사람들이 끊이지 않으면서부터였다. 고려에서 표방한 북진 정책의 목표는 북방민족에 대한 대처와 영토 확장이었다. 고려는 발해 멸망 후에 압록강 상류에서 두만강에 걸친 지역을 완충지대 없이 거란과 공유해야 했다. 그러므로 태조 입장에서는 현실적으로 거란의 침공을 차단하고 억제할 방책을 모색해야만 했다.

특히 변경에 자주 출몰해 약탈을 일삼던 여진은 고려의 북방 안보에 큰 긴장감을 유발시켰다. 발해가 있을 당시부터 남으로 퍼져 나오기 시작한 여진족은 고려 건국 초에 두만강 유역과 그 이남 지역, 그리고 압록강 일대에 흩어져 있다가 발해 멸망 이후로 더 남하하면서 고려의 변경을 교란시켰다.

고려 초 여진족 제어에 큰 힘을 보탠 것은 패강진(황해도 평산)의 호족이었다. 그러나 태조는 평양을 개발하면서 패서 지역의 호족들을 평양으로 이주시켰고, 평양이 북진 정책의 전진기지로 탈바꿈하자 다시 주민들을

---

50 임상선, 「발해 유민의 부흥운동」, 『새롭게 본 발해사』, 89쪽.

북쪽에 설치한 여러 진으로 이주시켰다. 이 때문에 패서 지역은 수비에 공백이 발생한 상태였으나 후백제와 크고 작은 전쟁을 치르는 국면에서 남쪽 백성을 이주시킬 수도 없었다.

이 같은 상황에서 태조가 북방민족을 견제하고 북쪽의 개척 지대를 장악하기 위해 결정한 선택이 바로 발해 유민의 활용이었다. 많은 인구와 병력을 필요로 했던 고려로서 거란과 적대적인 발해 유민은 대단히 유용한 인적자원이 아닐 수 없었다.

발해 유민의 규모

현재 충청남도 논산시 연천에 위치한 개태사開泰寺는 고려 태조의 원찰로 유명하다. 개태사는 태조가 후삼국 통일을 이룩한 936년부터 짓기 시작해 940년에 완성을 보았으므로 후삼국 통일과 밀접한 관련을 갖는 사찰이다.

개태사의 창건 유래를 보면 태조가 "936년에 백제를 정벌해 큰 승리를 거두어 30여 군郡을 얻고, 발해국인이 모두 귀순" 하자 이를 경축하기 위해 940년에 절을 세우고 친히 글을 지어 발원했다고 한다.[51]

이 짧막한 글에서 눈길을 사로잡는 부분이 있으니 바로 '발해'라는 단어다. 이 단어가 의미심장하게 다가오는 이유는 후삼국 통일과 발해인의 귀순이 함께 등장하기 때문이다. 이는 고려가 건국 이후 수많은 사건을 거치는 과정에서 발해 유민의 존재를 가볍게 여기지 않았다는 사실을 잘 알려준다.

---

51 『신증동국여지승람新增東國輿地勝覽』 권18, 연산현連山縣 불우佛宇.

『고려사』에 발해 유민이 고려에 투항하는 기록이 나오는 시기는 925년(태조 8) 9월 무렵이다.[52] 925년은 발해가 멸망하기 바로 4~5개월 전이다. 발해인의 투항은 태조 대에 집중적으로 나타나며, 이후 예종(재위기간 1105~1122) 대까지도 지속되어 1117년의 사례를 마지막으로 사라졌다.

태조는 고려로 오는 발해 유민을 조건 없이 수용했다.

【표 3】 태조 대 귀화한 발해 유민의 규모

연도	내용	규모
925. 9	장군 신덕 등	500인
925. 9	예부경 대화균大和鈞, 균로사정 대원균大元鈞, 공부경 대복모大福暮, 좌우위장군 대심리大審理 등	100호戶
925. 12	좌수위소장左首衛小將 모두간冒豆干, 검교개국남檢校開國男 박어朴漁 등	1,000호
927. 3	공부경工部卿 오흥吳興, 승려 재웅載雄 등	110인
928. 3	김신金神 등	60호
928. 7	대유범大儒範 등이 사람들을 데리고 투항	
928. 9	은계종隱繼宗 등	
929. 6	홍견洪見 등이 배 20척으로 사람과 재물을 싣고 옴	
929. 9	정근正近 등	300여 인
934. 7	세자 대광현이 수만 명을 이끌고 투항	수만 명
934.12	진림陳林 등	160인
938.12	박승朴昇	3,000여 호

(근거:『고려사』,『고려사절요』)

고려에 귀순한 발해 유민의 규모는 기록마다 차이가 있어 정확하지 않다. 연구자에 따라서 『고려사』나 『고려사절요』를 근거로 하여 발해 유민의 규모를 최소 5만에서 최대 12만 명으로 추산한다(【표 3】 참조). 참고로 조선후기 실학자 유득공柳得恭(1749~?)은 『발해고渤海考』라는 저술에

---

[52] 박옥걸,『고려시대의 귀화인 연구』(국학자료원, 1996), 95쪽. 한규철 교수는 발해인이 최초로 고려에 귀화한 시점을 921년에 흑수말갈 추장이 170명을 이끌고 내려온 기록으로 삼고 있다.『고려사』에는 '발해인'으로 기록되지 않았으나 여진이 발해의 구성원이었으므로 이 무렵 고려에 귀화한 흑수말갈을 발해인으로 파악한 것이다. 그러나 흑수말갈이 발해의 구성원이었는지 여부는 이론이 많은 편이므로 여기서는 『고려사』나 『고려사절요』에 '발해인'으로 나와 있는 기록만을 제시했다.

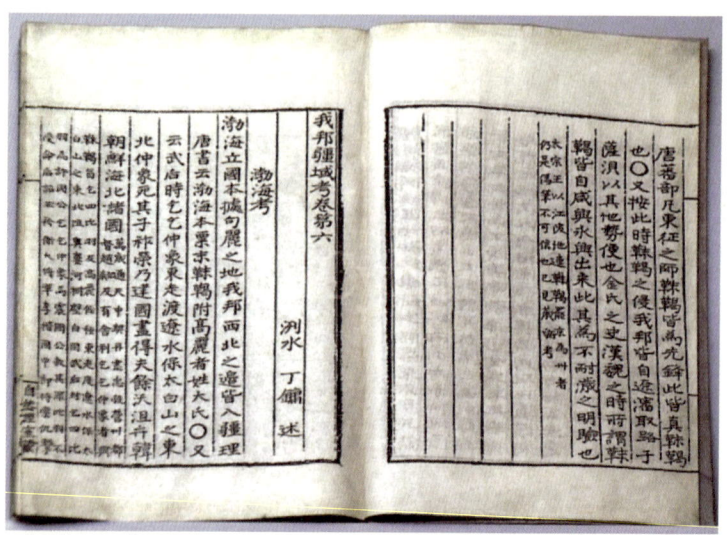

『발해고渤海考』 1784년(정조 8) 유득공이 지은 발해의 역사책. 유득공은 이 책에서 고려가 발해의 역사를 쓰지 않았기 때문에 고구려・발해 영토를 점령하고 있던 여진이나 거란에게 영토권을 주장하지 못했다고 지적했다.

서 고려에 투항한 발해 유민을 10여 만 명으로 밝혀놓았다.[53]

표에서 보듯이 발해인의 귀순은 집단 투항이 많은 편이었다. 그러므로 발해인의 대규모 투항은 고려의 인구 변화에 직접적인 영향을 미쳤을 것이다. 『송사宋史』에 근거해 고려 인구를 210만으로 추산한다면 발해 유민의 점유율은 최소 2.4%에서 6%가 되므로 결코 적지 않은 규모라고 할 수 있다.[54]

---

[53] 유득공, 『발해고渤海考』, 「발해고서渤海考序」.
[54] 박옥걸, 『고려시대의 귀화인 연구』, 138쪽.

발해 유민의 전력화

"발해 남자는 다른 나라 사람보다 지모가 많고 용맹스러워 3인이면 범 한 마리를 이겨낸다."[55] 이 말은 조선후기 학자 한치윤韓致奫(1765~1814)이 편찬한 역사서에 나오는 기록으로 발해인에 대한 강한 인상을 심어준다.

이처럼 용맹스럽고 지모가 뛰어났다고 평가되던 발해인들은 고려에서 어떤 역할을 수행했을까? 아마도 후삼국 통일을 전후한 시기에 고려가 처해 있던 제반 여건으로 볼 때 고려의 전력 증강에 크게 기여했다고 짐작된다.

발해 유민 가운데 두드러진 존재는 발해국 세자 대광현大光顯이다.[56] 태조는 대광현이 수만 명을 이끌고 귀순하자 크게 환영하면서 각별히 우대했다. 태조는 934년(태조 17) 대광현에게 '왕계王繼'라는 이름을 내려 고려 왕족에 편입시켰다. 그리고 4품에 해당하는 원보元甫라는 벼슬을 주어 백주白州(황해도 배천)의 군사를 맡겼다. 이뿐만이 아니었다. 대광현의 막료와 군사들에게까지 논밭과 집을 하사하는 특전을 베풀었다.

태조가 대광현에게 수비를 맡긴 백주는 예성강 하류 지역으로 수도 개경의 건너편에 위치했다. 의주에서 개경으로 이어지는 노선에 있던 백주는 인근에 고려 최대 무역항이던 벽란도가 있어 국제 무역선들이 활발하게 드나들었다. 그만큼 백주는 예성강을 끼고 수륙으로 통하는 서부의 요

---

[55] 『해동역사海東繹史』 권11, 세기11.
[56] 대광현이 발해에 귀순한 해는 『고려사』 세가에 934년 7월, 『고려사』 연표에 925년, 『고려사절요』에 925년 12월, 『동국통감』에 926년 봄으로 기록되어 있다. 이처럼 기록마다 연도가 다른 이유에 대해 대광현이 926년에 귀순했다가 934년에야 우대 조치가 내려졌다는 설, 대광현이 발해 세자가 아니라 후발해의 세자였다는 설이 대표적이다.

충지였다.

대광현이 백주를 담당할 무렵 이 지역은 패서 호족들이 주민을 이끌고 서경으로 이주한 이후이므로 방어에 큰 공백이 있던 상황이었다. 대표적으로 932년 9월 후백제 장수 상귀相貴가 수군을 이끌고 침입해 고려의 전함 100여 척을 불태우고 군마 300필을 약탈해 간 일이 있었다. 따라서 대광현에게 백주를 맡긴 조치는 발해 유민을 우대하고 그들의 능력을 활용한 좋은 사례라고 볼 수 있다.

후삼국 통일 후에도 태조는 여전히 발해인의 중요성을 잊지 않았다. 태조는 말년에 거란에 대해 강경책을 쓴 반면, 발해 유민에 대해서는 고려의 형제이자 혼인까지 맺은 긴밀한 관계임을 강조하면서 각별한 우의를 표명했다. 그 결과 발해인들은 이후 거란과의 전쟁에서 큰 역할을 수행하는 면모를 과시했다.

993년(성종 12) 고려가 거란에 맞서 싸울 당시 안융진(평남 안주) 전투를 승리로 이끈 중랑장 대도수大道秀가 바로 대광현의 아들이다. 1010년(현종 1) 11월에 거란이 재침했을 때에 곽주郭州에서 끝까지 분전하다가 전사한 대장군 대회덕大懷德도 발해 유민으로 알려져 있다. 이 밖에도 이름을 알 수 없는 수많은 발해 유민들이 거란전에 참전했다가 거란에 포로로 잡혔다는 기록도 있다.[57]

요컨대, 태조는 발해 유민을 수용해 여진족을 견제하고 새로 개척한 북쪽 지역을 채우는 인적자원을 확보하는 데에 성공했다. 또 거란에 대한 적개심에 불타 있는 발해 유민들의 심리를 활용해 거란을 방비하는 데에도 성공을 거둘 수 있었다.

---

[57] 이효형, 『발해유민사 연구』(혜안, 2007), 225-227쪽.

❖ 회고와 전망

　태조 왕건이 추진한 북진 정책은 사실 그다지 새로운 주제는 아니다. 그럼에도 이 책에서 첫 장으로 태조의 북진 정책에 지면을 할애한 이유는 이 위대한 정책을 설명하지 않고서는 고려시대 전쟁사를 이해할 수 없다는 판단 때문이었다.

　태조의 북진 정책은 중학교 또는 고등학교 시절에 국사 교과서에서 태조의 업적 중의 하나로 반드시 거론되는 사항이다. 그러나 그 북진 정책이 한국사에 어떤 영향을 미쳤는지 그리고 그 의미가 무엇인지 제대로 설명된 적은 없는 것 같다. 더구나 태조가 추진한 북진 정책은 얼핏 시시해보이기조차 하다. 북쪽 지역에 성곽을 쌓고 진鎭을 구축한 일이 고작이기 때문이다.

　앞으로도 거듭 강조하겠지만 한반도에서 성곽의 가치는 아무리 강조해도 지나치지 않다. 동서양을 막론하고 군사규모가 크지 않고 무기가 제한적인 시대에 방어는 공격보다 훨씬 강력했고 여기에 한몫을 한 것이 성곽이었다. 더구나 한반도처럼 험준한 산지와 협곡이 즐비한 지형을 가진 곳에서 성곽은 최고의 방어 수단이자 공격 수단이었다.

　일찍이 당 태종이 고구려를 치기 위해 신하들에게 계책을 묻자 고구려는 산을 의지해 성을 쌓기 때문에 함락하기가 쉽지 않다는 답변이 돌아왔다. 고려시대에도 거란이 고려를 치려 하자 신하들이 산성 때문에 성공을 거두지 못할 뿐 아니라 자칫하면 귀환할 수 없을 지도 모른다면서 만류했다고 한다. 이처럼 한반도의 성곽들은 중원의 왕조와 북방민족들에게 위협적인 전설이나 불패의 신화가 가득한 공간이었다.

10세기 초 동북아시아는 중심축을 이루던 당이 붕괴하고 거란이 부상하면서 파란이 일었다. 그리고 그 변동의 파고는 한 세기로 끝나지 않고 여진, 몽골로 이어지면서 약 460년간 동북아시아를 중국 대륙의 왕조와 북방민족의 각축장으로 변모시켰다. 그래서 고려가 전개한 이민족 전쟁은 중국 대륙 및 북방에서 일어난 국가들 사이에 벌어진 갈등과 깊은 연관성이 있다.

태조는 건국 이후 중국 대륙의 왕조와 북방민족과의 긴장관계를 적절하게 이용하면서 그 틈새를 포착해 독자적인 북진 정책을 구사했다. 태조는 평양을 전진기지로 삼아 대동강 이북에서 청천강 이남의 북계 지역에 성곽을 쌓고 진을 구축했다. 청천강 이남은 평야가 넓게 형성된 지형이므로 적이 청천강만 건넌다면 터진 물꼬처럼 남진을 막기가 쉽지 않았다. 태조가 청천강을 주방어선으로 하여 축차적으로 성곽을 구축한 이유도 이 때문이었다.

특히 안북부(안주)는 태조가 상당히 공을 들인 곳이었다. 안북부에서 평양까지 직선거리는 불과 70km다. 이곳은 거란 전쟁·몽골 전쟁은 물론 홍건적의 침입 때에 적이 남진하는 길목이었다. 그래서 고려 조정은 이곳에 전군을 지휘하는 사령부를 두었고, 고려를 침입한 적국 역시 고려 침략의 교두보로서 사령부를 설치한 곳도 안북부였다. 그래서 태조는 이 지역의 전략적 가치를 인지해 안북부에 몇 번이나 성곽을 쌓은 것이었다.

태조가 구축한 북계의 성곽들은 이후 거란은 물론 북방민족의 침략으로부터 고려를 지키고 이민족들을 격퇴한 초석이 되었다. 협곡과 산지가 많은 한반도의 지리적 특성을 전략적 이점으로 최대한 전환시켜 놓은 태조의 혜안으로 적들은 북계 성곽에서 고전을 면치 못하고 쓰러져 나갔다.

이와 함께 태조가 북진 정책을 추진하는 과정에서 발해 유민을 활용한 점도 주목할 필요가 있다. 태조가 표방한 북진 정책은 북방민족에 대한 대처와 영토 확장에 주안점을 두었다. 그러므로 태조가 북방 정책을 추진하기 위해서는 현실적으로 거란의 침공을 차단하고 억제할 방책을 모색해야 했다. 특히 변경에 자주 출몰해 약탈을 일삼던 여진은 고려의 북방 안보에 커다란 긴장감을 유발시켰다. 또 고려는 평양 이북에서 청천강 이남의 신개척지를 효과적으로 장악하기 위해 이곳에 도시를 건설하고 백성을 이주시키는 정책도 시급했다.

그러나 고려인만으로는 넓은 지역을 채우기에 역부족이었고 후백제와 크고 작은 전쟁을 벌이고 있는 국면에서 남쪽 백성을 이주시킬 수도 없었다. 결과적으로 고려는 거란에 대한 적개심에 불타는 발해 유민을 수용해 거란 방비는 물론 고려의 신개척지를 채울 수 있는 인적자원을 학보하는 데에 성공했다. 이 점은 고려 태조의 전략적 판단 능력이 매우 돋보이는 부분이 아닐 수 없다.

결론적으로 태조 왕건이 실시한 북진 정책은 송·거란 등 강대국의 틈바구니 속에서 고려의 군사 역량에 기초해 독자적인 생존 방식을 모색했다는 점에서 매우 탁월한 혜안이었다고 여겨진다. 이 정책 덕분에 고려는 거란 전쟁을 승리로 이끌면서 강대국 대열로 올라서는 쾌거를 이룰 수 있었다. 이것이 태조의 북진 정책을 위대하다고 평가하고 싶은 이유다.

제2장
거란과 싸워 이기다

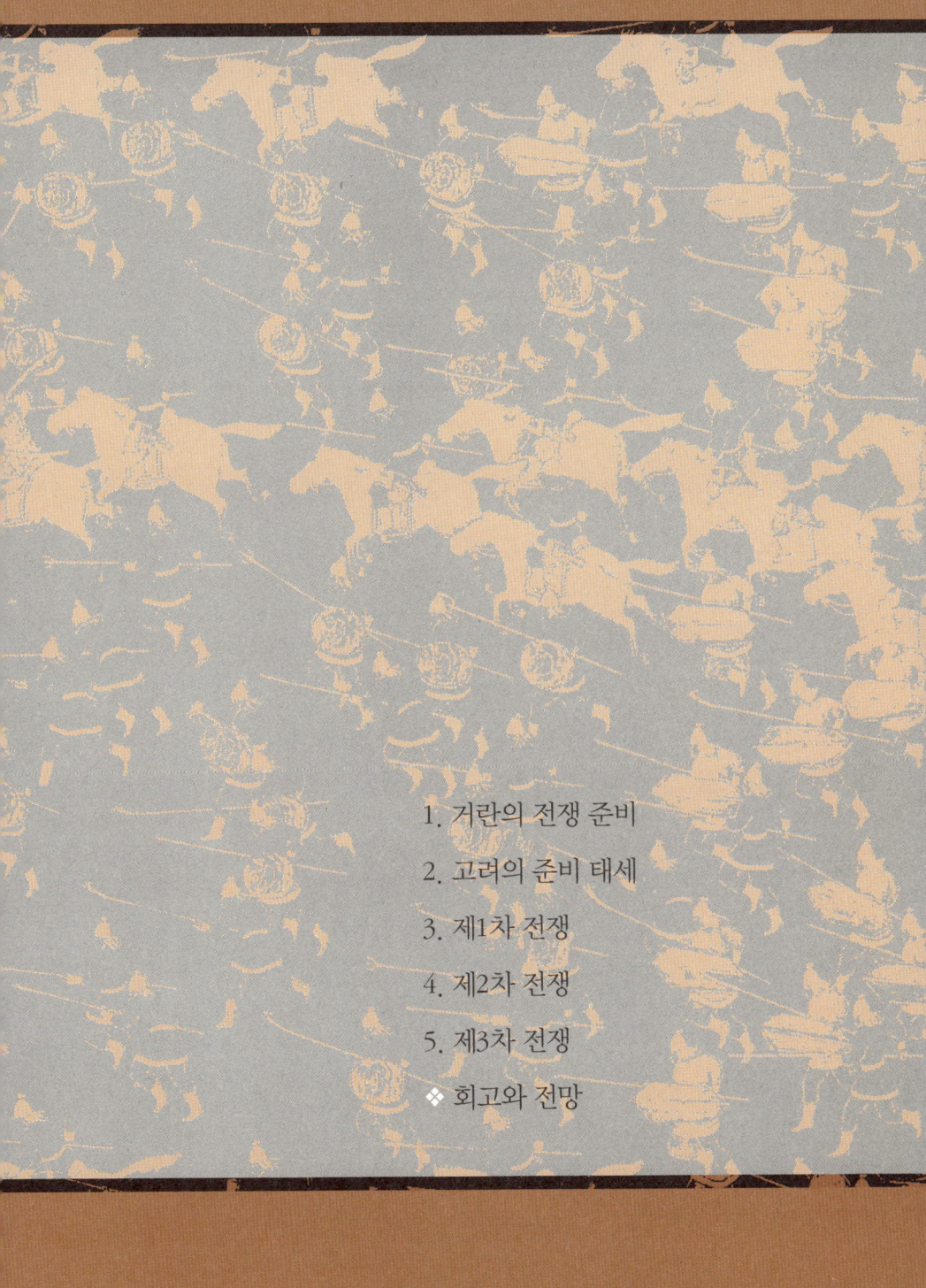

1. 거란의 전쟁 준비
2. 고려의 준비 태세
3. 제1차 전쟁
4. 제2차 전쟁
5. 제3차 전쟁
❖ 회고와 전망

고려는 993~1019년까지 약 14차례에 걸쳐 거란契丹(요遼)과 전쟁을 수행했다. 그 기간만도 27년이나 된다. 여기에는 큰 전쟁은 물론 국지적인 충돌도 포함되어 있다.

거란과 송의 긴장 관계에서 촉발된 동아시아의 전운은 고려의 친송親宋 정책과 북진 정책이 도화선이 되어 993년에 한반도에서 폭발하고 말았다. 고려·거란 전쟁은 10세기 중반 이후 새롭게 형성된 동아시아 국제질서의 긴장과 갈등의 산물이었다. 이 점이 고려와 거란 전쟁의 특징이라 할 수 있다.

송은 건국 이후 중요한 외교 현안에 직면해 있었다. 당시 송은 연운 16주를 둘러싸고 거란과 무력 충돌을 벌이고 있었다. 더구나 거란은 송의 종주권에서 벗어나려는 탕구트족(당항족黨項族, 1038년 서하西夏 건설)을 지원하면서 송을 압박해왔다. 이에 송은 동북아의 맞수 거란을 치기 위해 거란의 배후에 있는 고려와 여진을 활용하고자 했다. 거란 역시 중국 대륙을 공략하기 위해 송의 고립과 요동 지역의 장악을 노리고 있었다. 그러려면 배후에 있는 고려와 송의 관계를 차단해야 했다.

고려는 거란에게 무수히 침공당했으나 전쟁이 종결되자 국제적 위상은 그전보다 훨씬 높아져 있었다. 거란이 도발한 27년간의 전쟁은 거란의 예상과 전혀 다른 결과를 낳았던 것이다. 송조차 거란이 고려를 두려워한다고 평가할 정도였다. 이 결과는 고려가 거란의 침공을 소극적으로 방어하지 않고 성곽을 이용해 끈질긴 전투로 대처한 결실이었다.

중국 춘추시대 병법가 손자孫子는 "전쟁을 속전속결로 이겼다는 말은 들어봤어도 지구전으로 이긴 사례는 본 적이 없다. 지금까지 전쟁을 장기화해서 국가에 이익이 난 사례는 없다兵聞拙速 未睹巧之久也 夫兵久而國利者 未之有也"[1]고 했다. 이 말은 고려를 장기간 침략해 굴복시키려고 했던 거란에게 적중한 금언이라 할 수 있다.

거란이 전쟁에서 얻은 소득은 993년 첫 전쟁에서 압록강 동쪽의 요충지 보주保州(평북 의주)를 확보한 것뿐이었다. 1019년 전쟁이 종결된 지 얼마 지나지 않아 거란 임금 성종이 고려를 다시 공격하려고 계획할 만큼 거란은 고려에 대한 침략 미련을 버리지 못했다. 거란은 전쟁의 패배로 위신이 손상되었고 고려와 형식적인 사대관계를 유지하는 데에 만족해야 했다.

이제 고려가 거란에 맞서 승리를 거둔 원동력이 무엇인지, 왜 거란은 초반 승리를 끝까지 견지하기 못하고 번번이 회군하는 과정에서 역습을 당했는지, 그리고 태조 왕건 이후로 꾸준히 축성하기 시작한 북계北界의 성곽들이 거란 전쟁에서 어떻게 빛을 발했는지가 이 장에서 흥미롭게 펼쳐질 것이다.

---

1 『손자孫子』 권2, 작전作戰.

1. 거란의 전쟁 준비

거란은 강했다

10세기 중반 동아시아의 패권국 거란契丹(요遼)[2]의 판도는 광활했다. 동으로 만주 전역, 남쪽으로 하북과 산서성 북부, 서쪽으로 흥안령, 북쪽으로 아르군 강에 이르렀다. 거란의 세력이 서쪽으로 뻗어 나가면서 날로 강해지자 튀르크(돌궐) 등은 '거란'을 음역해 키타이Kitai라고 불렀고 이를 계기로 오늘날까지도 북중국이나 중국 대륙을 키타이 또는 카타이로 부르기도 한다.

10세기 전반 거란은 국내외 문제로 한동안 고전을 면치 못한 적도 있었다. 거란은 936년 중국 대륙의 연운 16주(오늘날 북경에서 하북성 북부에 이르는 지역)를 점령한 이후에도 중원中原의 크고 작은 분쟁에 가담했다. 거란은 중국 대륙에 대한 영향력을 증진시킨 대가로 불필요한 분쟁에 휘말리

---

[2] 거란은 '요遼'를 건국한 이후에도 국명을 통일하지 않고 '요'와 '거란'을 구분 없이 사용했다. 이 글에서는 일반인들에게 잘 알려진 거란을 사용했다.

거란(요), 북송 시대 전도

면서 군사력과 경제력을 소모하는 결과를 초래했다.

게다가 태종 사후에 대외 사업을 주도할 만한 강력한 황제가 나타나지 못했다. 태종에 이어 즉위한 세종世宗(재위기간 947~951)은 야율배耶律倍(태종의 형)의 아들로서 권력 기반이 취약했다. 결국 거란 왕실은 내분에 휩싸였고 세종은 즉위한 지 5년 만에 시해되었다. 뒤를 이어 즉위한 목종穆宗(재위기간 951~969)은 잔혹하기로 악명이 높았고 그 역시 969년에 시해되었다.

이 무렵 거란의 대외 환경도 좋은 편이 아니었다. 거란이 국내 문제로 주춤거리는 틈을 타고 960년 중국 대륙에서는 후주後周의 절도사 조광윤趙光胤(송 태조)이 5대 10국을 마감하고 통일왕조 송宋을 개국했다.

거란은 중원의 신흥 국가 송과 국경을 마주해야 했고, 거란이 지원하던 북한北漢3마저 송에 망하고 말았다(979년). 거란이 우려한 대로 송은 979년과 986년에 거란을 침공했다. 이뿐만이 아니었다. 고려와는 942년 이후로 외교 관계가 단절된 상태였고 여진은 동쪽 변경에서 여전히 약탈과 배반을 번복했다.

대내외적으로 위기에 직면한 거란을 다시 일으켜 세운 임금은 성종聖宗(재위기간 982~1031)이었다. 성종은 '고려와 거란 전쟁'의 주역으로 거대해진 제국을 통치하기 위해 스텝 민족의 전통 위에 중원의 제도와 문물을 적극 수용했다. 그리고 거란인들의 생활을 안정시키기 위해 과중한 세금을 덜어주고 각종 권농 정책과 황무지 개간 사업 등을 펼쳤다.

국내를 안정시킨 성종이 대외로 시선을 돌린 곳은 동북 만주와 고려였다. 대륙 진출을 꿈꾸던 성종이 우려한 최악의 시나리오는 송이 고려·여진 등과 연합해 거란에 적대하는 상황이었다. 거란은 송·고려·여진의 연합을 끊어놓기 위해 먼저 고려와 여진의 연계를 차단한 후 이들을 차례로 공략한다는 전략을 구상했다.4

거란이 첫 번째 공격 대상으로 선택한 것은 여진이었다. 여진은 송이 건국되자마자 지속적으로 송에게 조공을 바쳤다. 여진 사절단은 압록강을 따라 내려와 바다를 건너 산둥반도 끝자락에 위치한 등주登州로 갔다. 거란은 여진의 조공 행위를 자국의 배후를 위협하는 요소로 보고 984년과 986년에 두 차례나 여진을 공격했다. 986년에는 발해 유민이 압록강변에 세운 정안국定安國도 멸망시켰다.

거란은 두 번에 걸친 송의 공격을 성공적으로 막아내고 여진마저 격파

---

3 북한北漢 : 951년 유승劉崇이 오늘날 산서성 태원현에 세운 나라. 북한이 후주後周와 전쟁에 돌입하자 거란이 북한을 지원했다.
4 추명엽, 「고려시기 '해동' 인식과 해동천하」, 『한국사연구』 129(한국사연구회, 2005), 49쪽.

해 송·여진 동맹을 와해시켰다. 991년에는 여진이 송으로 통하는 길목을 차단하기 위해 압록강 북쪽지역인 위구威寇·진화振化·내원來遠에 성을 쌓고 군사 3,000명을 배치했다. 이 중 내원성(의주)은 한반도 진출의 전초기지를 확보했다는 점에서 전략적으로 의미를 지녔다.

『삼재도회三才圖會』에 실린 거란인의 모습 『삼재도회』는 명명대에 만들어진 백과사전의 일종이다.

거란은 송·고려·여진의 연합을 와해시킨 후 송과 결전을 준비했다. 거란은 990년경 송의 배후를 위협하기 위해 탕구트족(서하)을 지원하기 시작했고, 994년 남경통군도감南京統軍都監을 설치해 5년여에 걸쳐 전쟁 준비를 했다.[5]

드디어 거란은 송이 탕구트족마저 제압하지 못하는 취약성을 노출하자 999년 송을 침공해 참패를 안겼다. 1004년 거란은 다시 송의 국경을 돌파해 전주澶州까지 진격했다. 연전연승이었다. 수세에 몰린 송이 강화를 요청하자 거란은 송과 '전연澶淵의 맹약'을 맺었다.

거란은 이 조약으로 송과 '형제의 나라'라는 대등한 관계를 확보했다. 그리고 송에게 평화를 제공하는 대가로 해마다 비단 20만 필과 은 10만 냥을 받아냈다. 송으로부터 들어오는 막대한 경제 지원은 거란의 경제를 풍

---

[5] 안주섭, 『고려 거란 전쟁』(경인문화사, 2003), 116쪽.

5대 10국을 마감하고 960년에 송을 건국한 태조 조광윤 趙光胤. (타이완 국립고궁박물관 소장)

요롭게 하고 군사력을 증강시키는 재원이 되었다.

반면에 송은 스기야마 마사아키杉山正明가 "북송이 오대의 각 왕조처럼 단명으로 끝나지 않았던 것은 이 평화조약〔전연의 맹약〕덕택이었다"[6]고 지적했듯이 큰 경제적 손실을 치른 뒤에야 불안정한 평화를 획득할 수 있었다.

군사제도

거란은 북방민족 가운데 유목과 농경을 절묘하게 결합한 나라였다. 금金이나 원元·청淸 등은 제국으로 성장한 후 중국 대륙 본토로 천도했으나 거란만은 본거지를 떠나지 않고 상경 임황부上京臨潢府(지금의 내몽골 파림좌기 남쪽)를 중심지로 키워냈다.

행정과 군사 조직도 마찬가지였다. 유목민족을 중심으로 부족제를 유지하면서 농경민을 다스리기 위한 주현제州縣制도 실시했다. 부족의 존재는 국가의 통일을 방해하는 측면도 있었으나 그 자체가 행정 및 군사 조직이

---

[6] 스기야마 마사아키杉山正明, 『유목민이 본 세계사 – 민족과 국경을 넘어』 1판 6쇄(학민사, 2006), 266쪽.

되어 정복 전쟁을 효율적으로 지원했다. 부족들은 일정 지역에서 유목 생활을 하다가 유사시 군사 편제로 전환했던 것이다.

거란 군제의 특징은 첫째, 최고 군사권은 거란 출신이 장악하고, 둘째, 거란군의 근간은 궁위기군宮衛騎軍이었으며, 셋째, 거란인들은 주로 황실직속부대나 부족군에 속했으며, 넷째, 우수한 기병을 확보하고 군사력을 강화하기 위해 주변의 유목계 북방민족을 우대한 점을 꼽을 수 있다. 대표적으로 해인奚人7을 후하게 대우해 만주·몽골·중국 대륙 등 접경 지역의 수비를 맡긴 점이다.8

거란군은 크게 황실직속부대, 부족군部族軍, 향정鄕丁, 속국군屬國軍으로 나눌 수 있다.9 먼저 황실직속부대에는 어장친군御帳親軍과 궁위기군宮衛騎軍이 있었다. 어장친군은 대장피실군大帳皮室軍과 속산군屬珊軍으로 구성된 황실 친위 기병 군단으로서 50만 명이 소속되었다.10

어장친군과 궁위기군은 거란 임금을 호위하는 친위군이었다. 그러다가 궁위기군의 경우 점차 전국 각지에서 군사를 뽑아 올리면서 국군國軍의 성격을 띠었고 거란군의 근간을 이루었다. 규모는 약 51만 명의 기병으로 거란인·중국인·발해인 등으로 구성되었다. 이 중 전투를 담당하는 주체는 거란인이었고 중국인·발해인 등은 경제 부담을 졌다.

부족군은 대수령부족군大首領部族軍과 중부족군衆部族軍으로 구성되었다. 대수령부족군은 친왕親王과 대신들이 거느린 부대로 사병적인 성격이 강

---

7 해인奚人 : 4세기 이후 10세기에 이르기까지 요서 지역을 중심으로 살던 민족. 거란고 접해 있으면서 서로 족族의 기원이나 생활 모습이 매우 유사했다. 911년에 거란에게 완전히 복속되었다.
8 일본동아연구소 편, 『북방민족의 중국통치사』, 58쪽.
9 『요사遼史』 권35, 지5 병위지兵衛志 중 ; 『요사』 권36, 지6 병위지 하.
10 참고로 『송사宋史』에는 어장친군 규모가 5만으로 기록되었다.

【표 4】 거란(요)의 군제

구분	병종		병력수/명	합계/명
금군	어장친군	피실군	기병 300,000	500,000
		속산군	기병 200,000	
	궁위기군		보병 408,000 기병 101,000	509,000
부족군	대수령부족군		·	·
	중부족군		·	
향군	향정	상경 임황부	167,200	1,107,300
		동경 요양부	41,400	
		남경 석진부	566,000	
		서경 대동부	322,700	
		중경 대정부	10,000	

했다. 이들은 황제가 친정할 때에 많게는 수천 기騎, 적게는 수백 인 단위로 참전했다. 유사시에도 3,000~5,000기를 징발해 지원했는데 이는 거란의 부족 연합적인 성격을 잘 반영한다. 중부족군은 대수령부족보다 한 단계 낮은 부족으로 남·북부南北府에 예속되어 국경 수비를 담당했다. 병력은 미상이다.

향정은 상경上京(황도)·동경東京·남경南京·서경西京·중경中京의 5경에 병적兵籍을 둔 군병으로 총 110만 7,300명에 달했다. 거란인을 비롯해 여러 이민족으로 구성되었는데 한인漢人과 발해 유민이 주축을 이루었다.

속국군은 거란에 복속된 주변국이나 민족으로 구성된 군사로서 『요사遼史』에는 59개의 속국이 올라 있다. 군사 편제상 속국들은 유사시 거란에서 군사 지원을 요청하면 응해야 했다.[11] 그런데 속국 명부에 사실상 동원된 적이 없는 고려도 올라 있어 실제 속국군이 편성되었는지 의문시된다 (【표 4】 참조).

---

11 『요사』 권36, 지6 병위지 하, 속국군屬國軍.

무기와 전법

거란군의 주축은 기병騎兵이었다. 이들은 정군正軍과 가정家丁으로 이루어 졌다. 정군은 전투를 담당하는 군사이며, 가정은 정군을 보조하는 군사로서 거란의 예속민으로 조직되었다.

정군은 1명당 말 3필을 끌고 참전했다. 이 점은 서양 중세 기사들도 마찬가지였다. 말 한 마리로 원거리 행군을 한 후 곧바로 전투에 참가할 수 없으므로 예비용 말은 필수였다.12 거란군은 군수 물자를 옮기는 데 낙타도 이용했으며 양羊도 끌고 가 식량으로 썼던 것 같다.

정군은 기본적으로 철갑옷 9벌, 말의 안장·고삐·마갑馬甲 등을 준비했다. 기본 무기로는 활 4개, 화살 400발, 장창長槍·단창短槍, 철퇴, 도끼, 작은 깃발, 철퇴鎚錐, 화도석火刀石, 말을 끄는 밧줄 등을 갖추었다. 이 중 주 무기는 활과 화살이었다. 거란군은 고삐를 잡지 않고 말을 달리면서 화살을 사방으로 날릴 수 있었다고 한다.13

정군에게는 1명당 가정 2명이 배정되었다. 보급을 담당하는 타초곡가정打草穀家丁 1명과 온갖 잡역을 수행하는 수영포가정守營鋪家丁 1명이었다. 정군은 원칙적으로 식량과 말먹이를 스스로 준비해야 하나 경제 여건이나 운반 문제 등으로 휴대하기가 쉽지 않았다. 그래서 타초곡가정이 현지에서 식량과 말먹이를 조달하는 역할을 수행했다.

거란군의 기본 편제는 정군 500~700명으로 이루어진 대隊였다. 10대는 1도道가 되는데 10도가 한쪽 방위면을 담당했다. 적군을 만나면 4면에 진

---

12 귄터 블루멘트리트 지음, 『전략과 전술』, 류제승 옮김(한울아카데미, 1994), 151쪽.
13 임용한, 『전쟁과 역사(2) - 거란·여진과의 전쟁』(혜안, 2004), 56-57쪽.

을 쳤다고 하므로 한 번 전투가 벌어질 때마다 20~28만 명 정도가 동원된 셈이다. 이러한 대단위 편성은 전투가 시작되기도 전에 적의 기세를 꺾기에 충분했을 것이다.

『요사』에 따르면, 거란군은 복병伏兵을 잘 배치하고, 식량을 스스로 해결하고, 흩어졌다가도 다시 잘 모이며, 싸움을 잘하고, 추위도 잘 견디었다.[14] 거란군의 기본 전술은 기병 부대를 이용해 파상 공격과 축차 공격을 적절히 섞어서 구사했다.

거란군이 적군을 공격하는 방식을 보면 먼저 적진을 향해 사방에 진을 친 후 밀집 횡대로 돌격 대형을 만들었다. 전투가 시작되면 먼저 제1대가 공격하는데 전황이 유리하면 나머지 대들이 일제히 파상 공격을 펼치지만 돌파가 여의치 않으면 제1대가 후퇴하고 제2대가 이어서 돌격하는 형태였다.

그사이에 거란군은 기만전술도 적극 구사했다. 바람이 상대방 쪽으로 불고 있으면 타초곡가정들을 동원해 돌격에 투입되지 않은 말에 빗자루 2개를 매달아 적진으로 투입했다. 자욱한 먼지는 적군의 시야를 가려 병력을 실제보다 부풀려 보이는 효과를 낳았다.

또한 거란군은 중국 대륙 북쪽의 성곽 도시들을 공격하는 과정에서 기병과 보병을 혼합시킨 용병술도 개발했다. 거란군은 기병이 공격하기 쉽지 않은 요새나 늪지·하천·운하 등을 만나면 일부 기병들이 외곽에서 화살을 쏘는 사이 나머지 병사들은 말에서 내려 보병으로 전환해 공격했다.

---

14 『요사』 권34, 지4 병위지 상 병제兵制.

2. 고려의 준비 태세

국내 사정

10세기 전반 고려는 거란(요)과 마찬가지로 내부 문제로 진통을 겪었다. 고려 왕실은 943년 태조 왕건이 사망하자 권력 장악을 위한 유혈 투쟁에 빠져들었다. 그 결과 태조 사후부터 거란이 침공하기 전까지 50여 년 동안 5명의 임금이 교체되었다.

태조에 이어 즉위한 혜종惠宗은 암살과 쿠데타의 공포에 시달리다가 재위 2년 만에 사망했다. 왕위는 왕건의 둘째 아들인 정종定宗에게 넘어갔다. 권력 기반이 불안정하던 정종 역시 건강 악화로 재위 3년 만에 동생 소昭에게 임금 자리를 내주었다. 이렇게 하여 즉위한 임금이 광종光宗이었다.

광종(재위기간 949~975)은 고려 사회가 한 단계 도약할 수 있는 전기를 마련한 임금이었다. 당시 고려는 임금의 잦은 교체로 왕권이 허약해지자 그 틈을 타고 호족들이 기세를 부리는 상황이었다. 이에 광종은 노비안검법奴婢按檢法(956년)과 공복公服 제정(959년) 등 호족 억압책을 시행했다.

노비안검법은 본래 노비가 아니었던 사람들을 판별해 양인良人으로 되돌린 조치였다. 노비들은 공신이나 호족의 경제·군사적 기반이었으므로 이 조치는 공신·호족에게 큰 타격을 주었다. 공복 제정이란 관리들이 입는 공복을 직위에 따라 4가지 색깔로 구분해 만든 조치였다. 관리들이 서열에 따른 제복을 입게 되자 임금을 중심으로 한 체계적인 명령 계통이 서게 되었고, 관료 사이에서도 서열이 뚜렷해졌다.

또 광종은 태조가 남긴 유훈과 북진의 꿈을 잊지 않았다. 광종은 열정적으로 북계北界에 성곽을 쌓고 진鎭을 설치하는 일에 주력했다. 태조가 대동강에서 청천강 사이에 성곽을 쌓았다면 광종은 이보다 북상해 청천강 위쪽 지역을 공략해 갔다. 광종이 청천강 이북에서 서쪽 해안가를 중심으로 견고하게 성곽을 구축한 결과 북계에는 거란 전쟁 이전에 50여 개소에 이르는 성곽이 위용을 드러냈다(【표 5】참조).

광종 이후 고려를 발전 궤도에 올려놓은 임금은 성종成宗(재위기간 981~997)이었다. 성종은 정쟁을 억제하면서 국가 체제 및 문물을 정비하는 데에 주력했다. 성종은 전국 12개 큰 읍에 목사牧使를 파견해 임금이 지방을 통치하겠다는 의지를 천명했다. 최승로崔承老(927~989)로 대표되는 일군의 학자들로 구성된 두뇌 집단을 운용하고, 최승로가 제안한 〈시무28조〉를 바탕으로 유교 이념에 입각한 중앙집권적인 정치를 지향했다.

성종은 왕실의 존엄을 높이기 위해 종묘宗廟를 세우고 정월에 환구단圜丘壇(천

【표 5】고려 광종 대의 축성 상황

연도	축성 위치
950 (광종1)	장청진(영변), 위화진(운산)
951 (광종2)	무주(영변)
952 (광종3)	안삭진(운산)
960 (광종11)	습홀(가산), 송성(박천)
967 (광종18)	낙릉군
968 (광종19)	위화진(운산)
969 (광종20)	영삭진(태천), 태주
970 (광종21)	안삭진(영변)
972 (광종23)	운주
973 (광종24)	신도(박천), 가주(운천), 안융진(안주)

(근거: 『고려사』)

자가 하늘에 제사를 올리는 단)에서 친히 기도하는 의식을 치렀다. 불교 색채가 농후한 팔관회八關會15를 폐지하고 12목에 경학박사經學博士를 파견해 유교 교육을 강화했다. 사회적으로도 충을 강조하고 효를 권장하기 위해 전국의 효자·절부 등을 발굴해 포상했다.

한편, 성종은 10세기 말 요동지역에서 군사 긴장이 높아져가자 990년(성종 9)에 고려 전역에 군사 대비 태세를 강화하고, 지휘관들은 함부로 그 임소를 떠나지 말라고 명했다.16 또 같은 해 10월에 성종은 좌·우군영左右軍營을 설치해 군사력을 강화하고,17 991년에는 압록강 밖에 있던 여진을 백두산 밖으로 몰아내는 데에 성공했다.18

요컨대, 고려는 성종 대에 고려만의 국가 체제 및 문물을 만들면서 동북아에서 새로운 세력으로 성장해나갔고, 이를 기반으로 거란의 압력을 헤쳐 나갈 수 있었다. 성종은 거란과 처음 전쟁을 치른 임금이었는데 당시 거란의 임금도 '성종'이었다는 점이 흥미롭다.

송과 거란 사이에 선 고려

10세기 후반 고려는 거란과 송 사이에서 선택의 기로에 서 있었다. 동북

---

15 팔관회 : 고려시대에 11월 보름에 시행한 의례 겸 축제. 위령제의 성격을 지닌 불교의 팔관계와 전통적인 축제인 제천의식이 결합한 행사.
16 『고려사』 권3, 세가 성종 9년 추9월.
17 『고려사절요』 권2, 성종 9년 동10월. 오늘날 좌·우군영의 실체는 명확하지 않으나 6위에 소속된 좌우위의 모체로 보는 견해가 있다(이기백, 「고려 경군고」, 『고려병제사연구』(일조각, 1968), 65쪽.
18 『고려사』 권3, 세가 성종 10년 10월.

아시아는 거란과 송이 패권을 다투는 상황에서 거란이 우위를 점하고 있는 상태였다. 고려의 대외 정세는 북방의 거란, 중원의 송과 어떤 관계를 맺느냐에 따라 향후 전망이 달라지고, 이 못지않게 송과 거란 두 나라의 관계도 큰 변수였다.

고려와 거란은 요동을 사이에 둔 채 서로 피해갈 수 없는 상태에 놓여 있었다. 고려는 북방 영토를 확대하기 위해 거란의 남하를 저지해야 했고, 거란 또한 영토 확장 및 배후 지역의 안전 확보라는 타협할 수 없는 문제를 안고 있었다. 태조는 후손에게 남긴 〈훈요십조〉에서 거란의 위험을 거듭 환기시켰다. 태조의 유훈을 받든 후대 임금들은 태조 말년에 끊어진 외교 관계를 재개하지 않은 채 거란을 적대국으로 간주하고 있었다.

이러한 상황에서 고려가 선택할 수 있는 나라는 송이었다. 고려는 송과 우호 관계를 유지하면서 거란을 견제하고 북방으로 진출할 수 있는 발판을 다지고자 했다. 고려가 송으로 사신을 처음 파견한 해는 962년(광종 13)이었다. 고려는 송이 건국되자 얼마 지나지 않아 사신 이흥우李興祐를 파견하고, 이듬해 12월부터 송의 연호를 사용했다. 송 역시 963년 12월에 책명사冊命使를 파견해 광종을 책봉했다. 이로서 고려는 송과 사대관계를 맺었는데, 이러한 방식은 전근대 동아시아 사회에서 관행적으로 시행된 외교 형태였다.

고려는 송에 사대하면서도 국익을 저해하는 상황을 만들지 않았다. 송은 거란이 차지한 옛 영토인 연운 16주를 건국 직후부터 재탈환하기 위해 호시탐탐 기회를 엿보았다. 979년 송은 거란의 지원을 받던 북한을 멸망시킨 후 그 여세를 몰아 거란을 공격했으나 참패했다. 985년(성종 4) 송 태종은 거란을 다시 정벌하기에 앞서 사신 한국화韓國華를 고려에 파견해 원병을 요청했다.

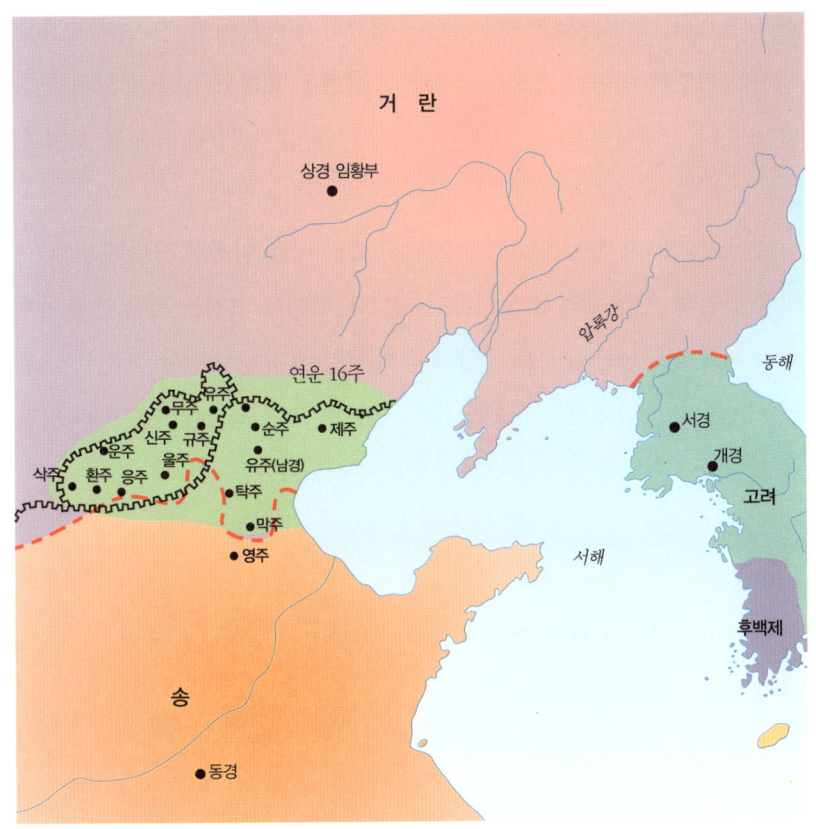

연운 16주

    그러나 고려는 984년 거란이 여진 정벌을 단행하고 발해 유민이 세운 정안국마저 노리자 송의 요청을 거절했다.[19] 송에 원병을 파견해 거란과 불필요한 마찰을 일으킬 필요가 없다고 판단했기 때문이다. 고려의 판단은 틀리지 않았다. 986년 송은 거란이 여진 정벌을 단행하는 틈을 이용해 다시 원정에 나섰으나 송 태종이 화살에 맞고 간신히 도망칠 정도로 대패했다.

    그런데 정작 고려와 송의 관계가 악화된 때는 거란이 고려를 처음 침공

---

[19] 『고려사』 권2, 세가 성종 4년 5월.

한 직후였다. 고려는 993년에 거란이 침공하자 이듬해인 994년에 송으로 사신을 파견해 거란의 침공을 알리면서 원병을 요청했다. 송은 고려 사신을 융숭하게 대접했으나 군사 요청 건에 대해서는 냉담한 태도를 보였다. 고려는 이 일을 계기로 송과 외교 관계를 단절하고 말았다.

공교롭게도 이 시점은 고려가 거란의 승인 아래 압록강 주변에 한참 성곽을 건설해 '강동 6주'를 조성하던 때였다. 아마도 고려는 거란 전쟁 이후 송과 외교를 단절한 명분을 찾다가 송이 군사 요청을 거절할 것을 미리 예상하고 원병을 요청했는지도 모른다. 어쨌든 고려 입장에서는 송의 입장을 핑계삼아 외교를 단절할 명분을 얻은 셈이었다.

한편, 여진은 국가 체제를 갖추지 못했으나 고려와 한반도 북쪽 변방을 공유했다. 고려 입장에서 여진은 거란에 대해 견제와 완충의 역할을 하는 존재로서 협력이 필요한 반면, 북진 개척을 위해서는 북쪽으로 더 내몰아야만 했다. 이 때문에 고려는 여진에게 유화책을 쓰는 동시에 여진 거주 지역에 성곽을 축조하고 군대를 파견해 여진을 한반도에서 점점 내몰았다.

이처럼 10세기 후반 고려에게는 영원한 우방도 적국도 없었다. 고려는 친송·반거란이라는 대외 정책의 기조를 유지하면서도 거란과 송의 군사 대립에 개입하지 않았다. 송과 거란 사이에서 국제 정세에 따라 탄력적으로 대처하면서 한쪽과 관계를 유지하거나 단절하는 방식으로 국익을 확보했다.

군사제도

중앙군 2군 6위

고려시대 군사제도는 후삼국 통일 후 크게 변모했다. 주력을 형성하던 기병의 비중을 낮추고 군사들의 임무도 재조정했다. 이는 오랜 전쟁이 끝나고 평화가 찾아오면서 나타난 변화였다.

중앙군은 2군軍 6위衛로 편성했다(【표 6】 참조). 2군은 친위 부대로 응양군鷹揚軍과 용호군龍虎軍으로 구성되었다. 현종顯宗(재위기간 1009~1031) 때에 성립된 2군은 약 3,000명 정도였다. 참고로, 1123년(인종 1) 송의 사신으로 고려를 방문한 서긍徐兢은 고려의 친위군을 3만 정도로 파악했다.[20]

6위는 수도 개경의 치안과 경비를 맡은 부대로서 995년(성종 14) 무렵에 성립되었다. 총 병력은 4만 5,000명 정도이며, 좌우위左右衛, 신호위神虎衛, 홍위위興威衛, 금오위金吾衛, 천우위千牛衛, 감문위監門衛가 속해 있었다.

이 중 주력은 좌우위·신호위·홍위위 3위로서, 평상시 개경을 지키다가 3년에 한 번씩 6개월 동안 국경에 파견되었다. 그리고 전쟁이 일어나면 출정군으로 편성되어 전투에 참가했다. 금오위는 수도 치안을 담당한 경찰부대이며, 천우위는 국왕 의장부대, 감문위는 궁성 내외의 문을 지키는 임무를 맡은 부대였다.

2군 6위의 기본 편제는 25명으로 편성된 대隊, 50명으로 이루어진 오伍[21], 200명으로 조직된 □[22], 1,000명의 군인으로 조직된 '영領'으로 구성되었다. 영은 병종에 따라 보승保勝·정용精勇·역령役領·상령常領·해령海領·감

---

[20] 『고려도경』 권11, 장위仗衛 1
[21] 조선시대 오위제나 오군영제에서는 '오伍'가 최소 단위였다.
[22] 오늘날 여기에 해당하는 명칭이 알려져 있지 않다.

【표 6】 고려시대 중앙군 2군 6위의 편제

명칭	병종	편제	병력수/명
2군	응양군	1령	1,000
	용호군	2령	2,000
6위	좌우위	보승 10령, 정용 3령	13,000
	신호위	보승 5령, 정용 2령	7,000
	흥위위	보승 7령, 정용 5령	12,000
	금오위	정용 6령, 역령 1령	7,000
	천우위	상령 1령, 해령 1령	2,000
	감문위	1령	1,000
계		45령	45,000

문위령監門衛領 등으로 구분했으며 총 45령이 있었다.

2군 6위에는 각각 정正·부副의 지휘관으로 상장군上將軍(정3품)과 대장군大將軍(종3품)이 있었다.

따라서 정3품인 상장군이 무관의 최고위직이었고, 상장군과 대장군이 함께 모여 사안을 결정하는 합의 기구인 중방重房이 있었다. 이 밖에 각급 부대의 지휘관들도 계급 고하에 따라 합의기구가 있어 군사전략이나 부대 운용에 관한 문제를 토의했다.

전국에 배치한 지방군

고려는 수도 개경을 제외한 지역을 경기·5도道·양계兩界로 구분했다. 경기는 국왕이 거주하는 개경의 주변 군현 10여 개를 묶었다.

5도는 대동강 이남 지역으로 교주도(강원도)·양광도(충청도)·서해도·경상도·전라도를 말한다. 양계는 군사지역으로 동계東界(함경도)와 북계(평안도)로 나뉜다. 고려의 지방군은 이러한 지방 제도와 유기적으로 연결되어 있다.

지방군은 주현군州縣軍과 주진군州鎭軍으로 나눌 수 있다(【표 7】 참조). 주현군은 경기 및 5도에 배치한 부대다. 주현군은 지방행정제도가 정비되는 1018년(현종 9) 무렵에 완비되었다.[23] 병력은 총 4만 8,237명으로 보승군

---

[23] 홍원기, 『고려전기군제연구』(혜안, 2001), 121쪽.

【표 7】 고려시대 지방군의 편제

명칭		병종	병력수/명
주현군		보승군	8,601
		정용군	19,754
		1품군	19,882
		2품군	기록 없음
		3품군	
주진군	북계	초군, 좌군, 우군, 보창	4만 명 내외
		신기, 보반/백정	2,000/약 61,000
	동계	초군·좌군·우군·영새군	11,500
		공장, 전장, 투화, 생천군, 사공	기록 없음

(근거: 『고려사』)

保勝軍 8,601명, 정용군精勇軍 1만 9,754명, 일품군一品軍 1만 9,882명이다. 이 중 핵심 부대는 보승군과 정용군으로 1년씩 교대로 양계 지역의 수비도 담당했다. 일품군은 각종 공역에 동원되는 노동 부대였다. 또 주현군 소속으로 2품군·3품군도 등장하는데 1품군처럼 노동 부대로 짐작된다.

주진군은 군사 요충지인 양계에 배치한 부대다. 한반도 북부 지역은 북방민족과 접해 있어 늘 적침에 노출되었다. 그래서 이미 태조 대에 개정군開定軍을 파견한 적도 있다.[24] 주진군은 대부분 해당 지역 주민이며, 이주정책으로 들어온 이주민이나 귀화한 여진인들도 속해 있었다.

북계 주진군에는 초군抄軍·좌군左軍·우군右軍·보창保昌 등 4만 명 내외의 병력이 배치되었다. 또 위급 시 동원할 수 있는 예비군으로 2,000명 내외의 신기神騎·보반步班과 백정白丁 6만 1,000명 정도가 있었다. 따라서 총 병력은 10만 3,000명 정도로 동계보다 월등히 많아 북계가 더 중시되었음을 알 수 있다.

동계 주진군은 초군·좌군·우군·영새군寧塞軍 등 1만 1,500명 내외이며, 공장工匠·전장田匠·투화投化·생천군栍川軍·사공沙工 등 특수 군인들도

---

[24] 현재 개정군은 태조 대에 동계(함경도)·북계(평안도)의 방비 또는 후백제와의 국경지대 수비라는 특수 목적을 갖고 파견된 중앙군으로 파악되고 있다(이기백, 「고려 경군고」, 52쪽).

있었다. 동계에는 신기·보반·백정이 빠져 있는데 기록 누락으로 본다면 총 병력을 약 1만 7,000명으로 추산할 수 있다.

양계에는 국방의 중요성을 감안해 주진군 이외에 방수군防戍軍을 더 배치했다. 방수군은 경군이나 주현군 가운데 차출한 부대로 동원 단위는 경군이 1령이며 주현군은 군현의 크기에 따라 달랐다. 그러므로 양계 주진군은 대략 총 12~14만여 명이 편제되었다고 볼 수 있다.[25]

이 밖에도 947년(정종 2)에 거란의 침입에 대비하기 위해 광군光軍 30만을 설치했다고 한다. 당시 국내 정황을 고려할 때 광군은 중앙의 지휘를 받기보다는 호족 휘하의 병력으로 편성한 부대로 여겨진다. 그러므로 광군 30만이란 유사시 호족을 매개로 동원할 수 있는 모든 병력을 포함한 규모라고 할 수 있다.

요컨대, 군 편제를 토대로 고려가 유사시 동원할 수 있는 최대 병력을 산술적으로 뽑아보면 2군 6위의 병력 4만 5,000명, 주진군 14만 명, 주현군 4만 8,000명에 광군 30만까지 합하여 대략 54만 명이나 된다. 이 병력은 송 사신 서긍이 고려군의 규모로 파악한 60만과 어느 정도 일치하는 수치다.[26]

성곽과 무기

동서양을 막론하고 군사 규모가 크지 않고 무기도 제한적인 시대에는

---

[25] 이기백, 「고려 양계의 주진군」, 『고려병제사연구』, 252쪽. 이기백 교수는 총 14만 2,372명으로 보았다.
[26] 이와 관련한 자세한 내용은 「제4장 제국 몽골과 맞서다」 228-229쪽 참조.

방어가 공격보다 훨씬 강력했다. 여기에 한몫을 한 것이 성곽이었다. 중세 유럽에서 요새가 등장한 배경도 방어가 곧 공격이었기 때문이다. 더구나 한반도 북쪽처럼 험준한 산악이 즐비한 곳에서는 성곽전이 최상의 공격이자 방어였다.

고려군이 거란 전쟁에서 초반 열세를 딛고 최종 승리를 쟁취한 요인도 성곽을 근거지로 한 농성전이었다. 고려군의 기본 방어 형태는 양계에 주둔한 주진군과 시간적 여유를 갖고 올라온 중앙군의 유기적 결합으로 수행되었다.

곧 주진군이 북계 요새에서 수성전을 펼쳐 적의 남진을 지연시키는 동안, 고려 조정은 중앙군을 북계로 급파해 반격을 가하는 형태였다. 농성전을 펼치던 군사들은 중앙군이 북상해 적을 압박하기 시작하면 즉각 공세로 전환했다. 이 때문에 한반도 내륙으로 침입한 적은 북계의 주진군과 중앙군의 협공을 받아 번번이 무너졌다.

『요사』에는 "항복한 고려의 여러 성들이 다시 배반했다"고 기록되어 있다.[27] 거란의 장수 소적열도 성종이 고려 침공을 선언하자 "고려의 성벽은 완고해 이겨도 위엄을 떨치기 어렵고, 만약 실패하면 후회를 남길까 두렵습니다"라는 의견을 개진했다.[28] 곧 고려의 성곽이 견고해 이긴다 하더라도 대승을 거두기 힘들다는 지적이었다.

처음에 성곽은 순수한 방어목적으로 활용되었다. 싸울 준비가 되어 있지 않은 백성의 피난처이자 무장을 제대로 갖추지 못한 군사들의 의지처였다. 성곽은 대부분 고지 위에 축조되었으므로 적들이 접근하기 쉽지 않

---

[27] 『요사』 권15, 본기15 성종 6 통화29년 정월 을해삭乙亥朔.
[28] 『요사』 권88, 열전列傳 소적열蕭敵烈.

았다. 그러다가 점차 적의 포위 전술에 장시간 대처하기 위해 성 내부의 시설을 발전시켰다. 군량 창고는 물론 군사시설물을 발전시켜 성두城頭나 차성遮城, 겹성, 여장女墻 등을 마련했다.

고려시대 성곽들은 흙이나 돌로 쌓았는데 고려의 성곽 가운데 20~25%가 토성으로 쌓았다고 한다.[29] 대표적인 군사시설물로는 성두와 차성을 꼽을 수 있다. 성두는 성벽의 일부를 돌출시켜 쌓은 시설물로 보통 치雉 또는 치성雉城이라고 하며 곡성曲城이라고도 불린다. 이미 삼국시대부터 중시된 시설물로서 성벽에 접근하는 적을 조기에 관측하거나, 전투가 벌어졌을 때에 성벽에 접근하는 적을 손쉽게 격퇴할 수 있게 했다.[30]

차성은 이중 성벽이나 옹성甕城처럼 성벽 본체에 딸린 보조 성곽으로 파악된다. 성두와 마찬가지로 이미 삼국시대부터 성곽의 중심 성문을 보호하는 시설물로 중시되었다. 적이 성문을 뚫으려 하면 문루門樓와 차성에서 사방으로 협공할 수 있는 구조로 되어 있었다.

이 밖에 925년 성주成州에 쌓은 성에는 첩원堞垣이라는 시설물도 보인다. 첩원은 여장이라고도 하는데 본체 성벽 위에 쌓은 낮은 담장으로 적으로부터 몸을 가려 보호하는 기능을 했다. 여장은 보통 석성에 설치했는데 고려시대에는 이 성에만 유일하게 나타나므로 일반적인 시설물은 아니었다고 본다.

고려군이 성곽에서 사용한 무기는 쇠뇌(노弩)·검차劍車·석포石砲 등이었다. 쇠뇌는 중국 전국시대에 출현한 무기로 활틀 위에 활을 장전한 후 손이나 기계를 이용해 활시위를 당기고 방아쇠를 이용해 발사하는 무기다.

---

29 김명철, 「고려토성의 축조 형식과 방법」, 『조선고고연구』 제78호(1991), 33쪽.
30 손영식, 『한국성곽의 연구』(문화재관리국, 1987), 206쪽.

쇠뇌는 기계를 이용하므로 활에 비해 누구나 쉽게 쏠 수 있으며 사거리가 길고 화살 힘도 세서 관통력이 우수했다. 북계의 주요 성곽에 쇠뇌 부대를 배치한 것도 빠른 속도로 공격하는 기병부대를 원거리에서 제압하려는 목적이었다.

검차는 수레 위에 방패를 설치하고 앞쪽에 여러 개의 창검을 꽂아 돌출시킨 무기다. 『육도』에 따르면 "적의 보병과 기병을 공격하고 궁지에 몰린 적을 요격하며 패주하는 적을 차단"[31]하는데 사용하는 무기로 강조康兆가 거란 전쟁에서 그 위력을 입증했다.

석포는 포차砲車라고도 하는데 말 그대로 돌대포다. 성에 고정시켜 놓고 수십 근 무게가 나가는 돌을 장착해 날리는 도구로 성에 접근하는 적군에게 타격을 가하는 무기다. 1032년(덕종 1)에 뇌등석포雷騰石砲를 제작했다는 기록이 있으며, 1135년(인종 13) 묘청妙淸의 난 때에는 화구火毬(오랫동안 불타는 둥근 물건)를 장착해서 사용하기도 했다. 몽골전쟁 때에 박서朴犀가 이끄는 부대가 구주龜州성에서 몽골군을 물리친 원동력도 석포였다.

---

[31] 『육도직해六韜直解』 권4 호도虎韜, 제31 군용軍用.

3. 제1차 전쟁

거란의 침공 배경

거란의 군제에 따르면 거란군의 원정 형태는 세 가지로 구분할 수 있다. 황제의 친정親征, 도통都統[32]이 이끄는 원정, 도통을 임명하지 않은 원정이다. 도통이 이끄는 원정대는 15만 명 이상, 도통을 임명하지 않는 원정은 6만 정도의 군사로 편성했다.[33]

이 중 도통을 임명하지 않은 원정의 경우에는 적국 깊이 들어가거나 성곽을 공격하는 행위 등을 금지하는 기본 수칙이 있었다. 편성 규모가 크지 않은 상태에서 무리한 군사 행동은 병력 손실을 가져올 수 있기 때문이었다. 따라서 도통이 없는 원정은 편성 규모나 기본 수칙으로 볼 때 단기간에 군사 목표를 달성한 후 귀환하는 임무를 부여받았다고 여겨진다.

993년(성종 12) 제1차 고려 · 거란 전쟁 때에 원정군을 이끌고 온 거란

---

[32] 도통 : 중신重臣 가운데 선발해 군사를 통솔하게 한 직책.
[33] 안주섭, 『고려 거란 전쟁』, 79-80쪽.

10세기 말 고려의 북진과 거란의 남진

장수는 소손녕蕭遜寧이었다. 소손녕은 동경東京(오늘날 요양遼陽) 유수留守로서 이름은 항덕恒德이며, '손녕'은 자字였다. 거란군의 사령관 소손녕은 도통이 아니었으므로 소손녕이 이끈 원정군은 도통을 임명하지 않는 원정에 속했다.

따라서 소손녕이 80만 대군을 이끌고 왔다고 공언했으나 사실은 최대 6만 정도의 병사로 단기전을 수행하기 위한 원정이었을 가능성이 높다. 실제로 제1차 전쟁의 기간도 2개월 정도였다.

소손녕은 고려 대표 서희徐熙와 강화 회담을 하는 자리에서 고려를 침공한 이유를 밝혔다. 첫째, "고려는 신라 땅에서 일어난 나라다. 그런데 왜 우리 영토인 고구려 옛 땅을 침범하는가?" 둘째, "고려는 거란과 땅을 접하고 있으면서 바다 건너 송과 사귄다"[34]는 것이었다. 곧 고려의 친송 정책과 북진 정책이 원인이었던 것이다.

그러자 거란의 의도를 간파한 서희는 "여진을 몰아내고 고려의 옛 땅을 회복해 거기에 성과 보堡를 쌓고 (거란과) 길을 통한다면 어찌 거란과 국교를 열지 않겠는가?"라고 제의했다. 고려는 거란과 통교하고 싶어도 여진 때문에 길이 막혀서 갈 수가 없다는 답변이었다.

소손녕은 서희의 제안을 즉시 거란 임금 성종에게 보고했다. 성종은 고려가 이미 화의를 요청했으니 고려의 제안을 수용하라는 지시를 내렸다. 성종의 지시를 받은 소손녕은 철군을 결정했다. 그리고 동맹 기념으로 서희에게 잔치를 베풀고 낙타·비단 등을 선물로 주었다.

소손녕의 주장대로 80만을 이끌고 온 장수의 행동으로 보기에는 좀처럼 납득이 되지 않는다. 거란과 왕래할 수 있는 길만 터준다면 왕래하겠다

---

[34] 『고려사절요』 권2, 성종 12년 10월.

는 서희의 제안에 안북부(평남 안주, 청천강 하구)에서 압록강 동쪽에 이르는 280리에 성곽을 쌓게 하고 거기에다 고맙다고 예물까지 준 것이다. 더구나 거란이 고려에게 성곽을 쌓도록 승인한 지역은 984년(성종 3) 이겸의 李謙宜가 성을 쌓으려다가 실패한 곳이었다. 당시 이겸의는 여진에게 납치당하고 고려군 중 3분의 2가 살아 돌아오지 못했다.

이로써 보건대 거란이 고려를 침공한 목적은 분명해진다. 거란의 원정 목표는 영토 점령이 아니었다. 중원을 침공하기 전에 고려를 위협해 송과 관계를 단절시킬 목적으로 원정에 착수한 것이다. 이 점은 거란이 도통을 임명하지 않은 원정군을 파견하고, 초반에 봉산군 전투에서 승리했음에도 불구하고 공격을 멈춘 채 고려에 항복을 요구한 데에서도 잘 드러난다.

봉산성의 패배

고려와 거란의 제1차 전쟁은 993년(성종 12) 10월부터 윤10월까지 2개월간 치러졌다. 고려가 거란의 침공 조짐을 알아차린 시기는 이해 5월이었다.

당시 여진은 거란(요)이 고려를 침공할 계획을 세우고 있다는 첩보를 전달했다.[35] 그러나 고려 조정은 여진에 대한 불신이 깊었으므로 이 정보를 믿지 않았다. 8월에 여진은 거란군이 고려 국경까지 쳐들어왔다고 다시 알려왔다. 이때서야 비로소 고려 조정은 사태가 심상치 않다고 판단해 전

---

[35] 거란은 이미 983년에 고려에 보낼 원정군을 열병한 적이 있으며, 985년에도 고려를 침공하려다가 중지하기도 했다(『요사』 권10, 본기本紀10 성종聖宗 통화원년統和元年 10월 ; 『요사』 권10, 본기10 성종 통화3년 7월 갑진, 8월 계유).

993년 거란의 1차 침입

쟁 준비에 돌입했다.

　993년 8월 고려 성종은 거란의 침공이 확실해지자 각도에 병마제정사 兵馬齊正使를 신속히 파견했다. 병마제정사의 임무는 정확하지 않으나 각 지역의 군사 및 무기를 점검해 유사시 군사 징발에 대비하는 일이었다고 파악된다.

　10월에 성종은 박양유朴良柔를 상군사上軍使로, 서희를 중군사中軍使로, 최량崔亮을 하군사下軍使로 삼아 북계로 급파했다. 평상시 북계에는 주진군이 4만 명 정도 배치되었고, 예비부대로서 백정군白丁軍 7만 정도가 있었다.[36] 윤10월에는 성종 자신도 전쟁을 지휘하기 위해 서경으로 행차한 후 고려

---

[36] 이기백, 「고려 경군고」, 245-252쪽.

군 지휘부가 있는 안북부(평남 안주)까지 이동해 전황을 점검했다.

여진의 첩보에 따르면 993년 8월에 동경 요양부를 출발한 거란 군대가 압록강 하류 북안에 당도한 시기는 10월이었다. 소손녕이 이끈 부대는 10월이 되어서야 평안북도 구주를 거쳐 봉산 근처까지 진출했다. 첫 침공인 만큼 한반도 지리에 익숙하지 않아 신중하게 기동했다.

1차 전쟁에서 거란군이 압록강을 도하해 첫 전투를 벌인 곳은 봉산성蓬山城이었다. 봉산성은 구주 동남쪽 약 6km 지점에 위치한 봉수산烽燧山 지역으로 거란군은 구주성을 우회해 봉산성으로 이동한 것 같다.

봉산성은 구주에서 정주에 이르는 길과 구주에서 태주·박주에 이르는 교통로를 동시에 통제할 수 있는 요충지였다. 반면에 봉산군은 비교적 넓은 개활지가 형성되어 있어 성을 구축할 수 있는 지형은 아니었다. 그래서 고려 조정에서는 이곳에 성을 쌓지 않았고 주진군도 주둔해 있지 않은 상태였다.

거란군이 봉산성에 당도했을 때 그곳에는 윤서안尹庶顔 등이 지휘하는 선봉군이 투입되었다. 이 전투에서 고려군은 윤서안 등이 사로잡히는 큰 패배를 당했다. 이 때문에 성종은 서경으로 되돌아왔고 중군사 서희를 긴급 투입했다.

봉산성을 점령한 거란군은 고려의 북계의 여러 진에 배치된 고려군의 움직임을 예의주시했다. 그리고 서희가 이끄는 주력 부대가 전면으로 진출해 오자 남진을 멈추고 선전 공작을 펴면서 고려에 항복을 종용했다.

할지론의 대두

거란군 사령관 소손녕은 봉산성에서 승리한 후 계속해서 전과를 늘리기 위한 공격을 실시하지 않았다. 그 대신에 고려에게 즉각 항복하라고 요구했다. 서희는 거란군이 승기를 잡고서도 진격하지 않자 전투 의지가 없음을 간파하고 강화할 의사가 있다고 판단했다.

서경에서 머물고 있던 고려 성종은 이몽전李蒙戩을 파견해 강화 교섭을 시도했다. 소손녕은 이몽전을 만난 자리에서 천명을 받들어 정벌하러 왔다고 큰소리치면서 무조건 항복하라고 위협했다. 소손녕의 의중을 전달받은 고려 조정은 봉산성 전투의 충격이 채 가시기 전이었으므로 전전긍긍했다.

신하들은 서로 힘을 결집시키지 못한 채 사분오열되어 다투었다. 한쪽의 의견은 "임금께서는 개경의 대궐로 돌아가고 중신을 시켜 군사를 거느리고 항복을 요청"하자는 것이었다. 즉 거란군의 요구대로 항복하고 화친하자는 의견이었다.

다른 쪽 의견은 "서경 이북의 땅을 거란에게 떼어주고 황주에서 절령岊嶺(황해도 서흥군 자비령)까지를 국경으로 삼자"는 것이었다. 곧 거란에게 영토를 떼어주자는 할지론割地論으로 국초부터 공들여 개척한 평양은 물론 북쪽 지역을 포기하자는 의견이었다. 절령은 북계에서 개경으로 향하는 길목에 있는 요충지였다.

성종은 치욕스러운 항복보다는 영토를 떼어주자는 할지론에 마음이 쏠렸다. 그러자 서희가 나서 할지론을 강하게 비판했다. 서희는 "거란의 동경에서 한반도 안북부에 이르는 수백 리 땅은 모두 생여진이 점거했다가 광종이 이를 차지해 가주·송성 등의 성을 쌓았습니다. 지금 거란이 온 의도는 이 두 성을 빼앗으려는 데 지나지 않습니다. 거란이 고구려 옛 땅을 차지하겠다고 큰소리치는 것은 우리를 겁주려는 계책입니다. 지금 거란군 기세가 강성해 보인다고 하여 서경 이북의 땅을 떼어 주는 것은 좋은 계책이 아닙니다"라고 주장했다.[37]

서희가 우려한 사항은 거란군의 요구가 한 번으로 끝나지 않으리라는 점이었다. 만약 고려가 거란에게 대동강 이북 땅을 떼어주면 거란이 고려를 얕잡아 보아 삼각산 이북의 땅마저 탐내는 등 계속해서 고려의 영토를 요구할지도 모르는 일이었다. 그렇게 되면 고려로서는 멀쩡히 눈 뜨고 영토를 잃어버리는 꼴이며 고려 전역이 거란의 수중에 떨어질 수도 있었다.

서희는 "한번 싸워본 뒤에 이 일을 의논해도 늦지 않을 것"이라고 설득했다. 전前 민관어사民官御使 이지백李知白도 가벼이 토지를 떼어 적국에 줄 수 없다면서 강하게 반대했다. 결국 성종은 할지론에 대한 의논을 중단시키고 전황을 지켜보기로 했다.

안융진 전투의 승리

거란 장수 소손녕은 고려가 항복 권고에 응하지 않자 고려를 압박하기 위해 다시 군사 행동을 개시했다. 993년 윤10월 소손녕은 청천강을 도하해 안융진安戎鎭을 공격했다.

안융진은 고려군 총사령부가 있는 안북부에서 서쪽으로 약 26km 떨어진 지점이었다. 청천강 하구에 위치한 안융진은 구주 일대에서 태주와 박

---

[37] 『고려사』 권94, 열전列傳 서희徐熙.

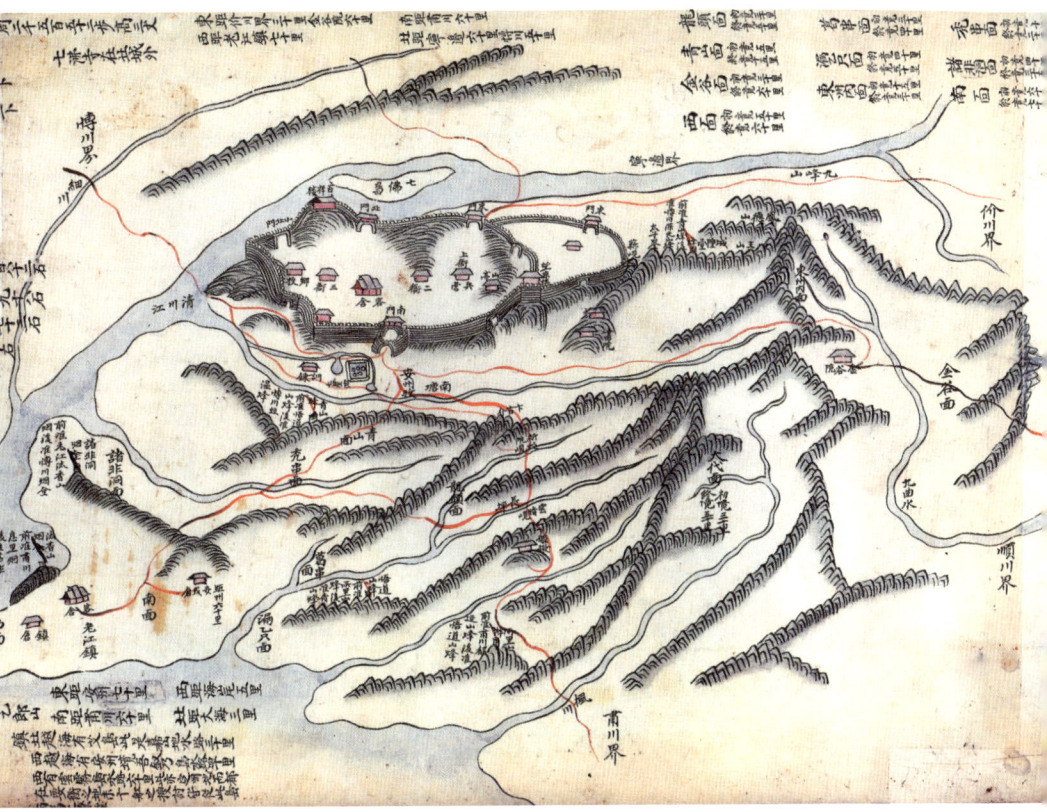

『해동지도海東地圖』(1750년대 초)의 평안남도 안주목 고려시대 안북부安北府에 해당한다. 청천강에 연해 있는 안주는 고려 초부터 압록강을 도하한 외적이 개경으로 향하는 길목이었다. 평양까지 직선으로 70km에 불과해 일찍이 태조 왕건이 이곳에 몇 차례 성곽을 쌓았고 광종도 안융신安戎鎭을 실치했다.

주를 경유하지 않고 단 한 번의 도하로 청천강 남안으로 진입할 수 있는 지역이었다.[38] 이 때문에 고려에서는 광종 대에 이미 청천강 방어선을 구축하는 일환으로 안융진에 성을 구축해놓았다.

안융진에서 거란군을 맞이해 싸운 장수는 중낭장 대도수大道秀와 낭장 유방庾方이었다. 중낭장 대도수는 934년(태조 17) 발해 유민을 이끌고 고려로

---

[38] 안주섭, 『고려 거란 전쟁』, 102쪽.

안융진 전투 상황

투항한 발해 세자 대광현의 아들이다.

당시 군사 규모는 자세하지 않으나 고려군의 편제상 중낭장은 1,000명을 단위로 한 1개 영領의 부지휘관이었다. 1영에는 장군 1명, 중낭장 2명이 배치되므로 중낭장 1인이 지휘할 수 있는 군사 규모는 약 500명이었다.

소손녕이 안융진을 공격한 이유는 청천강을 도하, 측방에서 고려군 총사령부가 있는 안북부를 치기 위해서였다. 그러나 소손녕의 예상과 달리 고려군의 대응은 탁월했다. 대도수와 유방이 성안의 주민들을 이끌고 기습적으로 강안으로 출진해 거란군의 전열을 무너뜨리고 타격을 가하는 성공을 거둔 것이다. 예상치 못한 고려군의 공세에 당황한 거란군은 봉산성으로 퇴각했다.

거란군은 청천강 방어선을 뚫지 못하자 남진을 중단한 채 다시 고려의 항복을 종용했다. 소손녕 군대는 도통이 임명되지 않은 부대로 전술상 적국 깊숙이 침투하지 않고 단기간에 타격을 가한 후 철수하는 것이 기본 원칙이었다. 전쟁 기간이 늘어나면 날수록 치명타를 입을 가능성이 높았으므로 소손녕은 강화 교섭을 서두를 수밖에 없었다.

안융진 전투의 승리로 전황을 역전시킨 고려 성종은 합문사인閤門舍人 장영張瑩을 거란 진영으로 파견했다. 소손녕이 장영을 물리치고 고위 관료를 보내라고 요구하자 서희가 선뜻 자청해 강화 회담에 나섰다.

고려에는 서희가 있었다

"세상은 한갓 송에 구준寇準과 부필富弼이 있었다는 사실은 알고 있으나, 고려에 서희가 있었다는 사실은 알지 못한다. 만약 당시 서희의 계책이 아니었다면 절령 이북의 땅을 어찌 보존이나 했겠는가?"

이 글은 17세기 학자 유계兪棨(1607~1664)가 거란 전쟁에서 활약한 서희를 평가한 대목이다.³⁹ 구준과 부필이 거란의 침략을 받은 송을 위기로부터 구해낸 충신이라면 여기에 필적한 만한 인물로 고려에는 서희가 있다는 평이다.

유계의 평가대로 서희는 높은 식견과 판단력을 갖춘 전략가였다. 서희는 기만이나 편법을 사용한다거나 어떤 독특한 원칙을 고집하지 않고 기본 원칙을 지켰을 뿐이다. 그것은 어떤 상황에 부닥치더라도 상대방 의중을 간파한 후 협상에 임해야 한다는 원칙이었다. 이 단순한 원칙은 쉬운 듯하나 주변 상황에 대한 이해와 냉철한 판단력 없이는 불가능하다.

서희가 강화 회담을 위해 거란 진영에 머문 일수는 무려 7일이었다. 서희와 소손녕은 첫 대면부터 기氣 싸움을 펼쳤다. 소손녕이 서희에게 본인

---

39 『여사제강麗史提綱』 권3, 성종기成宗紀 계사癸巳 성종 12년.

은 대국大國의 장수이니 뜰에서 절을 올리라고 요구한 것이다. 서희는 임금과 신하 사이에서 행하는 예법을 두 나라 신하들이 만나는 자리에서 시행할 수 없다는 이유로 거절했다.

서희가 단호한 태도를 보이자 결국 합의 끝에 서희와 소손녕은 뜰에서 마주 서서 읍한 후 자리에 올라가 회담을 진행했다. 서희와 소손녕 사이에 오고 간 회담 내용을 재구성하면 아래와 같다.[40]

소손녕 : 너희 나라는 신라 땅에서 일어났다. 고구려 땅은 우리 소유인데 왜 이를 야금야금 침범하는가?

서 희 : 우리 고려야말로 바로 고구려를 계승한 나라다. 그래서 나라 이름을 '고려'라 하고 평양에 수도를 정했다. 영토의 경계를 따진다면 귀국의 동경(요양)까지도 우리 국경 안에 들어와야 하니 어찌 야금야금 침범했다고 하는가?

소손녕 : 너희 나라는 우리와 국경을 접하고 있으면서 왜 바다 건너 송을 섬기고 있는가?

서 희 : 지금 여진이 몰래 들어와 교활한 술책으로 통행을 막고 있으므로 귀국과 수교하지 못하는 까닭은 여진 때문이다. 여진을 몰아내고 우리의 옛 땅을 회복해 거기에 성과 보를 쌓아 귀국과 길을 통하게 된다면 어찌 국교를 열지 않겠는가?

소손녕이 힘주어 지적한 사항은 고려의 북진 정책과 친송 정책이었다. 그러자 서희는 거란 측의 의심과 불안을 해소시키기 위한 구체적인 답변

---

[40] 『고려사절요』 권2, 성종 12년 10월.

을 내놓았다. 고려는 거란 땅을 침범한 적이 없고, 여진 때문에 가로막혀 있는 길만 열린다면 거란과 국교를 재개할 수 있다고 답한 것이다. 이 말은 곧 북쪽 길만 트인다면 송과 외교 관계를 끊고 거란에 사대하겠다는 의미였다.

서희가 거란 측에 제시한 협상 조건은 소손녕이 고대하던 대답이었다. 소손녕은 즉시 서희의 제안을 거란 임금 성종에게 전달했고 소손녕의 보고를 받은 거란 임금은 주저없이 철군을 결정했다. 소손녕은 서희에게 동맹 기념으로 잔치를 베풀고 낙타 10마리, 말 100필, 양 1,000마리와 비단 500필을 선물로 주었다.[41]

이로써 2개월여 만에 고려·거란 전쟁은 종결되었다. 고려가 거란에 사대를 약속하는 조건으로 거란은 고려에게 압록강 이동에 대한 지배를 인정했다. 그리고 이 약속은 종전 직후 고스란히 현실화되었다. 994년 2월 소손녕은 양국이 동시에 압록강변에 축성을 시작하자고 제안했다. 거란은 압록강 서쪽에다 성을 쌓을 예정이니 고려도 압록강 동쪽의 요충지에 성을 쌓도록 권고했다.[42]

994년(성종 13) 8월 서희는 압록강 주변의 여진을 몰아낸 후 장흥長興(평북 태천 동쪽 방면), 귀화歸化, 곽주郭州, 구주에 성을 쌓았다. 이듬해에는 안의진(평남 안주), 홍화진興化鎭(평북 의주)에 성을 쌓고, 996년에는 선주宣州(평북 선천)와 맹주孟州에도 성을 쌓았다. 그리고 압강도 구당사鴨江渡勾當使를 두어 거란의 내원성과 마주하며 강 건너는 일을 맡아보게 했다.

서희가 주관해 성을 쌓은 곳은 장흥·귀화·안의·홍화興化 등 4진과 곽

---

41 『고려사』 권94, 열전 서희전.
42 『고려사절요』 권2, 성종 13년 2월.

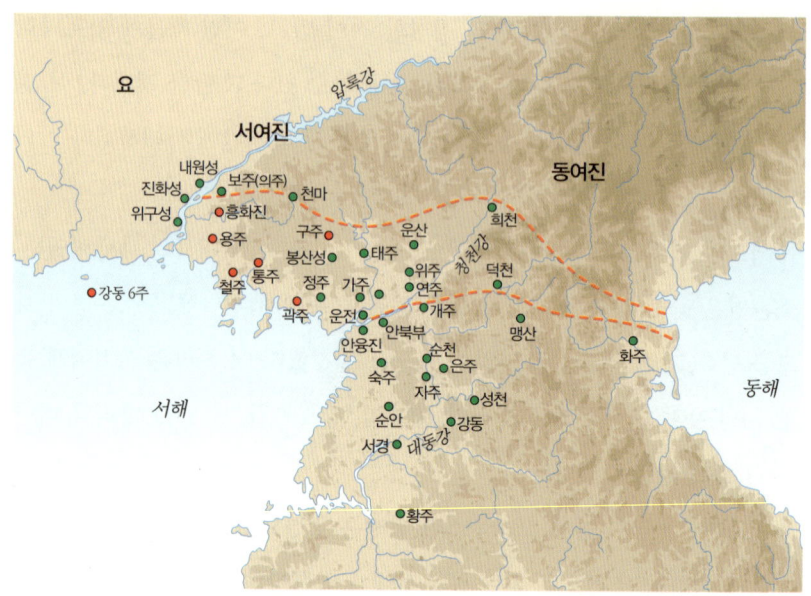

강동 6주

주·구주·선주·맹주 등 4주를 포함해 8개였다.⁴³ 이로써 고려는 건국이후 숙원이던 청천강 이북에서 압록강에 이르는 280리를 확보했다. 그리고 홍화(의주 동쪽)·용주龍州(龍川)·통주通州(선천 서북쪽)·철주鐵州(철산)·구주(구성)·곽주(곽산) 지역을 개척해 행정구역으로 만드니 이곳이 이른바 '강동 6주'다.

한편 고려는 거란과 합의한 사항을 이행하기 위해 994년부터 거란의 연호 '통화統和'를 사용하고, 996년에는 성종이 거란의 책봉을 받아 '개부의

---

43 현재 장흥과 귀화의 정확한 위치는 알 수 없으나 장흥은 평안북도 태천군으로 추정된다. 안의진의 경우 남한에서는 오늘날 안주로 비정하나 북한에서는 평안북도 천마군 경내로 보고 있다. 홍화진은 오늘날 평안북도 피현군 당후리 쪽새산에 있는 걸망성으로 비정되고 있다(서일범, 「서희가 축성한 성곽과 청천강 이북 방어체계」, 『서희와 고려의 고구려 계승의식』(학연문화사, 1999) 참조).

동삼사 상서령 고려국왕開府儀同三司尙書令高麗國王'이 되었다. 그 대신에 고려는 앞서 언급했듯이 994년에 송이 고려의 원병 요청을 거절한 일을 계기로 송의 책봉 관계에 종지부를 찍었다.

 요컨대, 1차 전쟁의 결과 고려는 거란과 관계를 재개하는 조건으로 압록강 이동의 영토를 확보하는 성과를 거두었다. 거란이 송과 '전연의 맹약(1004년)'을 체결해 매년 거액의 은과 비단을 받아낸 조치와 달리 고려에게는 오히려 280리 지역을 용인해준 것이다. 당시 국제정세로 볼 때 고려가 거둔 성과는 매우 이례적인 사례라고 말할 수 있다.

4. 제2차 전쟁

거란의 침공 배경

　1010년(현종 1) 11월부터 1011년 1월까지 약 2개월 보름 동안 치러진 2차 전쟁은 거란의 침공 중 가장 위협적이었다. 993년 1차 침공 이후 17년 만으로 거란 임금 성종이 직접 군대를 이끌고 온 친정이었다. 고려는 거란군의 파상적인 공세로 수도 개경이 함락되고 현종이 나주로 피신하는 난국을 맞았다. 그야말로 고려의 운명은 거센 바람 앞의 등불이었다.
　그사이 거란은 내부적으로 큰 변화가 있었다. 1009년 12월 나이 어린 성종을 대신해 국정을 담당하던 소태후蕭太后(소작蕭綽)가 사망하자 성종의 친정 시대가 열렸다. 성종 나이 27세였다. 청년 성종은 자신의 능력을 만방에 알리기 위해 대외 정복 사업을 열정적으로 추진했다. 이때가 거란의 전성기로 세력이 서쪽으로 천산天山, 동으로 만주지역을 넘나들며, 북으로는 몽골 전 지역, 남으로는 중국 대륙의 남부까지 뻗쳤다.
　이런 상황에서 전쟁의 발단은 고려에서 비롯되었다. 1009년 2월 고려에서 서북면 도순검사都巡檢使 강조康兆가 목종을 시해하고 현종을 옹립하는 정변이 일어났다. 고려는 즉시 거란에 새 임금의 즉위 사실을 알렸다. 고려가 외형적으로 거란과 사대 관계에 있었으므로 새 임금이 즉위하면 허락을 받아야 하기 때문이었다. 그러나 고려는 강조의 정변을 숨기고 현종이 즉위한 사실만 알렸다.

그러던 중 1010년 고려 장수 유종柳宗이 고려에 사절로 온 동여진 95명을 화주(영흥)에서 몰살하는 사건이 발생하면서 강조의 일이 거란에 알려졌다. 동여진이 거란 성종에게 고려의 정벌을 촉구하면서 강조의 정변을 고해바친 것이었다.[44] 거란 성종은 이해 7월에 고려에 사신을 보내 강조의 정변을 추궁하면서 고려를 압박했다.

고려는 거란이 강조의 정변을 빌미 삼아 전에 없이 강경한 태도를 보이자 신속하게 외교 조치를 취했다. 고려는 8월과 9월에 거란으로 사신을 파견해 변함없는 화친 관계를 확인시키는 한편 동경에도 사신을 보냈다. 고려의 이러한 노력은 거란의 침공 기도를 중단시키는 한편 거란의 정세를 정탐하려는 목적도 있었다.

한편 현종은 혹시나 있을지도 모를 전쟁에 대비해 신속히 군비 태세도 강화했다. 1010년 7월 덕주(평남 덕천)에 성곽을 구축하고, 10월에는 강조를 총사령관으로 삼아 군사 30만과 함께 통주(평북 선천)로 급파했다. 당시 고려군의 지휘부는 도통사 강조, 부통사 이현운·장연우, 도병마사 안소광, 도병마부사 노정, 좌군병마사 최현민, 우군병마사 이방, 중군병마사 박충숙이었다.[45] 고려의 예상대로 거란군은 10월 하순 이후 두 차례 정도 고려에 군사를 일으키겠다고 통보한 후 고려를 전격적으로 침공했다.

---

44 『고려사』 권4, 세가 현종 1년 5월 갑신.
45 『고려사』 권4, 세가 현종 1년 10월 병오.

이처럼 거란의 2차 침공은 표면상 강조의 정변이 발단이 되었으나 이는 명분에 불과했다. 거란이 고려 원정을 착수한 직접적인 이유는 고려가 1차 전쟁 이후에도 여전히 비공식적으로 송과 통교하려는 태도 때문이었다.

1010년(현종 1) 거란이 고려에 서한을 보내 "동으로 여진과 결탁하고 서쪽으로 송과 왕래하니 이것은 무슨 음모를 꾸미려는 것인가?"[46]라고 힐문했듯이 거란은 계속 고려의 태도를 의심했다. 따라서 거란 성종은 송과 관계를 끊지 않는 고려를 제어하기 위해 강조 정변을 구실로 고려 원정에 착수한 것이었다.

흥화진과 통주성의 사수

1010년(현종 1) 11월 16일, 거란 성종은 군사 40만을 이끌고 압록강을 도하했다. 거란군은 1차 침입 때에 압록강을 도하한 후 고려군의 저항을 크게 받지 않은 채 구주 일대까지 남하했으나 이번에는 사정이 달랐다. 서희의 노력으로 압록강 이남에서 청천강 이북에 이르는 요충지가 대부분 요새화되어 있었다.

거란이 처음 맞부딪친 군사 요새는 흥화진(평북 의주)이었다. 흥화진은 고려와 거란 국경인 내원성 남쪽으로부터 15km 지점에 있는 산성으로 제1차 거란 전쟁 직후 서희가 쌓은 '강동 6주' 가운데 하나였다. 흥화진의 최대 장점은 삼교천三橋川을 끼고 있어 풍부한 수원 덕에 장기 농성이 가능하다는 점이었다.

---

[46] 『고려사』 권8, 세가 문종 12년 8월.

백마산성의 성가퀴 평안북도 의주(현 피현군 백마리)에 쌓은 고려시대 석성으로 1646년(인조 24)에 임경업이 다시 쌓았다. 성가퀴는 본체 성벽 위에 쌓은 낮은 담장으로 적으로부터 몸을 보호하는 기능을 했는데 고려시대에는 일반적인 시설물이 아니었다.

거란군은 16일부터 22일까지 7일간 흥화진을 포위한 채 성안에 있는 고려군을 위협하고 회유했다. 그러나 순검사 양규^{楊規}가 정성^{鄭成}·이수화^{李守和} 등과 함께 동요하지 않고 농성을 펼쳤다. 거란군은 고려군이 항복할 기미가 없자 공략을 포기하고 병력 20만 명을 인주^{麟州}(평북 의주) 남쪽의 무로대^{無老代}에 주둔시킨 후 남진을 결정했다.

1010년 11월 23일 거란 임금 성종은 주력부대 20만을 이끌고 통주로 남하했다. 통주(평북 선천) 역시 서희가 1차 거란 전쟁 이후 구축한 '강동 6주' 가운데 하나로 북계의 여러 진들을 지휘 통제할 수 있는 청천강 이북의 군사요충지였다. 이곳에는 이미 전쟁 직전에 강조가 이끄는 고려군 총사령부가 파견되어 거란의 침입에 대비하고 있었다.

강조는 전쟁을 치밀하게 준비한 만큼 농성 대신에 정면 승부를 택했다. 성 밖 세 곳에 군사를 배치한 후 강물을 사이에 두고 거란군을 기다렸다. 강조가 이끄는 부대는 통주 서쪽에, 한 부대는 통주 근처의 산 아래에, 다른 부대는 통주성 가까이 진을 쳤다.

고려군은 전면에 검차를 배치해 거란군의 돌격에 맞섰다. 검차를 이용해 거란군에 맞선 전술은 주효했다. "검차를 배열했다가 거란병이 들어오면 검차들이 일제히 공격하니 적병은 걸음마다 좌절되었다"[47]는 기록대로 결과는 고려군의 대승이었다.

그러나 강조가 초반의 승리에 자만하다가 야율분노耶律盆奴의 기습 공격에 대처하지 못하는 바람에 강조를 포함한 지휘부가 순식간에 생포되었다. 거란군은 승세를 놓치지 않고 후퇴하는 고려군을 추격해 3만여 명을 살상했다.[48] 강조는 거란 임금의 신하가 되기를 거부하다가 피살되었다.

다행히 장수 김훈金訓 등이 전황이 불리한 가운데 패주하는 군사들을 신속히 수습해 통주와 곽주의 중간지점에 있는 완항령緩項嶺에 매복해 있다가 거란군을 공격해 물리쳤다. 통주성에서도 중랑장 최질崔質과 홍숙洪淑이 방어사 이원귀李元龜 등과 힘을 합쳐 성을 끝까지 고수했다. 비록 강조의 부대는 패했지만 통주성 사수는 이후 거란군의 회군로를 차단했다는 점에서 의미 있는 성과였다.

서경 공방전과 개경 함락

1차전과 달리 2차전에서 거란의 전략은 바뀌어 있었다. 임금 성종이 원정에 참가한 만큼 거란군은 맹렬한 기세로 수도 개경을 향해 질주했다. 거란은 기동력을 이용해 남하하는 과정에서 여러 차례 승리를 거두었으나

---

47 『고려사』 권127, 열전 강조康兆.
48 『고려사절요』 권3, 현종 1년 11월 기해.

1010년 거란의 2차 침입

홍화진·통주성 등 고려의 진지들을 완전히 항복시키지 못한 채 개경으로 향했다.

1010년 12월 6일 거란군은 곽주성을 함락시킨 후 수비대 6,000명을 주둔시키고 12월 8일에 청천강을 도하해 안북부를 점령했다. 거란군은 통주 전투에서 포로로 잡은 감찰어사 노의盧顗를 길잡이로 삼아 곧장 서경을 향해 진군했다.

서경은 서북방 경영의 전초기지이자 개경 방어의 최후 거점이었다. 고려 조정은 강조가 통주에서 패하자 즉시 지채문智蔡文 등이 이끄는 북계 방어군을 서경 동쪽 48km 지점인 강덕진으로 옮겨 거란군의 공격에 대비했

거란군 남진 당시 서경성

다. 12월 9일 거란군은 서경 근처의 중흥사 탑을 소각하고 12월 10일에 숙주肅州를 함락한 후 서경에 당도해 고려의 항복을 종용했다.[49]

서경성은 삼중 구조였다. 외곽에 나성이 있고 그 안에 내성이 있으며 내성 안에 궁전을 보호하는 궁성이 있었다. 12월 10일, 동북방 방비를 담당하던 중랑장 지채문이 증원군을 이끌고 서경에 도착해 동북계 순검사 탁사정卓思政과 함께 서경성에 들어갔다.

고려군은 12월 11일부터 26일까지 서경성에서 거란군의 거센 공격을 막아냈다. 고려군은 서경성 밖으로 출진하여 거란군을 급습해 몇 차례나 큰 승리를 거두었다. 고려군은 탁사정이 도망치고 대도수마저 항복한 상태였으나 거듭된 공방전 끝에 "서경 신사에서 회오리바람이 갑자기 일어나니 거란의 군사와 말이 모두 넘어졌다"[50]고 하듯이 서경성을 고수했다. 결국

---

[49] 『고려사절요』 권3, 현종 1년 12월 계축, 갑인.

거란군은 서경성을 함락하지 못한 채 개경을 향해 남쪽으로 이동했다.

한편, 고려 임금 현종은 거란군이 서경까지 남하하자 전황이 불리하다고 판단해 화의를 타진했다. 12월 28일, 현종은 거란군이 서경을 우회해 개경으로 향했다는 속보를 접하자 항복하자는 의견을 물리치고 강감찬姜邯贊(948~1031)의 권유로 피신을 결정했다. 그리고 거란군의 남진 속도를 지연시키기 위해 12월 30일 양주에 머물면서 하공진河拱辰을 파견해 강화를 요청했다. 1011년 1월 1일에 현종은 광주를 거쳐 노령을 넘어 13일에 나주에 도착했다.

1011년 1월 1일, 고려 임금이 빠져나간 개경에 거란 임금 성종과 거란군이 입성해 무자비한 약탈과 방화를 저질렀다.51 압록강을 도하한 지 45일 만이었다. 현재 『고려사』 가운데 태조에서 목종까지 7대代의 기록이 부실한 것도 이 당시 전소되었기 때문이다.

1월 3일 거란 진영에 도착한 하공진 등은 강화를 요청했다. 강화로 제시한 조건은 국왕 현종의 친조親朝였다. 친조란 국왕이 직접 거란을 방문해 황제를 알현하는 의식을 말한다. 거란 성종은 고려의 제안을 수용해 하공진 일행을 인질로 잡고 1월 11일에 회군을 결정했다. 개경을 함락한 지 10일 만이었다.

---

50 『고려사절요』 권3, 현종 1년 12월 계해.
51 『고려사절요』 권3, 현종 2년 1월 을해.

통쾌한 반격

"1010년 11월 겨울 황제가 군사를 보내 고려를 쳤다. 고려가 여진과 연합해 대적하니 우리 군사(거란군)들이 계속 패했다."[52]

이 기록은 남송 학자 섭융례(葉隆禮)가 펴낸 『거란국지(契丹國志)』에 나오는 거란이 고려를 침공한 기사다. 송의 기록에도 "거란이 크게 패해 장족(帳族)(거란의 명문부족으로 군관을 의미)이나 병졸, 수레도 돌아온 것이 드물었다"고 되어 있다.[53]

여기서 눈길을 끄는 대목은 거란군이 계속 패했다는 지적이다. 앞서 보았듯이 고려는 수도가 함락되고 임금이 나주까지 피신할 만큼 대패했다. 그런데도 왜 『거란국지』에는 거란군이 패했다고 기록되었을까? 그것은 거란군이 회군하는 과정에서 크게 패했기 때문이었다. 도대체 회군하는 과정에서 무슨 일이 벌어진 것일까?

고려군이 반격을 개시한 때는 서경성 공방이 한창이던 12월 16~17일이었다.[54] 반격을 주도한 장수는 흥화진에서 농성을 벌이던 양규였다. 양규는 결사대 700명을 이끌고 용의주도하게 성을 빠져나와 통주에서 군사 1,000명을 규합해 곽주성을 급습했다.

양규가 이끄는 고려군은 곽주성에 주둔해 있던 거란군 6,000명을 몰살하고 주민 7,000명을 통주로 옮기는 승리를 거두었다. 이로써 고려군은 거란군이 압록강에서 대동강 사이에 마련해둔 중간 기지를 끊어버렸다.

---

[52] 『거란국지(契丹國志)』 권7, 통화 28년 11월.
[53] 『속자치통감장편(續資治通鑑長編)』 권74, 대중상부(大中祥符) 3년 11월.
[54] 『고려사절요』 권3, 현종 1년 12월 경신, 신유.

거란군은 홍화진, 통주, 서경 등을 함락하지 못한 채 개경으로 진격한 데다가 중간 기지로 마련한 곽주성마저 다시 빼앗기자 진퇴양난에 빠졌다. 앞서 말했듯 거란군이 개경에서 고려의 화의 요청을 재빨리 수용해 회군을 결정한 것도 고려군이 회군로를 장악한 채 거센 반격을 예고했기 때문이다. 거란 측 기록에 따르면 거란군은 "항복한 고려의 여러 성들이 다시 배반"하는 상황에 직면했던 것이다.[55]

거란군이 회군을 시작한 날이 1011년 1월 11일이며 압록강을 건넌 날이 1월 29일이었다. 거란군은 자신들이 내려온 통주-곽주의 해안길로 회군할 수 없었다. 그 대신에 험한 내륙지대인 강동-순천-개천-태천을 연하는 경로를 따라 구주로 북상했다.[56] 고려군은 이 기회를 놓치지 않았다. 공세적으로 거란의 회군로를 방해하면서 집요한 반격을 가했다. 이제 상황은 크게 바뀌어 거란군은 수천 명씩 쓰러져갔고 본국으로 되돌아가기에 급급했다.

1월 17일 구주에 주둔하고 있던 별장 김숙흥 등이 거란군을 공격해 1만 명을 살상하는 전공을 세웠다. 1월 18일 양규도 거란군이 주둔해 있던 무로대(의주)를 급습해 2,000여 명을 주이고 고려 포로 3,000여 명을 구출하는 성과를 올렸다. 1월 19일에도 양규는 이수梨樹에서 전투를 벌이다 석령까지 거란군을 추격해 2,000여 명을 섬멸하는 면모를 과시했다.

그러나 안타깝게도 양규와 김숙흥은 1월 28일 애전艾田[57]에서 거란군과 싸우다가 전사하고 말았다. 『고려사절요』에는 "양규가 후원이 없는 외로

---

55 『요사』 권15, 본기15 성종 6 통화29년 정월.
56 유재성, 『여요전쟁사』, 160쪽.
57 오늘날에는 애전의 위치를 구주에서 홍화진 사이 압록강에 가까운 지역으로 보고 있다(임용한, 『전쟁과 역사(2) - 거란·여진과의 전쟁』, 186쪽).

운 상태에서 일곱 번이나 싸워 거란군을 많이 죽였으며 포로 3만여 명을 탈환했다"고 적고 있다.[58]

1월 29일 홍화진의 책임자 정성은 과감한 추격 작전을 펴서 압록강을 건너는 거란군을 공격해 수많은 전사자를 냈다. 이 전투를 끝으로 거란의 2차 침공은 종료되었고, 2월 23일 고려 임금 현종은 수도 개경으로 환도했다.

요컨대 거란군은 성을 완전히 공략하지 않은 채 빠르게 남하하는 전략으로 고려의 종심까지 신속하게 진출할 수 있었다. 곧 배후에서 공격을 당하지 않을 만큼만 전투를 수행한 후 일부 병력을 잔류시켜 고려군이 주변 요새와 연계하지 못하도록 막은 것이다.

그러나 고려군이 전열을 가다듬으면서 배후가 위험해졌고 결국 퇴로 차단이라는 덫에 걸리고 말았다. 이 때문에 거란군은 고려의 수도를 점령하고도 강화 체결을 서둘렀고 회군하는 과정에서 크게 역전당해 참패하는 수모를 당했다.

---

58 『고려사절요』 권3, 현종 2년 1월 임인.

5. 제3차 전쟁

거란의 뒤늦은 후회

1011년(현종 2) 1월 거란군이 압록강을 건너 회군하면서 2차 전쟁은 종결되었다. 현종은 이해 4월에 거란으로 사신을 파견해 군대 철수에 대한 감사의 뜻을 표명했다. 같은 해 10월에는 동지사冬至使를, 11월에도 거란 임금의 생일을 축하하는 사절단을 파견했다.

그러나 현종은 전쟁의 강화 조건이던 친조의 약조만은 이행하지 않았다. 고려의 입장에서 보면 비록 강화를 체결했으나 막판 반격으로 전세가 역전된 만큼 항복이나 다름없는 친조를 지킬 이유가 없었다. 그래서 여러 가지 핑계를 들어 차일피일 친조를 미루었다.

거란 임금 성종은 고려에서 친조를 이행하지 않자 평화 협정을 파기한 행위로 간주했다. 그래서 1012년 6월에 인질로 잡아온 2차전의 협상 담당자 하공진을 처형하고 고려에게 내준 압록강 유역의 6개성을 반환하라고 요구했다(【표 8】 참조). 거란에서 환수를 요구한 여섯 개 성이란 이른바 '강동 6주'로서 홍화 · 통주 · 용주 · 철주 · 곽주 · 구주였다.

[표 8] 거란의 6개 성 반환 요구 상황

연도	거란 요구 사항	비고
1012. 6	6개 성 반환 요구	
1013. 3	6개 성 탈환 책망	1013. 5 거란군 침공
1013. 7	6개 성 반환 요구	
1014. 2	6개 성 반환 요구	
1014. 9	6개 성 반환 요구	1014. 10 거란군 침공
1015. 4	6개 성 반환 요구	
1015. 9	6개 성 반환 요구	1015. 9. 12 거란군 침공

(근거 : 『고려사』, 『고려사절요』)

거란에서 환수를 요구한 6개성은 2차전 당시 번번이 거란군의 전력을 무력화시킨 곳이었다. 거란군은 이 지역을 공략하지 않고 남진한 대가를 톡톡히 지불했다.

고려군이 이 지역을 기반으로 거란군을 역공하고 회군하는 길목을 차단해 패배를 안겨주었기 때문이다. 거란 성종은 원정의 경험을 통해 이곳을 와해시키지 않고서는 승리를 장담할 수 없다는 사실을 깨달았다.

거란은 1012년 6월부터 1015년 9월까지 6개성 반환을 요구하면서 고려를 압박했다. 거란은 고려가 6개성의 반환을 수용하지 않자 수차례 크고 작은 무력 위협을 병행했다. 거란은 제2차 전쟁이 종결된 1012년부터 1017년 8월까지 5년 동안 무려 10여 차례 무력 도발을 해왔다.

거란의 침공 양상은 친정에서 당한 실패를 반영하듯 흥화진, 통주성, 곽주, 용주, 영주寧州(평남 안주) 등 북계 요새에 집중되었다. 고려는 1016년 1월 곽주성이 함락되면서 위기에 봉착한 적도 있지만 강한 항전 의지로 거란군을 분쇄했다. 곽주성 전투에서 거란은 고려군 수만 명을 살상했으나 고려의 영토를 한 치도 차지하지 못했다(【표 9】 참조).

이 과정에서 고려 조정은 거란의 도발을 잠재우기 위해 취할 수 있는 모든 수단을 강구했다. 거란 사신의 방문을 거부하거나 억류했고, 1016년부터는 송의 연호를 다시 사용하면서 거란에게 외교 시위를 했다.

고려가 거란의 연호 대신에 송의 연호를 선택했다는 것은 거란을 사대하지 않겠다는 의사 표명이었다. 거란은 1005년 전연의 맹약 이후 송과 우호 관계를 유지했으나 양국은 여전히 긴장관계였다. 고려는 이러한 정세를 이용해 거란의 도발이 빈번해지자 송과 관계 회복을 꾀했다. 이는 우회적으로 거란의 공격을 저지하려는 외교책이었다.

거란은 5년간 10여 차례 고려를 공격했으나 의도한 만큼 심각한 타격을 입히지 못했다. 거란은 답답했다.

거란은 국지적, 산발적인 침공으로는 고려를 굴복시킬 수 없다고 판단하고 다시 전면전을 택했다. 이로써 1018년 12월 거란은 대규모 침략을 감행했고 고려와 거란 사이에 또 한 차례 큰 무력 충돌이 발생했다.

【표 9】 1013~1017년 거란(요)의 고려 침공 상황

연도	거란(요)의 침공	고려의 대응
1013. 5	여진이 거란군 인도해 압록강 도하 시도	대장군 김승위가 물리침
1014. 10	장수 소적렬 통주 침략	장군 정신용 등이 거란군 700여 명 사살
1015. 1	압록강에 다리 놓고 동서로 성곽 축조	군사 파견해 저지했으나 패함
	흥화진 포위	장군 고적여 등이 거란군 격퇴
	통주 침략	
1015.3	용주 침입	
1015.9	통주 · 흥화진 공격	대장군 정신용 등이 거란군 700여 명 살상
	영주 공격 실패	대장군 고적여 등이 거란군 추격 중 전사
1015	거란이 선화진 · 정원진 함락, 성곽 구축	
1016.1	장수 야률세량 등이 곽주 침입	고려군 수만 명 희생
1017.8	소합탁이 흥화진 9일간 공격했으나 실패	장군 견일 · 홍광 등이 출전, 거란 격파

(근거: 『고려사』, 『고려사절요』)

거란군의 목표

거란 임금 성종이 고려를 상대로 다시 전면전을 선택했을 때 거란의 전략은 달라져 있었다. 고려에게 결정적인 타격을 가하기 위해서는 기존과

1018년 거란의 3차 침입

다른 효과적인 전략이 필요했다.

그리하여 성종은 친조를 이행하지 않는 고려 국왕에게 직접 항복을 받아내기 위해 수도 개경으로 직공한다는 전략을 구상했다. 이 무렵 수도의 위상은 오늘날과 다소 차이가 있다. 교통 통신이 발달하지 못한 이 시대는 수도를 중심으로 문물이 집중되었으므로 수도 함락과 국왕의 항복은 국가 존폐와 직결되었다.

거란은 개경 직공을 위해 북계의 서쪽 진지를 우회해 개경으로 진군하는 계획을 짰다. 거란은 다년간 고려를 침공하면서 고려의 지리에 밝았다. 거란은 고려군이 북계에 집중되어 있으므로 청천강 이남 지역이 상대적으로 허술할 것으로 판단했다. 최대한 고려군과 유혈 교전을 억제하고 북계를 우회해 개경을 급습한다면 고려 국왕의 항복을 받아낼 수 있으리라고 예상했다.

거란 성종은 이 전략을 성공시키기 위해 2차전 때 개경까지 들어간 소배압蕭排押(소손녕의 형)을 도통으로 임명했다. 신속한 기동력을 발휘해 수도 개경을 돌파하기 위해서는 고려 지리를 잘 아는 경험자가 필요했기 때문이다.

1018년(현종 9년) 12월 10일에 도통 소배압은 군사 10만을 이끌고 고려를 침공했다.[59] 고려는 거란의 침공 소식을 접하자 즉각

강민첨姜民瞻(?~1021) 초상화 보물 588호. 문과 출신의 장수로 1018년(현종 9) 거란군이 고려를 침공했을 때 부원수로 출전해 흥화진에서 큰 공을 세웠다. 이 초상화는 1788년 화가 박춘빈朴春彬이 모사한 그림이다. (국립민속박물관 소장)

강감찬을 상장수로, 강민첨姜民瞻(?~1021)을 부원수로 삼아 군사 20만 8,000여 명을 영주(평남 안주)에 배치했다.

고려는 오랜 기간 겪어온 거란 전쟁의 경험을 바탕으로 거란군의 작전기도를 미리 파악했다. 강감찬은 거란군이 흥화진을 직공하지 않으리라고 보고 흥화진 일대 우회로에 방어선을 구축했다. 기병 1만 2,000기를 삼교천 주변에 매복시키고 강물도 미리 막아놓았다.

고려의 예상대로 소배압이 이끄는 거란군은 흥화진을 우회해 흥화진 동쪽으로 흐르는 삼교천을 건넜다. 고려군은 거란군이 하천을 건너기를 기다렸다가 미리 막아놓은 물을 일시에 터트린 후 복병을 돌진시켜 승리를

---

59 『고려사』, 『고려사절요』에는 3차 침공시 거란군 총지휘관을 소손녕으로 기록했다. 그러나 거란『요사』에는 소배압으로 되어 있어 이 기록을 따랐다(『요사』, 권16, 본기16 성종 7 개태7년 10월 병진).

거두었다.[60]

그러나 고려의 예상을 깨고 소배압이 이끄는 거란군은 주춤거리지 않았다. 타격을 입었음에도 불구하고 거란군은 곧장 북계의 동쪽 진격로를 이용해 청천강을 도하했다.

개경 직공에 실패한 거란군

거란군이 흥화진 전투에서 패한 후 어떤 기동로를 이용해 청천강을 건넜는지는 자세히 남아 있지 않다. 안의진에서 구주-태주-위주渭州(평안북도 영변 서북 40리)를 거쳐 청천강을 도하한 후 연주連州(평안남도 개천介川)-개주-순천-자주慈州(자산)-강동-수안-신은현新恩懸(황해도 신계)에 이르는 북계 동로를 이용해 남진했다고 추정된다.[61]

강감찬은 소배압이 이끄는 거란군이 수도 개경을 향해 기동하고 있다는 사실을 뒤늦게 파악하고 황급히 추격에 나섰다. 청천강을 도하한 거란군은 자주 내구산來口山에서 부원수 강민첨이 이끄는 고려군에게 패하고, 마탄에서도 조원趙元 부대에게 패했으나 남진 속도를 늦추지 않았다.

다급해진 강감찬은 1019년(현종 10) 1월 2일에 김종현金宗鉉에게 1만 명의 군사를 주어 개경으로 급파했다. 동북면병마사도 동북계 병력 3,300명을 개경으로 이동시켜 개경을 방어하도록 했다.

1019년 1월 3일 거란군은 개경 북방 40km 지점인 신은현까지 육박했

---

60 『고려사절요』 권3, 현종 9년 12월 무술.
61 유재성, 『여요전쟁사』, 190-198쪽.

다. 그러나 고려 임금 현종은 2차전의 경험을 바탕으로 개경을 떠나 피신하지 않았다. 재빨리 청야전술[62]을 써서 개경 주변의 작물과 가옥을 텅 비우고 주민들을 성안으로 집결시켰다.[63] 현종은 거란이 보급지 없이 신속하게 남진했으므로 군량 보급을 차단하고 농성을 벌이면 승산이 있다고 판단했다.

거란군은 고려의 예상치 못한 신속한 대처에 당황해 곧바로 개경을 공격하지 못했다. 더구나 고려군에게 몇 번의 패배를 당한 직후여서 다소 위축된 상태였다. 소배압은 야율호덕耶律好德을 개경으로 파견해 회군하겠다는 거짓 정보를 알렸다. 그러고는 은밀히 정예군 300여 기騎를 금교역金郊驛(황해도 금천)으로 출동시켰다. 거란의 의도를 알아차린 고려 측은 군사 100명을 금교역 일대로 보내 야간에 거란군을 급습해 섬멸했다.

금교역 전투에서 패배한 거란군은 개경 공략 기도를 포기하고 철군을 개시했다. 거란군은 남진하던 길을 다시 이용해 퇴각했고 사기는 크게 저하된 상태였다. 강감찬 장군은 거란군의 퇴각로를 미리 예상하고 연주·위주에 매복해 있다가 거란군을 요격해 500여 명을 참살하는 전과를 거두었다.

아, 구주성이여!

고려군이 퇴각하는 거란군을 맞이해 결정적인 타격을 가한 지역이 구주다. 구주성은 현재 평안북도 구성시 북쪽에 솟아 있는 이구산棨邱山의 자연

---

[62] 청야전술에 대해서는 「제4장 제국 몽골과 맞서다」 233-235쪽에 자세히 설명하고 있다.
[63] 『고려사』 권4, 세가 현종 10년 1월 신유.

구주대첩 기록화 1019년(현종 10) 2월 강감찬 장군이 이끄는 고려군이 거란군을 추격해 구주 지역에서 크게 승리하는 모습을 형상화한 그림이다. 고려가 27년간 거란과 싸우면서 가장 큰 승리를 거둔 전투로 이 싸움을 끝으로 전쟁은 고려의 승리로 마무리되었다. (전쟁기념관 소장)

지세를 이용해 돌로 쌓은 성으로 둘레가 약 5km 정도다. 성의 동북 및 서남쪽으로 대령강 지류들이 흘러 자연 해자를 이루었고, 치성만 41개이며 성가퀴(여장)들도 많이 설치되었다.[64]

---

[64] 사회과학원 고고학연구소, 『고려의 성곽』(조선고고학전서45)(진인진, 2009), 56-59쪽.

　1019년 1월 초순경에 퇴각을 시작한 거란군이 구주성 동쪽을 관통하는 동문천東門川 부근에 당도한 날이 2월 1일이었다. 강감찬 장군 등이 동쪽 평원에서 거란군을 맞아 분전했으나 승패를 보지 못한 채 대치했다.

　그러던 중 개경에서 뒤쫓아 오던 김종현이 군사를 이끌고 당도했다. 때마침 비바람이 남쪽으로부터 휘몰아쳐 오자 고려군은 형세를 타고 맹공격을 펼쳤고 거란군은 패해 도주했다. 고려군은 도망가는 거란군의 후미를 쫓아 구주 북방 12km 지점의 반령盤嶺까지 추격해 거란군을 공격했다.

거란군은 이 전투에서 심각한 손상을 입었다. 거란군 시체가 들판을 뒤덮고 고려군은 수많은 군사와 말, 낙타 등을 사로잡았으며 노획한 갑옷, 투구, 병기 등도 헤아릴 수 없을 정도였다. 아과달阿果達, 작고酌古, 고청명高淸明, 해리海里 등 많은 장수들마저 전사하고 군사 수천 명만 살아서 본국으로 귀환했을 만큼 거란의 손실이 극심했던 전쟁이었다.

거란군 총사령관 소배압조차 "(회군 시) 다타이하茶陀二河[65]를 건널 때 고려군이 활을 쏘면서 협공하자 갑옷과 무기를 버리고 압록강을 건넜다. (소배압은) 이 때문에 파면되었다"[66]고 한다. 거란의 전쟁사상 유례를 찾아보기 힘들 정도로 처참한 패배였다. 이것이 한국 역사에서 유명한 '구주대첩'이다. 강감찬 장군은 탁월한 군사적 식견과 뛰어난 용병술로 고려군을 지휘해 구주대첩을 승리로 이끌고 거란 전쟁을 종식시킨 수훈자였다.

반면에 거란 임금 성종은 전쟁에서 패했다는 소식을 접하자 소배압에게 "네가 적을 깔보고 깊이 들어가서 이 지경에 이르렀으니 무슨 면목으로 나를 볼 것이냐. 짐이 꼭 너의 낯가죽을 벗겨 죽이고야 말겠다"고 하면서 분노할 정도였다.[67] 그리고 3차 전쟁이 종결된 지 얼마 지나지 않아 다시 고려를 공격하려고 계획할 만큼[68] 고려에 대한 침략 미련을 버리지 못했다.

---

[65] 다타이하茶陀二河는 하천 이름으로 지금의 황하천皇華川, 즉 백석천으로 추정된다(김상기, 『신편 고려시대사』, 99쪽).

[66] 『요사』 권88, 열전 소배압.

[67] 『고려사절요』 권3, 현종 10년 2월 기축.

[68] 『요사』 권16, 본기 16 성종7 개태8년 8월.

❖ 회고와 전망

　개인적으로 한국사에서 가장 위대한 전쟁을 꼽으라고 하면 첫 번째가 살수대첩이요, 그다음이 고려와 거란 전쟁이라고 말하고 싶다. 고려와 거란 전쟁은 살수대첩처럼 대중의 기억을 사로잡을 만한 상징적인 전투는 없으나 27년 전쟁 전체가 위대했다.

　고려는 993년~1019년까지 27년 동안 14회 정도 거란(요)과 크고 작은 전쟁을 수행했다. 고려는 거란의 침공으로 한때 수도 개경이 함락되고 국왕 현종이 나주까지 피신한 적도 있지만 종전 후 고려의 국제 위상은 대단히 높아져 있었다. 그렇다면 고려가 동북아의 강자 거란을 격퇴하고 승자로 살아남을 수 있었던 요인은 무엇인가?

　첫째, 무엇보다도 '강동 6주'를 확보한 서희의 활약을 들 수 있다. 서희는 문신이면서도 군사 분야에 식견을 갖춘 참다운 전략가였다. 서희는 국제 정세에 대한 냉철한 인식으로 거란의 침공 목적이 국교 재개에 있다고 판단해 대담하게 적장 소손녕과 강화 협상을 벌였다. 그 결과 거란군의 퇴각을 유도했을 뿐만 아니라 압록강 하류의 이남 지역인 '강동 6주'에 대한 지배권을 획득했다.

둘째, 고려가 확보한 '강동 6주'는 영토 확장이라는 의미 못지않게 고려가 전략적으로 유리한 위치를 선점했다는 측면에서 큰 의의를 갖는다. 서희는 의주에서 안주에 이르는 요충지를 장악하기 위해 서북 연해와 내륙을 종횡으로 치밀하게 연결하는 위치에 성곽을 쌓았다. 이렇게 축조된 '강동 6주'의 성곽들은 거란이 침입할 때마다 번번이 거란의 발목을 붙잡았다. 거란은 뒤늦게야 이 지역의 진면목을 알아차리고 고려에 환수를 요구했으나 때는 이미 늦었다.

셋째, 고려군이 성곽전을 이용해 거란전에서 눈부신 성과를 도출해냈다는 사실이다. 고려의 전략은 북계의 요진에서 수성전을 펼쳐 적의 남진을 지연시키는 동안, 중앙에서 대규모 중앙군을 파견해 본격적으로 반격을 가하는 형태였다. 고려는 이미 태조와 광종 대에 청천강을 주방어선으로 삼아 적의 주요 침공로에 성곽을 쌓아 방어선을 축차적으로 구축했다. 이 때문에 고려 내륙으로 침입한 적은 성곽이나 주요 진지를 우회해 진격했고, 그 결과 퇴로를 차단당한 채 전후방에서 고려군의 협공을 받아 번번이 무너졌다. 고려는 거란군이 회군할 때마다 공세적으로 거란의 기동을 방해하면서 집요한 반격을 가해 연속적인 패배를 안겨주었다.

넷째, 거란의 작전 실패다. 개경 함락을 위해 중간 거점기지 없이 고려 영내로 깊숙이 진입한 거란의 군사 작전은 결과적으로 스스로에게 큰 타격을 입혔다. 거란군은 고려 국왕의 항복에 집착한 나머지 북계의 성을 공략하지 않은 채 빠르게 남하하는 작전으로 고려의 종심까지 신속하게 진출했다. 그러나 고려군이 역공을 시작하면서 퇴로 차단이라는 덫에 걸리고 말았다. 들어올 때는 마음대로 들어왔으나 나갈 때는 결코 쉽게 나갈 수 없는 지역이 한반도 북쪽 땅이었다. 이 때문에 거란군은 수도 개경을 점령하는 성과를 올리고도 강화 체결을 서둘렀고 패주로 보일 만큼 군사를 신속하게 회군하는 수모를 겪었다. 마지막 전쟁에서 소배압의 군사 10만 중 귀환한 사람이 수천 명에 불과했다는 기록이 있을 만큼 거란은 미증유의 참패를 당했다.

끝으로 고려의 국왕과 군·민들의 강한 정신력을 꼽고 싶다. 1010년(현종 1) 11월 현종은 거란의 선전포고를 받은 직후 놀랍게도 팔관회八關會를 개최했다. 팔관회는 11월 보름에 시행하는 의례를 겸한 축제로서 위령제 성격을 지닌 불교의 팔관계八關戒와 전통 축제인 제천의식이 결합한 행사였다. 현종은 종교적인 색채를 띤 이 축제를 통해 전쟁을 성공적으로 이끌겠다는 국왕의 의지를 천명하고, 자연스럽게 백성들의 자발적 분전을 유도했던 것이다.

고려와 거란 전쟁의 실익은 극명했다. 거란이 도발한 이 전쟁은 거란의 예상과 전혀 다른 결과를 낳았다는 점에 주목할 필요가 있다. 거란은 이 전쟁으로 고려와 외교 관계를 재개하고 압록강 요충지인 보주를 확보해 압록강 지역에 대한 지배력을 강화했다. 그러나 거란임금 성종이 종전 후 고려에 대한 침략 미련을 버리지 못한 채 전전긍긍했듯이 실익은 그다지 많지 않았다.

반면에 고려는 거란 전쟁에서 신화적인 승리를 창조하면서 국제사회에서 고려의 위상을 한껏 드높였다. 고려는 이 전쟁으로 받은 피해가 적지 않았음에도 불구하고 동북아의 강자 거란을 격퇴함으로써 동북아의 중심 세력으로 우뚝 솟아올랐다. 고려의 강한 군사력을 본 동북지역의 여진들은 고려의 영향권 안으로 들어가기를 희망했다.

결과적으로 10세기 초에 형성되던 고려·송·거란을 주축으로 한 동아시아 질서는 고려와 거란 사이의 군사력 균형을 토대로 이루어졌고, 이 질서는 12세기 초 금이 건국될 때까지 변함없었다.

제3장
'해동천하' 고려, 여진을 정벌하다

1. 완옌부 여진은 누구인가
2. 고려와 주변 정세
3. 제1차 여진 정벌
4. 제2차 여진 정벌
❖ 회고와 전망

고려는 1104년(숙종 9)과 1107년(예종 2) 두 차례에 걸쳐 여진 정벌을 단행했다. 여진 정벌은 고려시대에 이루어진 최초이자 마지막 대규모 대외 정벌이며 한국 역사에서도 좀처럼 유사한 사례를 찾아보기 쉽지 않은 군사 출정이었다.

고려가 상대한 여진은 이후 1115년에 금金을 건국하는 완옌부完顏部 여진이었다. 고려가 제2차 정벌 이후 여진에게 9성을 돌려준 해가 1109년이므로 금의 건국은 이로부터 불과 6년이 경과한 시점이었다. 이뿐만이 아니었다. 완옌부 여진은 이 여세를 몰아 1125년에 거란을 멸망시키고 1127년에 북송시대를 마감시키면서 금 천하를 연 주역이었다. 이는 고려가 여진 정벌을 단행할 무렵에 이미 완옌부 여진이 고려의 예상을 뛰어넘어 급속도로 성장해 있던 상태였음을 의미한다.

1104년 임간林幹과 윤관尹瓘(?~1111)이 주축이 된 1차 정벌은 실패로 끝나고 말았다. 고려는 여진 사회가 여전히 발달을 멈춘 채 미숙한 수준을 벗어나지 못하고 있다는 고식적인 편견 때문에 충분한 정보를 확보하지 않은 상태에서 출정했다가 큰 타격을 입고 말았다. 고려는 완옌부 여진이 군사적으로 성장했다는 현실을 감지했으나 고려에 대항할 정도라고는 판단하지 못했다.

고려는 군사력을 재정비하여 3년 6개월여 만인 1107년에 2차 출정에 나섰다. 첫 번째 출정 때와 달리 만반의 준비를 갖춘 윤관은 여진에게 치명타를 가하고 동여진 지역에 9성을 축조하는 눈부신 성과를 거두었다. 그러나 승리의 기쁨은 오래가지 못했다. 여진의 끈질긴 반격과 화의 요청으로 승리를 끝까지 견인하지 못한 채 9성을 내주고 철수하고 말았다.

그렇다면 고려는 왜 12세기 초 대규모 군사와 거대한 물력을 쏟아부으면서 여진 정벌에 나섰을까? 고려가 여진 정벌로 얻은 이익은 무엇이며 잃은 것은 무엇일까? 고려는 어떤 국익을 확보하기 위해서, 또는 당시의 어떤 요소가 고려로 하여금 두 번의 정벌을 시도하게 했을까?

12세기 초 송의 쇠퇴와 거란의 내분, 그리고 새롭게 떠오르는 동아시아의 강자 여진, 이 속에서 고려가 새롭게 모색한 국가 전략이 무엇이었는지가 여진 정벌이라는 군사 활동을 통해서 선명하게 드러날 것이다.

1. 완옌부 여진은 누구인가

과소평가된 여진

11세기 동아시아는 거란의 시대였다. 제국이라 불러도 손색이 없을 만큼 거란은 이미 10세기 중엽에 동으로는 만주 전역을, 남으로는 오늘날 장성의 남쪽인 북경과 대동 일대를 차지했고, 서북쪽으로는 몽골고원의 중앙부까지 간접적으로 영향력을 미쳤다.

거란이 북중국에서 송과 필적하고 있을 무렵 여진은 거란과 고려의 영향권 아래에 있으면서 이해관계에 따라 복종과 이반을 되풀이했다.[1]

여진과 관련해 흥미로운 사실은 여진의 시조에 대해 여러 기록에서 한반도 기원설이 거론되고 있다는 점이다. 남송 학자 서몽신徐夢莘(1126~1207)이 1194년에 편찬한 『삼조북맹회편三朝北盟會編』[2]에는 "여진은 본래 고구려

---

[1] 여진의 기원과 생존 방식에 대해서는 「제1장 고려 태조, 북쪽으로 향하다」 22-24쪽을 참조.
[2] 『삼조북맹회편三朝北盟會編』은 서몽신이 200여 종의 자료를 바탕으로 1117년부터 1162년까지 송과 금의 관계를 연월일 순으로 정리해 엮은 책으로, 송·금 관계사는 물론 여진사를 연구할 때 이용되는 필수 자료다.

금, 남송 시대 전도

주몽의 유종遺種이다"라고 기록되어 있다. 어떤 판본에는 '일종逸種'이라고 되어 있다.

몽골을 비롯한 유목민족의 연구가로 유명한 룩 콴텐Luc Kwanten 역시 여진의 기원과 관련한 이견들을 소개하면서 "서몽신은 여진족이 고구려의 전설적인 시조의 후예라고 기술했다"[3]고 밝히고 있다.

현재 여진이나 금을 연구하는 국내외 학자들 사이에서는 『삼조북맹회편』의 진위 여부나 해석을 둘러싸고 논란이 분분한 상태다. 뒤에서 다시 언급하겠지만 금 시조 함보函普가 『금사金史』에는 고려인이라고 기록되어 있는데 이 역시 한국이나 일본 연구자들 사이에서는 논란거리다.

---

[3] 룩 콴텐, 『유목민족제국사』, 송기준 옮김(민음사, 1984), 121쪽.

그러나 긍정적인 입장에서 관련 기록에 담긴 역사적 배경에 주목할 필요가 있다고 여겨지며,4 여러 논란에도 불구하고 여진과 한국인의 관계가 예사롭지 않음은 분명해 보인다.

그동안 여진 사회는 주변국에 비해 발전이 더디면서 경제 수준이 낮은 종족으로 간주되어왔다. 고려는 여진을 '적狄', '로虜', '융戎', '번蕃' 등 미개한 오랑캐라는 의미를 가진 단어들로 표현했다. 후대의 기록이지만 송의 관료 허강종許康宗은 1125년에 금을 방문하고 쓴 기행문에서 여진의 생활상

『삼재도회三才圖會』에 실린 여진인의 모습

을 다소 야만적인 모습으로 기록했다.5

거란도 서여진 지역을 지배하면서 온갖 멸시와 각종 착취를 일삼았다. 금 건국자 아구다阿骨打(1068~1123)가 거란에 대한 극심한 증오감을 표출하려다가 죽을 뻔했다는 일화가 남아 있을 정도니 거란이 여진에게 보여준 태도가 어떠했는지 짐작할 수 있다.

그러나 여진이 12세기를 전후한 시기에 큰 도약을 이루면서 1115년에 금을 세우고 1125년 거란을 멸망시키고 1127년에 북송마저 남쪽으로 쫓아낼 정도였다면 여진에 대한 일반적인 평가나 시각은 편향적인 부분이

---

4 이동복, 「금金의 시조전설에 대한 일고찰」, 『동국사학』(1981년, 15·16합집), 292쪽.
5 르네 그루쎄, 『유라시아 유목제국사』, 김호동·유원수·정재훈 옮김(사계절, 1998), 211쪽.

많다고 여겨진다. 별다른 전조 없이 갑자기 세력이 강성해질 수는 없기 때문이다.

최근 국내 연구에서도 여진의 군사력과 경제력을 새롭게 평가하려는 움직임이 있으며, 중국사에서도 여진이 비록 거란의 통치와 압박을 받았으나 비교적 강한 독립성을 유지한 민족으로 보고 있다.[6]

여진은 10세기 전반까지 통일되지 못한 채 거란이나 고려를 섬기면서 필요한 물자를 조달받았다. 여진은 고려에 돼지·양·소·말들을 갖다 바치는 대신에 식량이나 직물 등 생필품과 철제기구들을 가져갔다. 하지만 여진인들은 고려에 대해 순종하다가도 방비가 허술한 곳을 골라 수시로 침략과 약탈을 자행하는 등 변화무쌍한 태도를 보였다. 이 때문에 고려는 여진을 '인면수심'이라 하면서 언제 배신할지 모르는 존재로 간주했다.

거란과 고려를 오가면서 충성과 배반을 수없이 번복하던 여진이 새로운 생존 전략을 마련한 계기는 960년 송이 등장하면서부터다. 이 무렵 고려는 혜종~경종 대까지 내부적으로 정치적 진통을 겪고 광종이 즉위한 지 얼마 되지 않은 시점이었다. 거란 역시 권력 쟁탈을 둘러싸고 국내 사정이 복잡하게 뒤엉켜 있었다.

여진은 이 틈을 놓치지 않았다. 송이 건국되자 새로운 생존의 길을 모색하면서 독자성을 강화하고자 했다. 여진은 고려와 거란을 견제할 세력으로 송을 이용하는 적극성을 보였는데 그 증거가 바로 조공朝貢이었다.[7]

여진은 송 건국 직후인 961년부터 매년 송을 방문해 조공을 바쳤다. 조

---

[6] 이동복, 『동북아세아사연구 - 금대여진사회의 구성』(일조각, 1986), 82쪽 ; 중국사학회 엮음, 『중국역사박물관 - 요·서하·금』, 강영매 옮김(범우사. 2004), 66쪽.

[7] 추명엽, 「고려시기 '해동' 인식과 해동천하」, 『한국사연구』 129(한국사연구회, 2005), 48-49쪽.

공이란 속국에서 종주국에게 정기적으로 예물을 바치던 일을 말한다. 여진 사절단은 압록강을 따라 내려와 바다를 이용해 산둥반도 끝자락에 위치한 등주登州로 건너갔다.

여진은 963년까지 매년 송을 방문했으며 그 이후에도 조공은 계속되었고 말 무역은 그 원동력 가운데 하나였다. 송에서 말의 증식에 관심을 기울이면서 여진이 송에 수출하는 말 규모만 연간 1만 필에 달했다.

여진이 송과 밀착 관계를 유지한 이 대외전략은 얼마간 성공한 듯 보였으나 결과적으로 거란과 고려의 경계심을 유발시켰다. 여진의 행보에 먼저 제동을 건 쪽은 거란이었다. 982년 성종이 즉위하면서 국내 상황이 안정되자 거란은 자국의 배후를 교란하는 여진에 대한 고삐를 힘껏 당겼다.

거란은 984년부터 여진을 공격했고 986년에는 여진 포로 10여 만 명과 말 20여 만 필을 노획했다.[8] 거란은 여진에 대한 공세를 늦추지 않은 채 송으로 통하는 해상로를 봉쇄하기 위해 압록강 하구인 위구威寇·진화振化·내원來遠에 성을 쌓고 군대를 주둔시켜 조공길을 가로막았다.

거란의 압박을 이기지 못한 여진은 고려에 도움을 요청했다. 하지만 고려 역시 여진이 그동안 보여주던 독자적인 행보에 경계심을 품고 지원하지 않았으며, 오히려 991년(성종 10) 압록강 밖에 있던 여진을 백두산 밖으로 쫓아내는 군사 조치를 단행했다.

거란과 고려의 압박을 받은 여진은 991년 송에게 거란 정벌을 요청했다. 그러나 당시 거란과 대치하고 있던 송은 여진의 전략적 가치를 낮게 평가해 요청을 거절했다. 결국 여진은 990년 이후 거란에 조공을 바치게 되었다. 이후 여진은 12세기 초반 동북아의 강자로 부상하기까지 100년

---

8 『요사』 권11, 본기11 성종2 통화4년 정월 병자.

이상을 거란에 종속된 채 혹심한 핍박을 감내하면서 숨죽여 지내야 했다.

완옌부 여진의 기원

오늘날 중국 흑룡강성은 중국 대륙 최북단에 위치해 있다. 북쪽과 동쪽으로는 흑룡강과 오소리강烏蘇里江을 사이에 두고 러시아와 경계하고 있으며, 남쪽은 길림성에 접해 있고, 서쪽으로는 내몽골자치구와 접해 있다.

이 지역은 전반적으로 겨울이 춥고 길며 여름은 짧은 편이나 기온이 높고 강우량과 일조 시간이 많아 농작물이 성장하기에 매우 좋은 조건을 가지고 있다. 이곳은 오늘날 중국에서 수자원이 비교적 풍부하다고 알려져 있을 만큼 우리가 익히 들었던 흑룡강, 오소리강, 송화강, 넌장嫩江강, 수분하綏汾河가 큰 물줄기를 이루면서 종횡무진으로 흐르는 지역이다.

흑룡강성의 성도省都는 한국인에게 익숙한 하얼빈이다. 이곳은 안중근 의사가 1909년 10월에 이토 히로부미伊藤博文를 저격하여 사살한 역사적인 장소다. 이 하얼빈에 속해 있는 지역 가운데 아성阿城이라는 도시가 있는데 이곳이 바로 금의 첫 수도다. 이곳 남쪽으로 송화강의 지류인 아십하阿什河가 흐르고 있는데 이 유역이 금을 세운 완옌부 여진의 발상지로 알려져 있다.

아십하는 시대나 사료마다 이름이 달랐다. 예로부터 '안차골수安車骨水'로 불리다가 금 시절에 안출호수安出虎水가 되었다. '안출호'란 여진어로 금金이라는 의미라고 하니 금의 국호도 여기서 기원했음을 알 수 있다. 안출호수는 명 시절에는 '금수하金水河', 청 초기에는 아르치카阿勒楚喀河로 지칭되다가 1725년에 아십하로 개칭되었다.

완옌부 여진은 흑수말갈에 기원을 둔 생여진의 일부였다. '완옌'이란 중

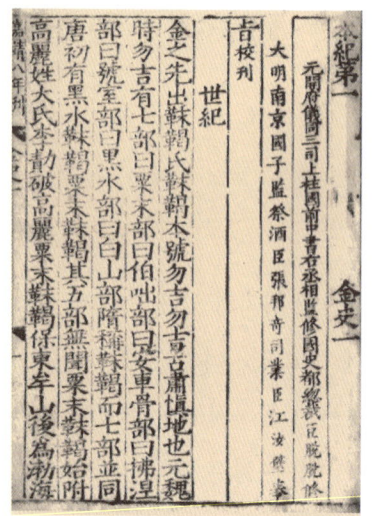

『금사金史』 원元 말기인 1344년에 간행된 금의 역사책. 여기에 금의 시조 함보函普가 고려에서 왔다는 기록이 들어있다.

국어 '왕王'을 만주어 곧 여진어로 옮긴 말이다.[9] 따라서 완옌부 여진이란 여진의 왕이라는 뜻이다. 완옌부 여진은 송화강 지류를 따라 남쪽으로 내려와서 두만강 중상류, 즉 백두산 북쪽 지역으로 들어왔다고 추정된다.

여러 기록에 따르면 완옌부 여진의 시조 함보는 한반도에서 건너온 유민이라고 한다. 완옌부 여진의 시조 곧 금 시조가 고려 출신이라는 고려출자설은 대표적으로 『금사』에 기록되어 있다. 『금사』에 따르면 "금의 시조는 함보. 처음 고려에서 왔을 때 이미 나이가 60여 세였다"고 한다.[10]

『고려사』에도 두 가지 기원설이 있다. 하나는 평주에 사는 승려 금준今俊[11]이 여진으로 도망해 아지고촌에 살았는데 이 사람이 금의 선조라고 한다. 다른 하나는 평주의 승려 김행지의 아들 김극수가 처음 아지고촌에 들어가 여진인 여자와 혼인해 아들 고을태사를 낳았는데 고을태사의 손자들 가운데 막내가 잉거盈歌(목종穆宗)라는 기록이 있다.[12]

완옌부 여진도 "우리 조상이 큰 나라(고려를 가리킴)로부터 나왔다"[13]는 고

---

[9] 르네 그루쎄, 『유라시아 유목제국사』, 212쪽.
[10] 『금사金史』 권1, 본기本紀 1, 세기世紀.
[11] 북한에서 발행한 번역본에는 '김준金俊'으로 되어 있다.
[12] 『고려사』 권14, 세가 예종 10년 정월.

려출자설을 받아들였고 이를 바탕으로 고려를 '부모의 나라'로 인식했다.

완옌부 여진의 성장

생여진으로서 숙여진 지역으로 들어와 거란의 지배를 받은 완옌부 여진은 초기에 다른 여진족과 마찬가지로 군사적으로나 경제적으로 취약한 상태였다. 그런데 거란이 국내 정치 문제로 골몰해 있는 틈을 타서 점차 거란의 영향권에서 이탈했다.

완옌부 여진은 다른 여진부족에 비해 거란과 빈번한 교역을 가지면서 주변 사정에도 밝았다. 무엇보다도 농업에 주력하여 생산력 증대를 꾀하고 철을 획득하여 군사력 증강에 박차를 가한 점이 성장의 원동력이었다.[14]

완옌부 여진이 본격적으로 세력을 키우고 굳건히 한 때는 11세기 말 우구나이烏古迺(경조景祖) 때였다. 우구나이는 거란 도종에게 '태사太師'라는 칭호를 받았고 이를 토대로 점차 기반을 확대시켜나갔다. 그 뒤를 이어 완옌부 여진의 기틀을 마련한 사람이 우구나이의 막내아들 잉거다.

잉거는 거란에 반기를 든 소해리蕭解里를 토벌한 공으로 절도사에 임명되면서 부상한 인물이다. 잉거는 거란으로부터 받은 절도사라는 정치적 뒷받침을 배경으로 세력을 크게 확장해 오늘의 간도 지방을 거쳐 고려와 인접한 가란전曷懶甸[15]까지 진출했다.

---

13 『고려사』, 권13, 세가 예종 4년 6월 경자.
14 이동복, 『동북아세아사연구 - 금대여진사회의 구성』, 82-93・109-112쪽.
15 오늘날 가란전曷懶甸의 위치에 대해 ① 조선후기 실학자 정약용丁若鏞은 길주 이남에서 함흥 이북 지역, ② 일인학자 쓰다 소우키치津田左右吉 및 김상기 교수는 마천령 이남과 정주定州

잉거를 이어 완옌부 여진의 연맹장이 된 사람은 우야슈烏雅束(강종康宗)다. 우야슈는 헤리보劾里鉢의 장남으로 숙부 잉거의 뒤를 이어 지도자의 자리에 올랐다. 여기서 지도자의 자리에 오른다는 것은 절도사의 자리를 이어받는 것을 의미한다. 우야슈는 『고려사』에 자주 등장하는 인물로 그의 재위 기간에 고려는 두 차례나 여진 정벌을 했다.

우야슈는 생여진 부족들을 통합하는 데 성공한 인물로서 1104년에 천리장성 부근에 석적환石適歡의 군대를 파병하고, 고려와 화약을 맺어 9성을 돌려받는 성과를 올렸다. 우야슈가 생여진을 통합하고 고려 침공을 잘 막아냄으로써 완옌부 여진은 거란을 공략할 수 있는 여건을 조성했다.

우야슈가 1113년에 죽자 동생 아구다가 연맹장에 오르니 이 사람이 바로 금 태조太祖다. 그의 나이 46세였다. 한자 이름이 민旻으로 알려진 아구다는 안출호에서 태어났다고 한다. 오랜 기간 동안 숙부 잉거와 형 우야슈 밑에서 활약하던 아구다는 지도자의 위치에 오르자 거란 타도를 외치면서 1114년부터 거란에 항거하는 전쟁을 일으켰다.

1115년 아구다는 금을 건국하여 황제를 칭한 후 파상적으로 거란을 공략했다. 1120년에 거란의 수도인 상경 임황부(오늘날 내몽골 파림좌기 남쪽)를 점령하고 1122년에는 제2의 수도인 중경 대정부(오늘날 내몽골 영성 서쪽)을 함락해 거란의 멸망을 재촉했다. 거란이 세운 요는 1125년에 황제 천조제가 죽임을 당하면서 역사에서 사라지는데 아구다는 이를 보지 못하고 1123년에 회군하는 과정에서 전사하고 말았다.

11세기 말 완옌부 여진은 우구나이에서 시작되어 아구다에 이르기까지

이북 지역, ③ 마쓰이 히토시松井等는 두만강 이남의 함경도 지방으로 비정하는 등 이견이 많다.

불과 30여 년 만에 거란을 멸망시키면서 동아시아의 강자로 부상했다. 고려가 여진 정벌을 단행한 것도 이 완옌부 여진으로부터 야기된 것이었다. 따라서 완옌부 여진의 등장과 성장은 11세기 말 이후 동북아시아 정세와 고려의 여진 정벌을 이해하기 위한 핵심 사항이라 할 수 있다.

완옌부 여진의 군사조직

오늘날 여진에 관한 기록은 그리 풍부한 편이 아니다. 더구나 금 건국 이전의 여진에 대해서는 더욱 열악한 편이어서 금 당시의 기록에 의존해야 하는 실정이다. 여진의 군사 조직이나 전술 역시 알려져 있는 사항이 많지 않으므로 금의 군사조직을 바탕으로 몇 가지 기본 사항을 유추할 수밖에 없는 상황이다.

완옌부 여진의 군사조직을 이해하기 위해서는 1114년 10월에 아구다가 만든 맹안모극猛安謀克을 살펴봐야 한다. 맹안모극은 아구다가 처음 제정한 것이 아니라 여진 사회에서 통용되던 선시 군사 조직이었다. 맹안은 1,000명, 모극은 100명으로 구성되었다. 여진 사회에서 모극은 '족장族長'이나 '족族'을, 맹안은 '천호千戶' 또는 '천호장千戶長'을 의미하므로 맹안모극이 이미 금 건국 이전부터 있어왔음을 알 수 있다.

아구다가 맹안모극제를 새롭게 조직한 때는 영강寧江을 공격해 거란에 첫 승리를 거둔 직후이자 금을 건국하기 2개월 전이다. 아구다는 거란(요)이나 이후 몽골이 했던 것처럼 부족 단위와 군사조직을 결합시켜 기존의 맹안모극을 탈바꿈시켰다. 곧 300호戶를 모극으로, 10모극을 맹안으로 조직하면서 군정軍政 합일을 이루었다.[16] 따라서 이 제도는 기존에 느슨하게 묶여 있던 여진족들을 강력하게 결집해 중앙집권체제로 나아가기 위한 포석이었다고 할 수 있다.

군사 조직은 1모극에서 100명의 남자를, 1맹안에서 1,000명의 장정을 징집했고, 필요한 경우에는 10개 맹안을 묶어 특모武母 곧 1만 명을 구성했다.[17] 부대 편성은 50기騎를 1대隊로 구성했다. 거란군이 500~700기를 1대로 구성하는 방식과는 사뭇 다르다고 할 수 있다.

여진의 소부대 편성 방식은 기동력을 살리기 힘든 산악과 산림 지대에서 기병의 효율성을 높이기 위한 방편이었다. 50기 가운데 선두에 선 20기는 곤梶이나 창槍 등 돌파용 타격무기를 장착한 중장기병이며, 뒤의 30기는 궁시로 무장한 경기병이었다.

전투 방식은 갑옷으로 철저하게 무장한 기병이 순간적으로 적진을 돌파해 전열을 무너뜨리면 뒤에 있던 경기병들이 원거리에서 궁시를 쏘는 전투를 펼쳤다. 먼저 1~2명이 달려 나가 적진을 살피거나 적진의 좌우로 나가면 곧이어 갑옷으로 무장한 중기병이 돌진하고 뒤에서 경기병이 일제히 궁시를 발사하는 방식이었다. 승리하면 대오를 정비하여 느긋하게 추격하고, 패하면 다시 모여서 흩어지지 않는 방식이었다.[18]

여진의 소규모 부대 편성은 기동성은 우수하나 대규모전이나 평원지대에서 접전할 때에는 큰 약점을 드러냈다. 여진은 이 약점을 극복하기 위해 괴자마拐子馬라는 독특한 전술을 개발했다.

괴자마는 남송의 명장 악비岳飛가 이를 물리치면서 알려졌는데 그 내용이 자세하지는 않다. 대체로 기마 세 필을 하나로 묶어 돌격시키는 방식으

---

16 『금사』 권44, 지25 병兵 병제兵制·금군禁軍·양병지법養兵之法.
17 룩 콴텐, 『유목민족제국사』, 168-169쪽.
18 『삼조북맹회편』 권3, 여진군女眞軍.

로 괴자마 뒤에는 보병이 창을 들고 따라가는 형태였다고 여겨진다.

고려와 완옌부 여진의 만남

동북아시아에서 완옌부 여진의 존재가 부각된 계기는 소해리 사건이었다. 소해리는 거란(요)의 귀족으로 1102년에 반란을 일으킨 후 건주乾州의 무기고를 털어 여진으로 도망쳤다.

거란이 몇 번이나 군대를 동원하여 소해리를 토벌하려고 했으나 실패하고 말았다. 그런데 거란이 군사적으로 약점을 드러내는 사이에 잉거와 아구다가 이끄는 여진군이 소해리를 소탕해 그의 목을 거란에 바쳤다.[19]

소해리 사건을 전후한 시기에 완옌부 여진은 괄목할 만한 성장을 일궈 가고 있었다. 『거란국지契丹國志』에도 "잉거와 아구다 부자가 소해리를 평정한 이후 내심 요에 공로를 세웠다고 믿고서 남몰래 다른 마음을 품고 인근 부족을 병탄했다"[20]고 기록할 정도였다. 무엇보다도 여진 입장에서는 늘 불안에 떨던 거란의 군사력이 소헤리 사건을 계기로 예상보다 강하지 않다는 현실을 확인한 것이 큰 수확이었다.

고려가 완옌부 여진과 직접 접촉한 해는 1097년(숙종 2) 무렵이었다.[21] 『금사』에는 이때 "고려와 처음으로 통교를 했다"고 되어 있다. 『고려사』에서는 이보다 훨씬 늦은 1102년에야 완옌부 여진에 대한 기록이 공식적

---

[19] 『금사』 권1, 본기1 세기. 참고로 『거란국지契丹國志』에는 소해리가 반란을 일으킨 시기를 1096년으로 기록되어 있다.
[20] 『거란국지』 권9, 도종기道宗紀 수창3년.
[21] 『금사』 권1, 본기1 세기 목종 10년.

으로 보이고 있다. 1102년 4월에 잉거(목종)가 고려에 사신을 보내 신하의 예를 갖추어 고려 임금 숙종에게 인사를 올린 것이다. 이미 고려에서는 1101년에 어렴풋이 완옌부 여진의 동향에 대해서 듣고 있었다.[22]

잉거는 이해 11월에 고려에 다시 사신을 보내 은기銀器 만드는 장인을 요청했고 고려는 흔쾌히 수락했다. 이듬해인 1103년 7월에는 소해리를 쳐부수고 승리했다고 알려왔고 11월에도 토산물을 바쳤다.[23]

완옌부 여진이 거란에 자신들의 존재를 부각시킨 사건이 소해리 사건이었다면 고려에 자신들의 존재를 각인시킨 사건은 1102년에 정주성定州城(함경남도 정평)까지 내려와 주둔한 사건이었다. 정주성은 천리장성이 동북쪽으로 뻗어나가는 끝부분에 있는 관문으로 여진과 접경한 최일선 지역이었다.

이때는 우야슈가 완옌부 여진을 이끌던 시기로 완옌부 여진의 기병부대가 기습적으로 정주성까지 진출했던 것이다. 고려는 여진이 정주성까지 진출한 채 물러날 기미를 보이지 않자 고려를 침공하려는 행위로 간주하여 여진 추장 쉬정許貞과 로푸羅弗 등을 유인, 체포해 광주廣州에 억류했다.

이듬해인 1103년 7월에도 고려를 긴장시키는 정보 하나가 입수되었다. 완옌부 여진에 살다가 잉거 친척의 병을 고쳐준 공로로 고려 의원醫員 한 명이 고국 고려로 귀환했다. 그 의원은 여진의 최근 동태를 상세히 보고하면서 "흑수에 사는 여진이 날로 번성하고 군사들은 더욱 강해지고 있다"면서 절대로 경계를 늦추지 말도록 요청했다.

이미 여러 곳에서 완옌부 여진에 대한 정보를 입수한 고려는 정확한 정

---

[22] 『고려사』 권12, 세가 숙종 6년 8월.
[23] 『고려사』 권11, 세가 숙종 7년 4월 갑진 ; 『고려사』 권12, 세가 숙종 8년 7월 갑진 ; 『고려사』 권12, 세가 숙종 8년 11월 병신.

천리장성이 시작되는 평안북도 의주 부근의 장성 모습 압록강에서 동해안에 이르는 장성의 축조 사업은 12년 간이나 지속되었다.

보를 수집하기 위해 잉거가 소해리의 난을 성공적으로 평정한 것을 축하한다는 명목으로 사자를 파견했다.[24]

그러나 이때는 다소 늦은 감이 있었다. 완옌부 여진이 세력을 확장시켜 나가는 징후가 여러 곳에서 포착되었다. 이미 잉거 세력이 주변의 여진 부족을 병합하면서 간도까지 내려왔고 이어 가란전 근처까지 진출한 상태였다.

이와 맞물려 잉거가 사망하고 뒤이어 즉위한 우야슈가 적극적으로 세력 확장에 나섰다. 당시 동여진 지역은 형식적으로 거란의 지배를 받았으나 실질적으로는 고려의 세력권 안에 있었으므로 완옌부 여진의 남하는 고려의 북방 정책과 충돌할 수밖에 없었다.

---

24 『고려사』 권12, 세가 숙종 8년 7월 갑진.

2. 고려와 주변 정세

팽창이 멈춰버린 거란

10세기 이후 거란의 부상은 동아시아가 새로운 시대로 접어들었음을 알리는 신호였다. 거란(요)은 1004년 송과 '전연澶淵의 맹약'을 맺은 이후 일약 강자로 떠올랐다. 이 맹약을 계기로 전통적으로 동아시아에서 중국 대륙의 왕조가 중심 역할을 하던 구도가 타파되고 말았다. 거란은 '남조南朝' 송에 대칭하여 '북조北朝'라고 불릴 만큼 대등해졌다.

그러나 거란의 위세와 영광은 채 100년을 지속하지 못하고 사그라졌다. 분명한 사실은 고려가 여진 정벌을 단행할 무렵 거란은 팽창과 발전을 멈추었고, 이로부터 채 20년도 안 되는 1125년에 금(여진)에 망하고 말았다는 점이다.

거란은 1055년 도종(재위기간 1055~1101)이 즉위하면서 급속도록 쇠락의 길로 빠져들었다. 거란의 쇠퇴를 부채질한 요소는 권력 쟁탈을 둘러싸고 일어난 거란 황실의 분열과 반란이었다. 그 전조는 거란 최고의 전성기를 구가한 성종이 병사하자마자 나타나기 시작했다.

흥종(재위기간 1031~1055)이 성종의 뒤를 이어 즉위했을 때 나이 16세였다. 성종의 후궁 흠애태후欽哀太后는 흥종의 생모로서 어린 흥종을 대신해 섭정하다가 폐위시키려는 음모를 꾸몄고 결국 발각되어 유배되었다. 그리고 음모에 가담한 태후의 동생들도 죽임을 당했다.

흥종을 이은 도종 역시 즉위하자마자 숙부 야율중원耶律重元의 반란에 직면해야 했다. 1055년에 숙부 야율중원이 그 아들과 반역을 도모했다가 실패했다. 1075~1077년에는 야율을신耶律乙辛 일당이 주도해 황후와 황태자를 죽이는 사건이 발생했다.

도종에 이어 즉위한 천조제(재위기간 1101~1125)는 집권하자마자 할머니 선의황후와 부모를 참사로 몰아넣은 야율을신 일당을 무자비하게 숙청했다. 또 아버지 야율준을 황제로 추봉追封하고 남은 잔당을 억압했다. 여기서 끝이 아니었다. 1111년 이후 황후 원비元妃 · 문비文妃 계열이 정권을 장악하면서 권력 다툼이 더 치열해졌다. 결국 거란은 반세기 이상 내분을 앓다가 천조제를 끝으로 망해버렸다.

대외적으로 거란에 커다란 암운을 던진 존재는 여진이었다. 여진은 천조제의 재위 기간인 1115년에 금을 건국한 후 1116년부터 1122년 사이에 거란(요)의 주요 도시를 모두 함락했다. 거란에 복속되어 혹심한 수탈에 시달리던 여진의 모습은 온데간데없이 사라지고 거란을 막다른 골목으로 내모는 위협적인 존재로 성장해버린 것이다.

12세기 이전 거란은 여진을 미개한 집단으로 취급해 가혹한 약탈을 일삼았다. 천조제 재위 기간 동안 수탈의 강도는 더 심해져 여진인들의 원성을 자아냈다. 특히 해동청海東靑(매)의 공납과 여진 여성에 대한 수청 요구는 여진인들을 자극했다. 예컨대, 여진에 파견된 거란 관리들은 여진 처녀의 수청을 요구했는데 천조제 시기에는 혼인 여부를 가리지 않고 지배층

여자까지 겁탈하는 사례가 증가해 여진인들에게 큰 상처를 입혔다.[25]

하지만 11세기 말 완옌부 여진이 성장하자 거란에 대한 여진의 반격 준비가 서서히 갖추어져갔다. 거란이 국내 문제에 골몰해 국력을 소진하는 사이 거란의 세력권에 있던 숙여진은 생여진과 군사적으로 결합했다. 이 새로운 연합전선이 힘을 발휘했을 때 거란은 그들이 미개한 민족이라고 멸시하고 탄압하던 여진에 의해 와해되고 말았다.

이런 측면에서 고려의 여진 정벌은 이 무렵 거란이 활력을 잃어가면서 동북아시아에 힘의 공백이 발생했기 때문에 가능한 일이기도 했다. 거란은 12세기에 접어들면서 여진의 성장을 알아차리고 내심 고려가 여진을 견제해주기를 희망했다.

거란의 입장에서는 이이제이以夷制夷(오랑캐로서 오랑캐를 제어한다)의 일환으로 고려와 연계해 여진을 제압한다는 구상을 했고 고려는 여진 정벌로 기꺼이 응답해주었다.

송의 위축

송은 중국 역사상 가장 약체라는 오명을 갖고 있는 왕조다. 11세기에 거란이 동북아의 강자로 군림하면서 송의 국제 위상은 크게 하락했다. 1019년 이후 송 기록에서 여진 사신의 왕래를 찾아보기 힘든 점도 국제 위상이 예전만 못하다는 사실을 여실히 증명해준다.

송은 건국 초기 중원의 명예를 회복하고 거란에게 빼앗긴 연운 16주를

---

[25] 룩 콴텐, 『유목민족제국사』, 139쪽.

탈환하기 위해 979년과 986년 두 차례 거란을 공격했으나 실패했다. 이뿐만이 아니었다. 서북쪽 방면에서 탕구트족(당항족^{黨項族})이 송의 권위에 정면 도전해 왔다.

1038년 이원호^{李元昊}(재위기간 1038~1048)가 대하^{大夏}를 세우고 스스로 '천자^{天子}'라고 선언한 것이다. 이 대하가 바로 서하^{西夏}라고 부르는 나라다. 탕구트족은 오랜 기간 중원의 영향력 아래에 있었으므로 송으로는 서하의 건국과 칭제^{稱帝}를 도저히 용납할 수 없었다. 송은 1040~1042년까지 서하와 세 차례 큰 전쟁을 벌였으나 모두 참패하고 말았다.

송은 서하가 거란에 대한 종속 관계마저 거부한다는 점을 이용해 거란에게 중재를 요청했다. 1044년 송은 "서하는 천자의 칭호를 취소하고 명목상 송의 신하로 칭할 것"이라는 협약을 맺고 그 대가로 매년 비단 13만 필, 은^銀 5만 냥, 차^茶 2만 근을 지급하고, 명절마다 비단 2만 3,000필, 은 2만 2,000냥, 차 1만 근을 주기로 했다.

화의를 주선한 거란에게도 '전연의 맹약'(1004)에 따라 지급하던 액수에다 추가로 비단 10만 필, 은 10만 냥을 제공했다. 이로써 송이 거란에게 지급한 총 액수만 매년 은 20만 냥과 비단 30만 필에 달했다.

송이 해마다 주변국에게 지불하는 평화유지 비용은 점차 송의 재정을 압박했다. 인종^{仁宗} 이후로 재정 위기에 직면한 송은 결국 신종^{神宗}(재위기간 1067~1085) 대에 왕안석^{王安石}(1021~1086)이 개혁을 추진하는 배경이 되었다. 신법당^{新法黨}에 속해 있던 왕안석은 부국강병을 위한 내정 개혁으로 1069년에 신법^{新法}을 시행했다.[26] 그러나 왕안석의 개혁은 관리들의 비협조와 반대파(구법당^{舊法黨})의 공격으로 8년 만에 실패했고, 송은 국력을 회

---

[26] 신법^{新法} : 송 왕안석이 경제성장과 부국강병을 위해 시행한 혁신정책(1069~1076년).

복할 수 있는 기회를 상실하고 말았다.

한때 송은 거란의 눈을 피해 북쪽 변경 지역의 군사력 증강을 시도했다. 송은 '전연의 맹약'에서 거란과 합의한 "기존 군사 초소를 관리하고 수리할 수 있다"는 조항에 근거해 군사 기지를 수리한다는 명목으로 이 계획을 추진했다. 그러나 거란이 1074년에 무력시위를 동반해 항의하자 송은 거란이라는 장벽을 넘지 못한 채 오히려 해당 지역을 중립지대로 한다는 조약을 체결했다.

그리하여 국가 안보에 위기를 느낀 송이 손을 내민 국가가 고려였다. 고려의 국력이 송이 기대한 전략적 평가를 훨씬 넘어서자 송은 거란을 위협할 세력으로 고려를 주목한 것이었다. 1044년에 송 관료 부필富弼이 하북 지방의 방어책 12가지를 제시하면서 "고려가 거란을 섬기고 있지만 거란이 고려를 두려워합니다. 그러므로 고려를 잘 대접해 거란이 우리를 침범하려고 하면 고려로 하여금 거란을 치게 해야 합니다"라고 건의할 만큼 고려의 군사력을 높게 평가했다.[27]

송은 994년에 단교된 고려와의 관계[28]가 1071년(문종 25)에 공식적으로 재개되자 관계 개선에 적극 나섰다. 송은 1079년에 '고려교역법'까지 만들어 고려를 우대했고, 11세기 후반 이후 송에 도착한 고려 사절단은 서하를 능가하는 대우를 받았다. 그리고 북송 말기에는 거란에 필적하는 대우를 받았다.[29]

---

[27] 강은정, 「12세기초 고려의 여진정벌과 대외관계의 변화」, 『북악사론』 9(국민대학교, 2002), 155-156쪽.
[28] 고려는 993년 8월에 거란이 침공하자 994년 6월에 송으로 사신을 파견해 거란의 침공을 알리면서 원병을 요청했다. 그러나 송이 군사 요청을 거절하자 고려는 이를 이유로 송과 외교 관계를 단절했다.

요컨대, 송은 10세기 말에서 11세기 전반에 거란(요)·서하의 두 전선에서 후퇴하면서 평화 유지 비용이 점점 증대해 재정을 압박했다. 여기에다가 송은 당이 패망한 전철을 밟지 않기 위해 안으로 군부 세력을 억제했으므로 군사 발전을 기대할 수 없었고 주변국에 비해 군사력이 위축되어갔다. 그 결과 송이 전략적으로 주목한 국가가 고려였고 고려와 관계 개선을 위해 적극 노력했다.

고려의 번영

고려가 1019년(현종 10) 거란과 마지막 전쟁을 마쳤을 때 고려의 국제 위상은 그전보다 훨씬 높아져 있었다. 고려가 993년(성종 12)부터 27년간 거란을 번번이 격퇴하자 주변국의 시선은 달라져 있었다.

거란 성종이 종전 직후 고려에 대한 침략 미련을 버리지 못하고 재침 계획을 수립할 만큼 고려·거란 전쟁의 결과는 고려의 승리였다고 해도 과언이 아니다. 송에서는 거란이 고려를 두려워한다고 평가해줄 정도였다. 그 결과 11세기부터 12세기 초까지 고려의 대외 위상은 최고조에 달했다.

고려는 국제 위상에 힘입어 주변에 있는 여러 세력들을 포섭하면서 독자적인 세력권을 구축했다. "송은 매번 왕을 칭찬하는 글을 보내왔고 거란은 매년 왕의 생신을 축하하는 의례를 치렀으며 동쪽에 있는 왜국에서 바다를 건너 보배를 바쳤고 북쪽에 있는 여진들도 관문에 들어와서 토지와

---

29 김성규, 「고려 전기의 여송麗宋관계 - 송조宋朝 빈례賓禮를 중심으로 본 고려의 국제지위 시론」, 『국사관논총』 92(국사편찬위원회, 2000).

주택을 받았다"[30]는 지적은 달라진 고려의 위상을 잘 보여준다.

고려는 거란(요)과 크고 작은 충돌을 겪었으나 이 무렵 사대책봉 관계를 통해 평화적인 분위기를 조성했다. 고려는 거란으로 파견하는 사신의 횟수도 대폭 늘렸다. 숙종(재위기간 1095~1105)은 한 해 평균 4회, 예종은 한 해 평균 2회 정도 사신을 보냈다. 특히 숙종은 기회가 있을 때마다 거란에 대규모 사절단을 파견해 긴밀한 관계를 유지하려고 힘썼다.

고려는 송과도 외교 관계를 재개했다. 거란전쟁 이후 송과 단교한 상태에서 비공식적인 관계를 유지하다가 1071년(문종 25)에 다시 물꼬를 텄다. 동시에 고려는 여진 부족장들에게 고려의 무산계武散階와 향직鄕職 등을 수여해 영향력을 확대해나갔다. 고려의 국가 제사 가운데 하나인 팔관회八關會에 송 상인이나 여진·일본 사람들이 참여한 것도 고려의 위상을 단적으로 드러내준다.

고려는 국제 정세의 안정 속에서 현종 이후 덕종(재위기간 1031~1034), 정종(재위기간 1034~1046), 문종(재위기간 1046~1083) 그리고 숙종이 대를 이으면서 건국 이래 최고 융성기를 맞이했다. 덕종·정종·문종은 모두 현종의 아들로서 왕위에 올라 태평성대를 이룩한 것이다.

이 중 문종은 덕종과 정종이 닦아놓은 안정된 기반을 바탕으로 괄목할 만한 치적을 쌓았으므로 더 눈여겨볼 만하다. 일반적으로 '문종'하면 떠올릴 만한 이미지가 많지 않을 터이나 대각국사 의천義天(1055~1101)의 아버지라고 하면 다소나마 친근감을 느낄 것이다.

태조 왕건 이래 문무를 겸비한 군주로 추앙받은 문종은 재위 37년간 찬란한 치적을 남겨, 이 시절에는 국가가 부강하고 창고 곡식이 넘쳐날 만큼

---

[30] 『고려사』 권9, 세가 문종 37년 7월 이제현李齊賢찬贊.

태평시대를 구가했다는 평을 받았다.³¹ 문종은 제도를 크게 정비하는 가운데 국방에도 관심을 기울였다. 합리적인 군제 개편, 궁노弓弩 및 혁차革車(충격을 완화하기 위해 바퀴 날에 가죽을 입힌 전차) 뇌등석포雷騰石砲 등 성능이 우수한 무기의 개발과 보급, 동해와 남해를 잇는 해안 요새의 구축, 군량·무기의 비축, 군사 훈련의 강화 등을 통해 군사력 증강에 박차를 가했다.³²

여진 정벌을 단행한 숙종과 예종은 문종의 뒤를 이어 즉위한 국왕들이다. 숙종 및 예종 대에 활동한 박호朴浩는 고려 국왕에게 축원을 올리면서 "황상폐하께서는 하늘이 독특한 지혜를 내리셨으니 날마다 국정을 친히 살피심에 밖으로 무공武功을 거두어 사방이 모두 태평하고, 안으로 문덕文德을 닦아 삼대三代와 같은 문풍文風을 이루셨습니다"³³라고 추앙했다.

이 글은 얼핏 지나친 찬사처럼 보이기도 하나 11세기 고려의 번영과 성세를 잘 표현하고 있다는 측면에서 유의 깊게 음미할 필요가 있다.

천리장성의 축조

한반도에는 고대로부터 외침에 대비하기 위해 수많은 성곽들이 축조되었다. 성곽은 쌓는 위치와 기능에 따라 도성都城·읍성邑城·산성山城·진보鎭堡 등으로 나눌 수 있다. 이 가운데 한반도는 산지가 많아 주로 산성이 축

---

31 『고려사』 권9, 세가 문종 37년 7월 이제현찬.
32 민현구, 「고려전기의 대외관계와 국방정책 - 문종대文宗代를 중심으로」, 『고려정치사론』(고려대출판부, 2004), 122-127쪽.
33 『동문선東文選』 권34, 사시연표謝侍宴表.

조되었다. 산의 자연적인 지세를 최대한 활용해 능선을 따라 꾸불꾸불 펼쳐진 산성은 한반도로 들어오는 외적의 공격을 무력화시키는 역할을 톡톡히 수행했다.

일찍이 당 태종이 고구려를 치기 위해 여러 신하들에게 계책을 묻자 "고구려는 산을 의지해 성을 만들기 때문에 쉽게 함락할 수 없습니다"라고 대답했다 한다. 고려시대에도 거란이 고려를 치려고 하자 그 신하가 "고려인들은 새처럼 산성에 깃듭니다. 대병력이 가도 성공을 거두지 못할 뿐 아니라 자칫하면 제대로 돌아오지도 못할 것입니다"[34] 했다 한다.

고려 역시 태조 대부터 북부지역의 전략적 요충지에 성곽을 쌓았고 그 결과 거란이 한반도를 침입했을 때마다 번번이 패배를 안겨주었다. 고려는 여기서 자만하지 않았다. 1033년(덕종 2)에 북방민족의 잦은 침구에 효과적으로 대처할 큰 프로젝트 하나를 마련했다.

거란 전쟁(993~1019)이라는 값비싼 교훈을 바탕으로 북쪽의 군사 요충지를 동서로 잇는 장성 축조의 첫 삽을 뜨게 된 것이다. 천리장성은 한 번에 이루어진 사업이 아니었다. 덕종과 정종 대에 걸쳐 장기간 추진되었고 동북부를 개척하는 사업과 맞물리면서 이루어졌다.

천리장성은 서쪽에 압록강이 바다로 들어가는 곳에서 시작해 지금의 평안북도 의주 지역인 위원威遠, 홍화興化, 정주靜州, 영해寧海, 영덕寧德, 영삭寧朔(평북 철산), 운주雲州(평북 운산), 안수安水(평남 개천), 청색淸塞(평북 희천), 평려平虜(평남 평원), 영원寧遠(평북 희천 동쪽), 정융定戎, 맹주猛州(평북 맹산), 삭주朔州 등 13곳의 성을 거쳐, 오늘날 함경남도 영흥 지역인 요덕耀德 · 정변靜邊 · 화주和州에 연결되어 동쪽 바다로 이어졌다. 『고려사』에는 장성의 길이

---

[34] 유성룡, 『서애선생문집西厓先生文集』, 권15, 잡저雜著, 산성설山城說.

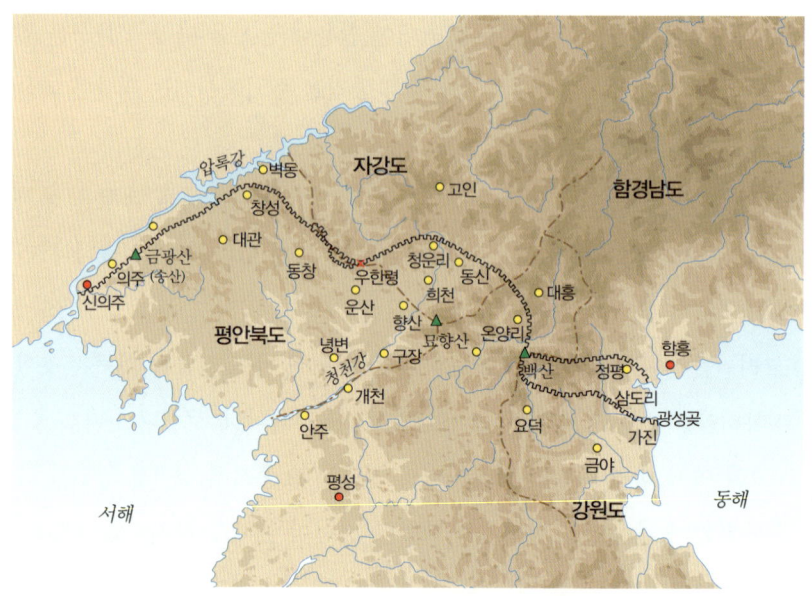

천리장성

가 천 여리에 뻗쳐 있고 높이와 폭이 각각 25척이라고 기록되어 있다.[35]

1차적으로 완성된 장성은 압록강에서 동해안까지 이르렀으나 동계東界 지역은 취약한 상태였다. 그래서 정종은 1044년(정종 10)에 오늘날 정평 일대인 장주長州와 정주定州 및 원흥진元興鎭에도 성을 축조했다. 이 사업으로 동북부의 장성은 금진천을 따라 정평을 거쳐 원흥진까지 연결되었고, 고려가 여진과 접경한 전초 기지가 화주(영흥)에서 정주로 북상하게 되었다.

이로써 1033년에 시작된 축성 사업은 1044년까지 12년 동안 진행되었고 사업을 마쳤을 때 고려의 북방에는 압록강에서부터 동해안 도련포까지 이어지는 대장성이 위용을 드러냈다.

천리장성을 쌓으면서 관문도 함께 만들어졌다. 서쪽으로부터 동쪽까지

---

[35] 『고려사』 권82, 지26 병2 성보城堡.

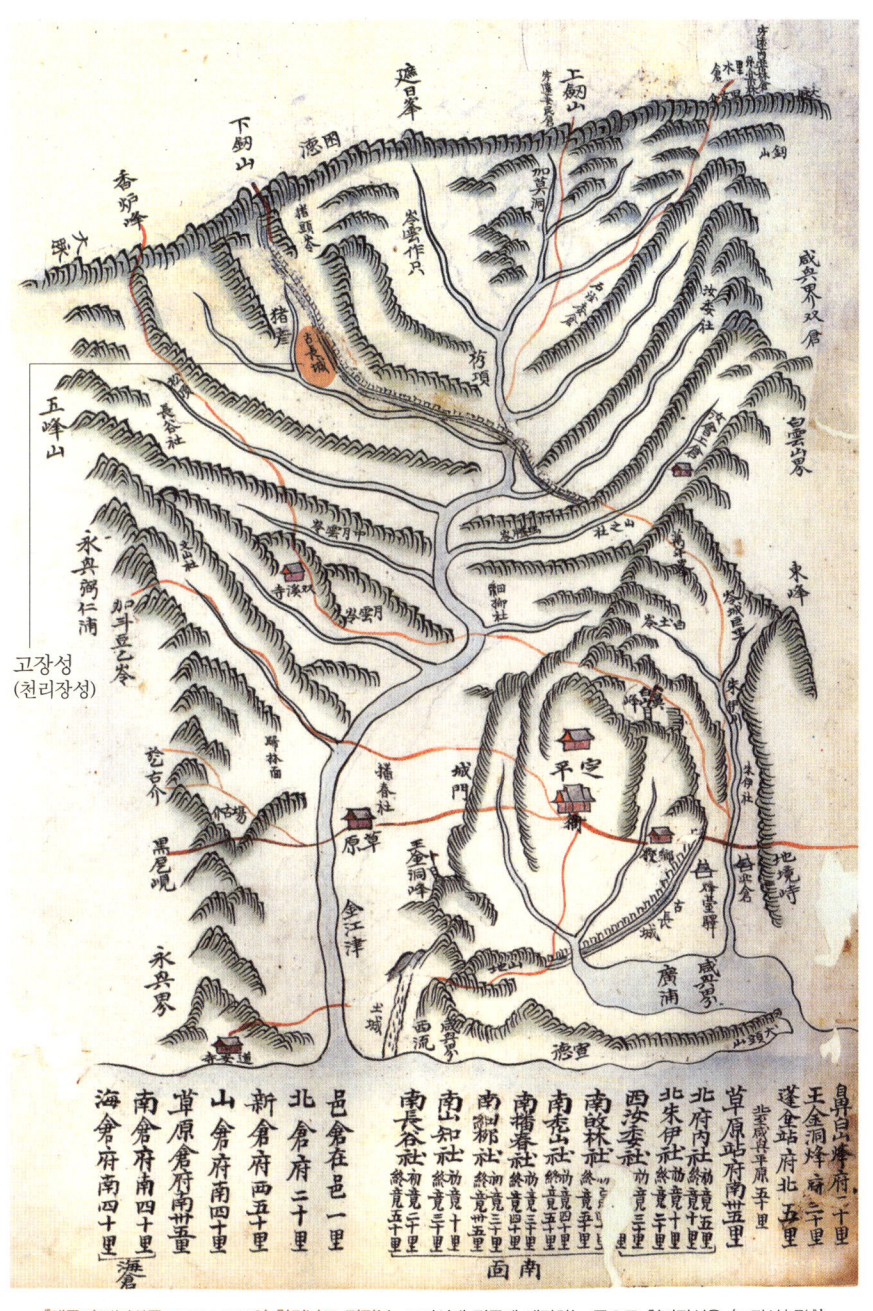

『해동지도海東地圖』(1750년대 초)의 함경남도 정평부 고려시대 정주에 해당하는 곳으로 천리장성을 '고장성古長城'으로 표시한 부분이 눈길을 끈다. 1차 여진 정벌 때에 임간이 이끄는 고려군이 정주성 밖으로 출동했다가 병력의 태반을 잃고 후퇴했다.

정주靜州, 의주, 정융진, 창주, 연주延州, 청색, 평로, 정주定州, 선덕, 원흥에 관문이 설치되었다. 이 가운데 가장 중요한 관문이 정주관·연주관·정주관이었다. 정주관靜州關은 거란과 통교가 이루어지는 창구였고, 정주관定州關은 동여진, 연주관은 서여진과 통교가 이루어지는 창구였다.36

고려가 추진한 천리장성 축조는 처음부터 주변국과 마찰을 빚으면서 순조롭지 않았다. 장성이란 대외적으로 국경 획정을 선포하는 의미를 담고 있으므로 주변국의 이해와 첨예하게 부딪칠 수밖에 없었기 때문이다. 고려에 제동을 건 쪽은 압록강을 사이에 두고 고려와 충돌하던 거란(요)이었다. 거란은 무력시위를 벌이면서 성곽 축조를 용인할 수 없다는 의사를 분명히 밝혔다. 거란은 고려가 천리장성을 축조하기 시작한 1033년에 정주靜州(평북 의주)를 공격했고, 1035년에도 고려가 양국의 우호관계를 회복하지 않은 채 성곽을 축조한다면서 강력하게 항의했다.37 그럼에도 불구하고 고려는 장성의 축조를 중단하지 않고 계속 진행했다.

고려 조정이 보여준 장성 축조에 대한 의지는 이 무렵 병서 간행을 통해서도 간접적으로 읽을 수 있다. 오늘날 고려시대에 간행된 병서는 2종 정도로 알려져 있다. 그중 하나가 1040년(정종 6)에 서북로 병마사의 건의로 북방의 중요 군사 기지에 보낸 『김해병서金海兵書』다.38

『김해병서』가 간행되어 배포된 시기는 천리장성의 축조가 진행되던 때였다. 이 병서의 내용은 알려져 있지 않으나 천리장성을 구축하면서 병서까지 간행해 북쪽으로 보낸 것은 이 지역에 대한 고려 조정의 높은 관심을 방증한다.

---

36 추명엽, 「고려전기 관關·진津·도渡의 기능과 상세商稅」, 『국사관논총』 104(2004), 141-144쪽.
37 『고려사』 권5, 세가 덕종 2년 10월 정미 ; 『고려사』 권6, 세가 정종 원년 5월 갑진.
38 정해은, 『한국 전통병서의 이해』(국방부 군사편찬연구소, 2004), 37쪽.

동서양의 역사를 통해서 볼 때 대규모 토목 사업은 많은 인력과 재정을 필요로 한다. 장기간 지속된 장성의 축조는 그만큼 국력에 대한 자신감을 보여준 사업으로 거란(요) 전쟁 이후 일구어낸 국가 번영이 있었기에 가능했다. 그리고 이 장성은 향후 12세기 초에 고려가 여진 정벌을 단행할 수 있는 중요한 전초 기지 역할을 수행하게 된다.

여진 정책의 변화

　고려는 전국을 크게 5도道와 양계兩界로 구분했다. 5도는 대체로 황해도 이남 지역으로 서해도 · 양광도 · 교주도 · 경상도 · 전라도로 구성되었다.
　양계는 동계와 북계北界로서 동계는 대체로 함경도와 강원도의 일부 지역을, 북계는 평안도 지역을 지칭했다. 시기에 따라 동북면東北面과 서북면西北面이라고도 불린 이 지역은 북쪽의 외적을 방어하기 위해 특별히 편성한 행정 단위였다.
　여진은 앞서 지적했듯이 이해관계에 따라 충성과 배반을 번복했다. 여진은 고려에 순종했다가도 기회를 엿보아 양계 지역에 출몰하면서 소요를 일으켰다. 일찍이 태조 왕건이 '인면수심'이라고 지적했을 만큼 여진의 변화무쌍한 태도는 고려 입장에서 여간 골칫거리가 아니었다.
　또한 바닷길을 이용한 동여진의 해적 행위는 거란전쟁 기간 동안 동계의 방비가 소홀한 틈을 타 더 극성스러워졌다. 동여진의 해적들은 동해안을 따라 영일이나 경주까지 내려와 약탈을 일삼았고 그에 맞서 고려도 해군력을 강화해야만 했다. 동여진의 해적 활동은 한반도를 벗어나 일본의 대마도나 북구주北九州 연안까지 미쳤으므로 일본에서는 동여진 해적을

'되적刀伊賊'이라 부르기도 했다.39

이런 상황에서 고려가 일관되게 펼친 여진 정책은 온건론에 입각한 회유와 복속이었다. 여진이 광범한 지역에 분산되어 있다 보니 무력으로 복속시키는 데에도 한계가 있기 때문이었다. 고려가 동여진을 회유하는 방식은 경제 혜택을 주거나 관직을 부여하는 것이었다.

여진 부족장들에게 지위와 세력에 따라 장군·대장군이나 각종 향직鄕職 등을 수여했다. 그리고 여진들이 가축이나 말, 모피류를 가지고 조공하면 이에 대한 답례로 식량과 옷감 그리고 철제 농기구 등 필요한 물품을 주었다.

그러나 고려의 여진 정책은 일부만 성공했을 뿐이었다. 예컨대, 문종이 왕위에 있는 37년 동안 여진이 고려에 투항하여 귀화한 횟수만 130회이나, 고려를 침략한 횟수도 24회에 달했다.40

고려는 여러 가지 회유책에도 불구하고 여진의 침구가 끊이지 않자 기존의 방식에서 탈피해 다른 대책을 고안했다. 그것은 귀순한 여진인들의 정착을 유도하기 위해 자치주를 운영하도록 하는 '귀순주(기미주羈縻州)' 정책이었다.

문종 대에 시행된 이 제도는 고려에 귀순한 여진인들에게 고려식의 촌락 이름을 부여하고 여진 부족장을 도령都領으로 임명해 다스리도록 했다. 곧 고려에 예속된 자치 지역을 만들어 고려의 관할로 들어오도록 하는 정책이었다. 만약 이 제도가 성공한다면 귀순한 여진인들이 모여 사는 촌락

---

39 최규성, 「북방민족과의 관계」, 『한국사』 15(국사편찬위원회, 1995), 320쪽. '도이刀伊'는 우리말의 되狄를 음역한 것이다.
40 김상기, 「여진관계의 시말과 윤관의 북벌」, 『동방사논총』(서울대출판부, 1974), 477-506·520-550쪽.

은 고려의 영토나 다름없다고 할 수 있다.

다행히 문종 대에 실시한 귀순주 정책은 대단히 성공적이었다. 1073년(문종 27) 무렵 천리장성 밖 경성鏡城 이남 지역까지 촌락이 형성되었다. 고려는 귀순주에 사는 여진들에게 고려식의 성명을 내리고 관직을 주거나 생필품도 내주었다.

그러나 귀순주 정책의 부작용도 만만치 않았다는 점에 유의할 필요가 있다. 가장 큰 문제는 동여진 내부의 갈등으로 야기된 고려에 대한 적대 행위였다.

동여진 내부에 친親 고려파가 양성되면서 그렇지 않은 사람들과 반목과 갈등이 불거졌고 상호 적대 행위는 물론 고려에 대한 침구 행위도 심심치 않게 발생했다. 하나의 사례로 1080년에 동여진이 난을 일으키자 문종은 기병·보병 3만을 정주로 출정시켜 10여 촌락을 평정하기도 했다.[41]

고려로서는 관용적인 태도와 유화 정책의 한계를 뼈저리게 느끼게 하는 사건이었다. 여진 정책에 대한 새로운 돌파구가 필요한 시점이었다.

---

[41] 『고려사』 권9, 세가 문종 34년 12월.

3. 제1차 여진 정벌

여진 정벌의 배경

현재 한국 사학계에서는 일반적으로 고려왕조를 무신정변(1170년)을 기점으로 전기와 후기로 구분한다. 이와 달리 일각에서는 12세기부터 13세기 중반까지를 '고려 중기'로 특별히 지칭하기도 한다.

고려 전기가 고려의 기틀과 뼈대를 만드는 시기였다면 고려 중기는 이자겸의 난(1126년)·묘청의 난(1135년)과 무신정변 등 집권층의 갈등과 대립이 노골화되고 민의 반란과 유망이 끊이지 않던 커다란 변동의 시기였다고 보는 것이다.

역사에서 시기 구분이란 연구자의 시각과 입장을 반영한 결과물로서 나름대로 의미를 담고 있다. 그런데 우연의 일치일지 몰라도 고려 중기를 시작하는 첫머리에 여진정벌이라는 큰 사건이 자리하고 있어 고려가 여진 정벌을 단행한 배경에 대해 궁금증을 유발하고 있다.

동서양을 막론하고 정벌이란 막대한 비용과 군사력을 투입해야 한다. 윤관尹瓘은 2차 정벌 당시 "군사 조련에 비용이 많이 들어 중앙과 지방이 소란할 뿐 아니라 기근과 유행병까지 겹쳐 백성의 원망이 일어났다"고 지적했다.42 결코 여진 정벌이 쉽게 결정할 수 있는 일이 아니었다는 뜻이다. 또한 여진 정벌을 일으킨 숙종은 남경으로, 예종은 서경으로 수도를 천도하려고 시도한 국왕이었다. 그렇다면 12세기 초 고려가 여진 정벌을 한 배경은 무엇이고 이 사건은 향후 고려 사회에 어떤 영향을 끼쳤을까?

고려가 정벌의 목표로 삼은 대상은 완옌부 여진이었다. 고려와 완옌부 여진이 정면충돌한 곳은 가란전 지역이었다. 가란전의 위치는 현재까지도 논란이 많으나 대체로 함흥평야에서 두만강 유역에 이르는 토착 여진의 거주지로 보고 있다.43

가란전 지역의 여진인 중에는 고려에 귀순해 토지나 집을 받아서 호적에 편입한 친親 고려파들이 많은 편이었다. 그런데 완옌부 여진이 점차 강성해지자 완옌부 여진 쪽으로 붙으려는 부족들도 나타났다. 완옌부 여진의 등장으로 가란전 지역의 여진인들은 이제 생존을 위해 어느 한쪽을 선택해야만 하는 상황에 직면했다.

완옌부 여진이 가란전을 공략하기 시작한 시기는 잉거(목종) 말년이었다. 잉거가 사망한 해는 1101년(『요사』, 『거란국지』) 또는 1103년(『금사』)이라는 설이 있는데 잉거가 1103년(숙종 8) 11월까지 고려에 사신을 파견하고 있으므로 12세기를 전후해 가란전 공략을 착수한 것이다.

그러나 잉거 대에는 뜻을 이룰 수 없었다. 잉거가 석적환을 파견해 가란전의 여진인들을 세력권 안으로 편입시키려 했으나 목적을 달성하지 못하고 말았다. 1102년 석적환 부대가 정주성 관문까지 내려온 일도 이 일과

---

42 『고려사』 권96, 열전 윤관.
43 김한규, 『요동사』(문학과지성사, 2004), 481쪽.

윤관 초상(시도유형문화재 제160호 청원군) 문·무복 차림을 한 2폭의 전신상으로 갑옷을 입고 있는 무관상은 마치 불교의 천왕상과 비슷하다.

관련이 있다고 판단된다.

우야슈(강종)는 즉위하자마자 숙부 잉거의 유지를 잊지 않았다. 즉위한 이듬해에 잉거의 유지를 계승해 다시 장수 석적환을 가란전으로 보냈다. 완옌부 여진이 공격 대상으로 삼은 것은 우야슈에 적대적이면서도 친고려적인 성향을 띤 여진 촌락이었다.

대표적으로 고려와 우호관계를 맺고 있으면서 우야슈에 반기를 든 부내로 夫乃老를 꼽을 수 있다. 우야슈가 이들을 적극 공략한 배경에는 세력을 확대하려는 의지 못지않게 군사력 증강을 위해 여진 촌락을 다수 확보하는 일도 시급했기 때문이다.

이 과정에서 석적환 부대에 패한 여진 가운데 일부가 고려 영내로 도주했다. 오수五水 유역에 살던 여진들이 대부분 고려로 들어왔고, 완옌부 여진에서 임명한 단련사團練使 14명도 고려군에 체포되었다. 고려 측 기록에는 1104년 1월 6일에 동여진 남녀 1,753인이 귀순했다고 하는데 아마 완옌부 여진의 침공을 피해 온 사람으로 판단된다.44 석적환 부대는 고려로 피신하는 여진인들을 추격해 내려왔고, 마침내 천리장성이 연결된 정주(함경남도 정평)의 관문까지 이르게 된 것이다.

정주성은 천리장성이 동북쪽으로 뻗어나가는 끝부분에 있는 관문으로 동여진과 맞닿아 있는 최전방이었다. 관문이란 국경이나 요충지에 설치하여 출입을 통제하던 곳으로 고려의 북방 국경선이라 할 수 있다. 관문은 천리장성을 쌓으면서 설치되었고 보통 각 지역의 행정이나 군사 요지의 이름을 따서 '○○관關'으로 표현되었다.

따라서 고려가 완옌부 여진이 정주관까지 내려오자 자국 영토를 침범하는 무력 도발로 판단한 것도 무리가 아니었다. 또 광주에 억류 중인 여진 추장 쉬정과 로푸 등을 심문한 결과 고려를 침략하려 했다는 말도 들은 터였다.

이제 동북지방으로 뻗어가려는 고려와 이 지역을 삶의 터전으로 삼으면서 세력을 확대해나가려는 완옌부 여진의 충돌은 불가피해졌다. 고려 조정에서는 동북면의 여진 문제를 둘러싸고 의견이 갈렸다. 여진을 정벌하자고 주장한 사람들은 임언林彦과 이일숙李日肅 등이었다. 반면에 이영李永은 회의적인 입장을 표명했다. 여진이 침략도 하지 않은 상태에서 군대를 출동하는 것은 바람직하지 않다고 주장했다.

---

44 『고려사』 권12, 세가 숙종 9년 1월 신사.

숙종은 찬반양론 속에서 갈등하다가 1104년 1월 8일에 임간을 동북면 총책임자로 임명하여 북쪽으로 파견했다. 석적환 부대가 정주 관문에 나타난 지 이틀 만에 이루어진 조치였다.

숙종이 여진 정벌을 결정하기까지 당시 정치 상황도 작용했다는 점에 주목할 필요가 있다. 숙종은 이자의李資義의 난을 진압한 이후 자신의 어린 조카 헌종으로부터 왕위를 양보받아 즉위한 인물이다.

정치적 입지가 불안한 숙종은 외척이나 문벌귀족들의 세력을 누르고 왕권을 강화하기 위한 여러 시책을 최대한 동원해야 했다. 따라서 여진 정벌은 윤관 등 새로운 정치세력을 등장시켜 반대 세력을 최대한 억제하고자 한 숙종의 의도도 한몫을 했다.

고전을 면치 못하는 고려군

1104년(숙종 9) 1월초 완옌부 여진의 부대가 정주관 밖에서 진을 치자 숙종은 즉각 군대를 편성하여 동북면으로 파견했다. 총지휘관인 판동북면 행영병마사에 임간을 임명하고, 이위李瑋를 서북면 행영병마사로, 김덕진金德珍을 동북면 행영병마사로 임명했다.45

임간은 군사를 이끌고 동북면을 향해 출발했다. 당시 기록들을 꼼꼼하게 살펴보면 숙종이 군대를 파견한 일차적인 목적은 "현지로 가서 만일을 대비"하라는 것이었다. 이로 보아 제1차 정벌은 본격적인 정벌 의지가 담긴 출병은 아니었다고 본다.

---

45 『고려사』 권96, 열전 윤관.

임간이 이끄는 고려군이 여진과 전투를 벌인 때는 2월이었다. 임간 부대가 정주성을 나와 어느 지역까지 진격했는지, 당시 전투가 어떻게 전개되었는지 구체적인 내용은 알 수 없다. 당시 기록에 "정주성 밖에서" 싸웠다고 하므로 아마도 전투 공간은 정주성이 위치한 정평 지역을 크게 벗어나지 못했다고 생각한다. 임간에 이어 3월에 출정한 윤관 부대의 전장터로 장주가 언급된 점도 이와 같은 추정에 힘을 실어준다. 장주 역시 정주에서 서남쪽으로 20km 이내에 위치한 곳이었다.

임간 부대가 이끄는 고려군은 여진군과의 싸움에서 고전을 면치 못했다. 기록에 의하면 임간 부대는 병력의 태반을 잃을 정도로 참패를 당했다.[46] 다행히 중추원 별가別駕 척준경拓俊京이 적진으로 돌격해 적장 1명을 죽이고 고려군 2명을 구출해내는 성과를 냈다. 별가란 중추원에 속한 하급 아전에 불과한 직책이었다.

이에 힘입어 교위校尉(50명으로 이루어진 오伍의 지휘관) 준민俊旻과 덕린德麟도 적병 1명씩을 사살했다. 이들의 용전으로 여진군이 조금 퇴각하자 고려군들도 이 틈을 이용해 복귀했는데 여진 기병 100여 명이 빠른 기동력을 이용해 추격해 왔다.

척준경이 인점仁占과 함께 다시 적장 2명을 사살했다. 지휘관을 잃은 여진군은 고려군이 강공으로 나오자 공격을 중단했다. 여진군이 우왕좌왕하는 사이에 고려군은 비로소 정주성으로 들어왔다. 그러나 여진군들이 정주 선덕관성宣德關城까지 들어와 살해와 약탈을 저지르는 바람에 민간인 피해가 매우 컸다.[47]

---

[46] 『고려사절요』 권7, 숙종 9년 2월.
[47] 『고려사』 권96, 열전 윤관 ; 『금사』 권135, 열전73 외국 하下 고려高麗.

성과 없는 귀환

패전 소식을 접한 고려 조정은 패장 임간을 파직하고 후임으로 윤관을 동북면으로 급파했다. 3월 4일 윤관은 임간의 실패를 본보기로 삼아 병력을 이끌고 진격해 여진을 공격했다. 이 전투에서 고려군은 여진 30여 명의 목을 베는 성과를 올렸으나 "죽거나 부상당한 고려군이 태반"이라 하듯이 많은 사상자를 내고 말았다.[48]

윤관은 전황이 고려에게 점차 불리해지자 백기를 들고 귀환했다. 『고려사』에서도 "겸손한 언사로 적과 화의를 하여 맹약을 맺고 돌아왔다"고 적고 있다. 고려는 화의를 맺은 대가로 고려에 붙잡혀 있던 사자使者 6명과 단련사團練使 14명을 여진에게 넘겨주었다.

당시 전투에 대해 『금사』에는 석적환이 이끄는 여진군 500여 명이 벽등수闢登水에서 고려군을 맞아 접전을 벌였고, 퇴각하는 고려군을 벽등수까지 쫓아 들어가는 바람에 고려 경계까지 넘어갔다고 기록했다.[49]

결과적으로, 1104년 1월부터 3월까지 3개월여에 걸쳐 진행된 여진 정벌은 여진에게 심대한 타격을 주기는커녕 실패로 끝나고 말았다. 고려는 병력 손실은 물론 여진이 정주 선덕관성까지 쳐들어 오는 바람에 민간인 피해도 컸다.

이와 달리 여진은 이 싸움을 통해 얻은 것이 많았다. 무엇보다도 고려에게 강한 인상을 심어주었고 고려와 영토의 경계를 정하는 성과를 거두었

---

[48] 『고려사』 권12, 세가 숙종 9년 3월 정축.
[49] 『금사』 권135, 열전73, 외국 하, 고려. 벽등수의 위치에 대해 일제시대 일인학자들은 함경남도 함흥 근처 성천강城川江이라 판단했고, 최근 우리나라 학자들은 함남 단천端川의 복대천福大川으로 추정하고 있다〔『동국병감』(국방부전사편찬위원회, 1984), 205쪽〕.

다. 내부적으로도 친고려파를 숙청하고 결속을 다지는 기회로 삼았다. 우야슈는 석적환을 파견해 삼잔수三潺水(북청)에 막부幕府를 설치한 후 친고려파 수장들을 숙청하고, 나머지 사람들에 대해서는 불문에 붙여 민심을 진정시켰다.[50]

그러나 아직 힘이 강성하지 못한 완옌부 여진은 고려와 대치 상태를 부담스럽게 여겼다.[51] 3개월 후인 1104년 6월 완옌부 여진은 영토의 경계를 정하기 위해 세운 성책들을 스스로 철거하고 사절 68명을 정주 관문으로 보내 고려에 화의를 요청했던 것이다.

정보 부재가 낳은 실패

1104년 초 고려와 여진의 싸움은 고려의 예상을 뒤엎고 실패하고 말았다. 고려의 실패 요인에 대해서 『고려사』에서는 임간이 여진을 얕보고 적진 깊이 들어간 것이 패인이라고 진단했다. 『고려사절요』에서는 임간이 전공을 탐낸 나머지 제대로 훈련되지도 않은 군대를 급히 동원해 싸우다가 패했다고 분석했다.[52] 이를 근거로 하여 임간의 실책이 자주 지적되고 있으나 이에 대해 만족스럽게 설명된 것은 없다.

일반적으로 제1차 여진 정벌이라고 부르는 이 싸움은 주도면밀하게 계획한 정벌이 아니었다. 숙종이 임간 부대를 파견한 목적은 여진의 공격에 대비하는 것이었다. 임간이 따로 숙종의 밀지를 받았는지 여부는 알 수 없

---

[50] 『금사』 권135, 열전73 외국 하 고려 .
[51] 『고려사』 권12, 세가 숙종 9년 6월 갑인.
[52] 『고려사』 권96, 열전 윤관 ; 『고려사절요』 권7, 숙종 9년 2월.

으나 사료에서 드러난 일차적인 목적은 방어였지 정벌이 아니었다.

그러나 임간은 여진을 제압할 수 있다는 자신감에 충만해 동북면의 여진 촌락을 향해 진격했다. 당시 여진 정벌을 찬성한 국경 수비 군관이던 변장 이일숙이 숙종에게 "여진이 허약하니 크게 두려울 게 없습니다. 지금 좋은 기회를 잃고 치지 않으면 후에 반드시 근심거리가 될 것 입니다"53라고 건의했듯이 고려에서는 오랫동안 고려에 복속되어 있던 여진을 얕보았다.

임간 역시 마찬가지였다. 임간이 전통적으로 여진에 대한 고려의 우위만 믿고 적의 전력에 대한 정확한 파악 없이 경솔하게 진격한 것이 패인이었다. 임간에 이어 급파된 윤관 부대마저 실패하고 돌아왔다는 사실은 고려가 여진에 대한 군사 정보가 빈약했다는 사실을 잘 입증한다.

제1차 여진 정벌에 대한 기록이 미비해서 임간 부대가 최후 공격 목표로 잡은 지점을 알기 어려우나, 여러 정황으로 미루어 보건대 이위伊位(함경북도 길주) 북쪽에 있는 병목[甁項]으로 추정된다.54

이위의 경계선 지점에는 산줄기가 잇달아 있다. 그 산줄기는 동해안에서 우뚝 솟아서 고려 북쪽 변방까지 뻗쳤는데 지세가 험준하고 산림이 무성해 사람이나 말들이 지날 수 없다. 그사이에 길 하나가 있으니 보통 '병목'이라 한다. 그곳을 출입하는 데는 구멍穴 하나만 있을 뿐이어서 만약 그 길을 막는다면 여진의 길은 끊긴다고들 했다.55

---

53 『고려사절요』 권7, 예종 2년 10월 임인.
54 병목이 어디인지 정확하지 않으나 오늘날 함남과 함북의 경계를 이루는 마천령산맥 근처 또는 함북 길주와 명천 사이에 있는 험준한 계곡으로 보고 있다(임용한, 『전쟁과 역사(2) - 거란·여진과의 전쟁』, 298쪽).
55 『고려사절요』 권7, 예종 2년 10월 임인.

고려군의 작전 목표는 여진들이 남북으로 오가는 유일한 통로인 병목 일대를 확보, 차단하는 것이었다. 공명심 강한 사람들은 이 좁은 길만 끊어낸다면 오랑캐의 통로를 막을 수 있다고 부추겼다.

그러나 실제 이곳은 예상대로 험준한 곳이 아니라 오히려 사통팔달한 곳이었다. 1차 정벌 당시에는 여기까지 가보지도 못한 채 후퇴하고 말았는데, 1107년 2차 정벌 때 실제 이곳까지 진격하고 보니 병목은 "수륙水陸으로 도로가 통하지 않는 곳이 없어 앞서 들은 내용과 매우 달랐다"고 한다.[56]

프로이센의 장군이자 전쟁이론가인 클라우제비츠Karl von Clausewitz(1780~1831)는 "모든 군사 행동은 정보의 힘과 그 효과로 가득 차 있다"고 설파한 적이 있다. 고려는 여진에 대한 전력 탐색은커녕 지리적 환경에 대한 정확한 정보 수집 없이 적진으로 향했다가 신속한 기동력으로 대응하는 여진에게 패하고 말았다.

재정벌 준비 : 별무반 창설

고려는 여진에게 패한 후 심한 충격에 휩싸였다. 숙종이 "원하노니 신명께서 도움을 내려 적을 소탕하게 해주시면 그 땅에 사찰을 창건하겠나이다"라고 기원할 정도로 패배의 아픔이 컸다.[57]

다행히 고려는 눈물만 흘리고 있지 않았다. 패전의 기억을 떨쳐내고 재빨리 본격적인 정벌 준비에 착수했다. 제1차 때의 실패를 만회하기 위해

---

[56] 『고려사』 권96, 열전 윤관.
[57] 『고려사』 권96, 열전 윤관.

심혈을 기울인 부분이 새로운 기병부대의 창설이었다. 숙종은 처음 임간 부대가 실패했을 때에 여진을 얕본 결과라고 판단했다. 그러나 윤관마저 만족할 만한 성과를 거두지 못한 채 귀환하자 고려군의 실패가 결코 실수가 아니라는 사실을 인정해야만 했다.

정벌에서 귀환한 윤관은 "적의 세력이 완강해 무슨 변을 일으킬지 예측하기 어려우므로" 여진과 싸우려면 일단 군사들을 휴식시킨 뒤 새로운 전술을 개발해야 한다고 피력했다.[58] 그리고 윤관은 중요한 패인으로 "적군은 기병인 반면에 아군은 보병"이어서 고전했다고 진단했다.

보병과 기병 중 어느 병과가 우월한가 하는 문제는 각 시대별 또는 전장의 상황에 따라 달라질 수 있다. 로마시대에는 보병이 결정적인 병과였으나 중세에는 기마민족 또는 반기마민족이 병역을 전담하면서 보병은 기병의 보조 전투력으로 전락했다.[59]

고려는 과거 거란(요) 전쟁의 경험을 통해 기병을 앞세운 거란군을 저지하기 위해 수성전을 위주로 한 보병 전술 즉 궁수弓手와 노수弩手의 확보에 많은 노력을 기울였다. 그러다 보니 소부대 단위로 산이나 들에서 기습적으로 공격해 오는 여진 기마병을 제압할 수 있는 수단이 미비했던 것이다.

그리하여 1104년 12월에 창설된 부대가 별무반別武班이었다. 별무반은 우수한 군사를 확보하기 위해 전국 각처에서 신분이나 직위를 가리지 않고 징발한 국민 총력 부대였다. 문·무 관리 및 서리로부터 상인·승려·천인 등 다양한 인적자원으로 구성되었다는 점에서 이전에는 찾아볼 수 없는 부대였다.

---

58 『고려사』 권96, 열전 윤관.
59 귄터 블루멘트리트 지음, 『전략과 전술』, 146쪽.

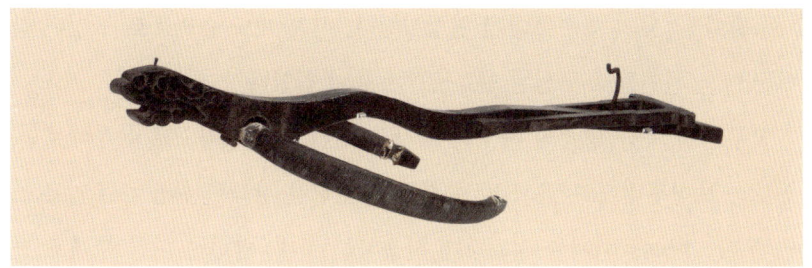

수노手弩 조선 후기. 개인용 쇠뇌로 노궁弩弓이 남아 있다. (전쟁기념관 소장)

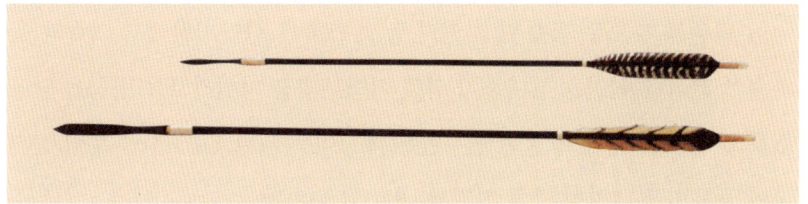

고려시대 쇠뇌에 사용된 화살 강노强弩에 사용한 대형 화살로 평안북도 동창군 학성리에서 출토된 쇠뇌의 화살촉을 복원한 것이다. (육군박물관 소장)

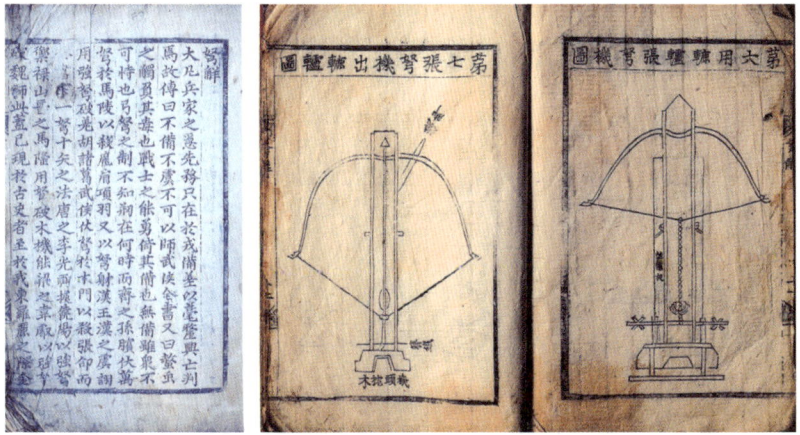

「노해」 영조 때 변진영이 저술한 쇠뇌에 관한 저작. 노弩를 녹로에 장착한 후 시윗줄을 걸어 당기는 모습. (육군박물관 소장)

별무반은 신기군神騎軍과 신보군神步軍 및 특수부대로 구성되었는데 신기군에 중점을 두었다. 말을 소유한 자는 신기군에 편성하고, 20세 이상 남자로서 과거시험 공부를 하지 않는 자는 신보 및 도탕跳盪, 경궁梗弓, 정노

精弩, 발화發火 등의 특수부대에 편성시켰다. 이 밖에도 승려들로 구성된 항마군降魔軍, 천인들로 구성된 연호군煙戶軍 등이 있었다.

별무반에 속한 병종의 특징은 자세하지 않으나 명칭으로 유추해보면, 신보는 보병부대, 도탕은 선발 돌격부대, 경궁은 강력한 활을 주무기로 쓰는 부대, 정노는 쇠뇌를 정교하게 사용하는 부대. 발화는 화공 부대로 판단된다.

이 병종들은 모두 동북면 지역의 좁고 가파른 산악지형에서 기습과 돌파력이 뛰어난 여진을 상대하기 위해 기병부대를 지원하고 백병전을 담당했을 것이다. 이렇게 창설된 별무반은 예종이 즉위한 1105년 말 무렵 신기군이 동북면에 배치될 만큼 성과를 내고 있었다.[60]

군기 확립

오늘날 고려시대 군법에 대해서는 알려진 내용이 많지 않다. 그런데 한가지 재미있는 사실은 『고려사』에 단편적으로 기록된 군법이 여진 재정벌을 앞두고 강화되었다는 점이다.

고려 조정은 군사력과 군 기강이 표리 관계에 있다는 평범한 진리를 잊지 않았다. 그래서 여진에게 패한 원인 가운데 하나로 군 기강 해이를 지목하고 군법을 강화했다. 고려는 거란(요)이 침공했을 당시 전군에 시행한 군령을 1106년(예종 1)에 부활해 매섭고 엄격한 규정을 다시 적용했다.[61]

---

60 『고려사』 권96, 열전 오연총.
61 『고려사절요』 권7, 예종 원년 7월.

군법의 내용은 다음과 같다.[62]

- 1차 군사 훈련 소집에 응하지 않은 자는 관직 고하를 불문하고 등에 곤장 15대를 친다(척장脊杖)[63].
- 2차 군사 훈련 소집에 응하지 않은 자, 전진 또는 후퇴할 때 대오를 이탈한 자, 유언비어로 군사들을 현혹하는 자, 무기를 떨어뜨리거나 분실한 자, 대정 이하의 장교로서 명령을 받고도 전달하지 않거나 전해 듣고도 불복한 자, 상관을 구하긴 했으나 죽게 한 자, 군사기밀 누설자, 적이 아군 진지에 잠입한 것을 알고도 보고하지 않은 자는 모두 등에 곤장 20대를 친다.
- 군 소집 기일을 어긴 자, 도망칠 의도로 적과 싸우지 않거나 망동한 자, 장수 명령에 불복한 자, 무기를 적중에 내버린 자, 상관을 구원하지 않아 죽게 한 자, 전투 중 위급에 처한 인접 부대나 전우를 구원하지 않은 자, 동료 무기를 빼앗거나 전공을 가로챈 자, 장군·장교로서 적과 싸우지 않거나 진중으로 도망쳐오거나 투항하자고 말한 자, 배치된 진지에서 적의 돌격을 막아내지 못한 자들은 모두 참형에 처한다.
- 적에게 투항한 자는 가산을 몰수하고 부인과 자식을 처벌한다.
- 항복한 적군을 보고하지 않고 함부로 죽인 자는 곤장 20대를 친다.

위의 군법에서 주목할 점은 군기 유지에 곤장이 중요한 역할을 했는데, 등뼈를 때리는 형벌은 매우 가혹하여 당시 군인들이 두려워하는 형벌이었다. 이보다 더 혹독한 형벌은 군 소집 기일을 어긴 사람을 참형에 처한 점이

---

62 『고려사』, 권85, 지39 형법2 군율.
63 척장 : 장형 가운데 하나로 척추가 있는 등 부위를 때리는 형벌.

다. 오늘날 시각으로는 이렇듯 가혹한 처벌 행위를 이해할 수 없을 것이다.

당시 군인으로 동원된 사람들은 생업에 종사하는 일반 민들이었다. 이들은 평상시 직접 농사를 짓거나 각종 생산 활동에 종사하고 있으므로 늘 징집할 수 있는 상황이 아니었다. 그러다가 전시나 비상시에 소집 요청이 떨어지면 지정된 장소에 집결했다.

따라서 전국에 분산되어 있는 장정들을 전쟁 수행을 위해 신속히 징집하는 것은 여간 힘든 일이 아니었다. 그러므로 유사시 기한 안에 병력을 모으기 위해 참형이라는 엄격한 군법을 적용해 복종하도록 만들어야 했다.

한편 마지막 항목인 항복한 적군을 보고하지 않고 함부로 죽인 자의 경우 현종 대에는 참형에 처했으나 이때는 곤장 20대로 줄여놓았다. 이 조치는 얼핏 보면 형량을 완화한 듯하나 내용은 항복한 여진인들에 대한 재량권을 더 부여하는 것이어서 당시 고려 조정이 여진인에 대한 적개심이 매우 높았음을 잘 보여준다.

4. 제2차 여진 정벌

재정벌을 선언하다

  고려는 1107년(예종 2) 윤10월 여진 정벌을 다시 단행했다. 1차 정벌 이후 3년이 넘은 시점이었다. 제2차 정벌은 1차 정벌과 확연하게 성격이 다른 정벌로 몇 년간 군사력을 치밀하게 다지면서 준비한 정벌이었다.

  아쉽게도 숙종은 여진 정벌의 숙원을 이룩하지 못한 채 1105년 10월 서경으로 행차하는 도중에 죽음을 맞이했다. 숙종의 유훈을 받든 예종은 즉위 후에 군사적 긴장감이 고조되고 있던 동북면을 예의 주시했다. 예종은 1105년 11월에 정보 수집을 위해 신하들을 동북면으로 보내 지형을 정찰하고, 12월에는 재상들을 불러 동북면 문제를 논의했다.

  예종은 1106년 1월에 별무반 신기군을 사열했고, 윤관·오연총吳延寵 역시 신기·신보군을 사열한 후 새로 편성한 별무반의 능력을 점검했다. 또 병마사 김덕진과 부사 임신행을 동북면에 임시로 파견해 만약의 사태에 대비하도록 했다. 이듬해인 1107년 3월에도 유태수를 서북면으로, 임언을 동북면으로 파견해 여러 성城들의 전투 준비 상황을 파악했다.

그런데 예종은 여진 정벌의 의지를 불태우던 숙종과 달리 여진 정벌에 대해 다소 모호한 입장이었다. 즉위 직후 예종은 서경에 궁궐을 신축하는 등 왕권을 신장하기 위한 국내 정치에 주력했다.

때맞추어 완옌부 여진은 예종이 즉위하자마자 지난번 1차 정벌 때에 고려군에게 타격을 입힌 장수 지훈之訓을 파견해 자자손손 복종하며 조공하겠다는 의사를 밝혀왔다.[64] 이에 예종은 완옌부 여진에 대한 의심을 풀고 동북면에 임시로 파견한 지휘관들을 소환하는 조치를 취했다.

그러나 동북면의 상황은 고려의 바람과 달리 심각한 단계로 접어들었다. 1107년 국경에서 여진의 동태에 관한 보고서가 도착했다. 보고서 내용은 "여진이 강해져서 우리 변경에 있는 성들을 침입하며, 그 추장이 바가지 한 개를 갈까마귀 꼬리에 달아 각 부족으로 돌면서 큰일을 의논하고 있으니 그들의 심중을 알 수 없다"는 것이었다.[65] 동여진 지역에서 군사 행동 및 결속의 기미가 포착된다는 이 보고는 숙종의 유훈을 잊지 않고 있던 예종에게 큰 부담이었다.

그럼에도 불구하고 예종은 한동안 정벌을 결정짓지 못하다가 비로소 출병을 결심했다. 총사령관으로 임명받은 윤관은 "제가 일찍이 선왕의 밀지를 받았고, 이제 또 전하의 엄명을 받았으니 어찌 감히 적의 보루를 격파해 우리 강토를 개척하고 지난날의 국치를 씻지 않겠습니까?"라고 결의를 다지고 출정했다.[66] 드디어 1107년 윤10월 제2차 정벌의 막이 올랐다.

---

[64] 『고려사』 권12, 세가 예종 원년 3월.
[65] 『고려사』 권96, 열전 윤관.
[66] 『고려사』 권96, 열전 윤관 ; 『고려사절요』 권7, 예종 2년 10월 임인.

고려의 군사 기동

1107년(예종 2) 윤10월, 정벌군 총사령관 윤관은 출정군 17만을 이끌고 서경으로 향했다. 부사령관은 오연총이며, 좌군병마사는 문관文冠, 중군병마사는 김한충金漢忠, 우군병마사는 김덕진이었다. 1차 정벌 때 분전하던 척준경도 함께 했다.

2차 출정군으로 동원된 17만 군사란 고려군이 유사시 동원할 수 있는 최대 병력인 54만 가운데 약 3분의 1에 육박하는 큰 규모였다. 윤관이 9성을 축조한 기념으로 세운 기념비에는 30만이라 기록했다. 2차 원정은 고려 전역에서 병사를 징집하고 준비한 총력전이었다. 예종이 서경까지 직접 행차해 출정군을 전송했을 만큼 그 의미가 남달랐다.[67]

총사령관 윤관은 여진의 저항을 최소화하기 위해서는 장기간 전투가 바람직하지 않다고 판단해 단기 속결의 작전을 세웠다. 고려군이 2차 정벌 때에도 최후 공격 목표로 잡은 지점은 병목이었다. "당초 조정의 견해로는 병목만 점령하면 여진의 교통로가 폐쇄되므로 그들에 관한 근심이 영원히 없어지리라"고 판단했다.[68] 윤관은 병목까지 신속히 북상해 그곳을 점령, 차단한 후 여진의 준동을 초기에 제압한다는 전략을 구상했다.

윤관은 본격적인 군사 기동에 앞서 기만전술을 폈다. 12월 4일에 장춘역長春驛(정평 부근)에 도착한 윤관은 정주(함경남도 정평)에 두 장수를 들여보내 고려군 20만이 출동했다고 엄포를 놓은 후 여진 추장 400여 명을 관문 안으로 유인해 격살했다.

---

[67] 『고려사』나 『고려사절요』에는 예종이 서경에서 윤관을 전송한 날짜가 없다. 그 대신에 『동국통감』에는 예종이 12월 4일에 전송했다고 기록되어 있다.
[68] 『고려사』 권96, 열전 윤관.

1107년 2차 여진 정벌 당시 고려군의 기동로

여진 추장 가운데 50~60명이 낌새를 알아채고 응하지 않자 김부필과 척준경을 시켜 주요 통로마다 군사를 매복시켜 대부분 사로잡아 죽였다. 1단계 작전으로 정주 지역을 장악한 윤관은 신속하게 북쪽을 향해 군사 기동을 개시했다.

윤관은 지도부 공백으로 균형을 잃은 여진이 전열을 정비하기 전에 2단계 작전을 수행했다. 12월 14일 윤관은 부대를 5군으로 나누어 수륙 양면으로 주요 거점 지역을 향해 일거에 쳐들어갔다.

총사령관 윤관은 5만 3,000명을 거느리고 정주 대화문으로, 중군병마사 김한충은 3만 6,700명을 통솔해 안육수安陸戍(정평읍 부근)로, 좌군병마사

문관은 3만 3,900명을 이끌고 정주 홍화문으로, 우군병마사 김덕진은 4만 3,800명을 거느리고 선덕진宣德鎭의 안해安海·거방拒防(안해·거방 모두 광포廣浦 남쪽) 방면으로 출격했다. 바닷길로는 병선별감 양유송, 원흥도부서사 정숭용 등이 수군 2,600명을 이끌고 도린포道鱗浦(또는 도련포都連浦 : 광포)에서 진출했다.

고려군의 기습 공격은 성공적이었다. 고려군의 위용에 놀란 여진들은 공황 상태에서 혼비백산해 도망치기에 바빴다. 고려군은 비교적 큰 희생을 치르지 않은 채 대내파지촌 일대를 신속히 점령했다. 윤관은 여기서 멈추지 않고 군대를 북쪽으로 계속 기동시켰다. 대내파지촌을 지나 반나절 행군하고서 비로소 전투가 개시되었다.

최초 전투지는 문내니촌에 있는 동음성이었다. 고려군은 동음성에서 농성하는 여진을 깨뜨리고 성을 점령했다. 이튿날 12월 15일에도 윤관 부대와 좌군左軍은 석성石城에서 완강하게 농성하는 여진들을 척준경의 활약에 힘입어 함락시켰다.

함흥을 확보한 윤관은 기동 상태를 그대로 유지한 채 파죽지세로 북상했다. 오늘날 길주에 있는 이위에서 대전투가 벌어졌다. 부필과 이준양 등이 끝까지 분전한 결과 고려군은 여진군 1,200명을 살상하는 큰 전과를 거두었다.

고려군은 여기까지 오는 동안 총 135개 촌락을 격파하고 4,000여 명에 가까운 적군을 죽이고, 포로 1,000여 명을 사로잡는 전과를 올렸다.[69] 윤관은 즉시 예종에게 승전보를 보냈다. 이 승전보에는 포로가 5,000명, 살상이 5,000명이라고 보고했다. 참고로 9성을 구축하면서 영주英州 관청 벽

---

[69] 『고려사』 권96, 열전 윤관.

에 기록한 글에는 살상이 6,000이요, 포로가 5만이라고 했다(【표 10】 참조).

요컨대, 여진을 초기에 제압하면 승산이 있다고 판단한 윤관의 예상은 적중했다. 고려군이 북상하자 여진인들은 기세에 눌려 도망가기에 급급했다. 고려군은 아군의 손실을 최소화하면서 정평 지역을 거점으로 조직적으로 북상해 함흥을 거쳐 길주까지 진격했다.

9성 축조와 공험진

"아! 여진의 우둔함이여! 세력의 강약과 병력의 다소를 헤아리지 않고 이같이 스스로 멸망의 길로 들어섰도다."

이 글은 윤관의 지시로 영주 관청의 벽에 새긴 승리의 글 가운데 일부분이다.[70] 1차 정벌 때에 당한 설욕을 말끔히 씻어버린 고려가 승리의 기쁨을 만끽하는 순간이다.

1107년 12월 고려군이 거둔 승리는 윤관의 전략적 판단과 기동력에 의한 것이었다. 이어 윤관은 여진이 전열을 가다듬기 전에 전과를 극대화시키기 위해 다음 작전에 돌입했다. 그것은 확보한 영역을 영구히 고려 영토로 만들고 방어 진지를 구축하는 작업이었다. 성곽의 축조는 숙종이 "적경賊境에 성을 쌓고 절을 세워 불교를 보급시켜야 하겠다"고 했듯이 이미 숙종 당시에 입안된 것이었다.[71]

---

[70] 『고려사』 권96, 열전 윤관.
[71] 『고려사』 권96, 열전 윤관 ; 『고려사』 권13, 세가 예종 4년 5월.

윤관은 길주 이위에서 승리를 거둔 후 일단 전진을 멈추었다. 윤관은 여러 장수들을 각 방면으로 신속히 파견하여 국경선을 확정했다. 이 때 획정된 경계는 동쪽으로 화

[표 10] 제2차 여진 정벌의 성과

부대명	군사 규모	전과		
		점령 촌락	사살	포로
윤관 부대	53,000	37개	2,120명	500명
중군(김한충)	36,700	35촌	380명	230명
우군(김덕진)	43,800	32개	290명	300명
좌군(문관)	33,900	31개	950명	·
수군	2,600	기록없음		
계	170,000	135개	3,740명	1,030명

(근거 : 『고려사』, 『고려사절요』)

곶령, 북으로 궁한이령, 서쪽으로 몽라골령이며, 이곳에 각각 성을 쌓아 화곶령은 웅주, 궁한이령은 길주, 몽라골령은 영주라고 불렀다. 오립금촌에도 성을 쌓고 복주라고 했다.[72]

성곽을 쌓아 국경선을 획정하는 일은 이듬해 초까지 계속되었다. 1108년 2월에 함주(함흥)와 공험진公嶮鎭에 성을 쌓고, 3월에 의주宜州(함남 덕원), 통태通泰(함남 함주), 평융平戎(함남 함주)에도 성을 쌓았다.[73] 그리고 북정北征의 전말을 자세히 기록한 비석을 공험진에 세워 고려 국경으로 삼도록 했다. 이로써 동북면에 총 9개의 성곽이 구축되었으니 이것이 곧 '윤관의 9성'이다.

그런데 이 9성의 위치는 지금까지 논란이 끊이지 않고 있다. 『고려사』에는 "점령한 지방은 면적이 300리로서 동으로 큰 바다에 접하고 서북방으로 개마산을 끼고 있으며 남으로 장주와 정주 두 고을에 연접해 있다"고 되어 있다.[74] 이로써 9성의 범위가 서쪽으로는 개마산, 남쪽으로는 정평까

---

72 『고려사』 권96, 열전 윤관.
73 『고려사절요』 권7, 예종 3년 2월 ; 『고려사』 세가 예종 3년 3월. 여기서 한 가지 의문점은 1108년 3월에 성을 쌓은 지역이 선주·통태·평융이나, 1109년 7월에 시행한 9성 철수 당시에는 선주·평융 두 성이 없고, 숭녕·진양·선화의 3성이 기록되어 있다. 그래서 『고려사』를 편찬한 사관들도 "…이는 가히 의심스럽다"고 적고 있다(『고려사』 권58, 지12 지리3).

〈고려척경입비도〉 윤관이 9성을 축조한 후 가장 북쪽에 위치한 공험진에 '고려지경高麗之境'이라 새긴 비를 세우는 장면. 『고려사』에는 북정北征의 전말을 자세히 기록한 비를 공험진에 세워 고려 국경으로 삼도록 했다는 기록이 있다. (『북관유적도첩北關遺蹟圖帖』, 고려대학교 박물관 소장)

지 뻗쳤음을 알 수 있다.

문제는 북쪽이다. 9성 가운데 가장 북쪽에 위치한 성이 공험진으로, 윤관이 여기에다 '고려지경高麗之境'이라고 새긴 비석을 세워 국경으로 삼았다. 그러므로 공험진의 위치가 어디인지에 따라 고려군이 진출한 지역의 범위가 달라지는 셈이다.

조선시대 편찬된 각종 관찬서나 지도에는 공험진의 위치가 두만강 북쪽으로 표기되어 있다. 이른바 '두만강 북쪽 700리설'로서 고려 말 조선 초에

---

74 『고려사』 권96, 열전 윤관.

명과 두만강 일대를 놓고 영토 분쟁이 일었을 때에 조선은 이 논리를 기반으로 연고권을 주장해 두만강 일대를 조선의 영토로 확정할 수 있었다.[75]

그러다가 일제 강점기에 일본인 학자들은 고려의 국력을 과소평가하기 위해 9성의 위치를 이보다 훨씬 남쪽으로 내려 잡아 함흥평야 일대로 보았다. 이 설은 한국의 국정교과서에 실리기도 했다. 그러나 최근에는 공험진이 두만강 하류에서 수분하 일대 연해주에 설치되었다는 두만강 이북설이 설득력을 얻고 있다.[76]

생활 터전을 빼앗긴 여진인들

윤관의 조치는 9성의 축조에서 끝나지 않았다. 이곳에 방어사를 파견하고 남도 주민들도 이주시켰다. 첫 이주 대상자는 총 6,466정호(丁戶)로서 적지 않은 규모였다.

이주 지역은 토지가 비옥하여 농사에 적당한 함주·영주·웅주·길주·복주·공험진 등 6성이었다. 곧 이어서 다시 이주가 실시되어 그 규모만 무려 6만 9,000호에 달했다.[77] 따라서 9성 개척에는 국내 농토의 부족을 보충하기 위한 목적 또한 있었다는 주장도 설득력이 있다고 판단된다.[78]

고려 조정이 동북면 지역을 확보하기 위해 윤관과 함께 추진한 이 정책

---

[75] 안주섭·이부오·이영화, 『영토한국사』(소나무, 2006), 110-114쪽.
[76] 최규성, 「북방민족과의 관계」, 327쪽 ; 김구진, 「공험진과 선춘령비」, 『백산학보』 21 (1976), 112-113쪽.
[77] 『고려사절요』 권7, 예종 3년 3월 ; 『고려사』 권96, 열전9 윤관.
[78] 김구진, 「윤관 구성九城의 범위와 조선 6진의 개척 – 여진 세력 관계를 중심으로」, 『사총』 21·22(고려대학교 사학회, 1977), 224-226쪽 도표.

은 몇 가지 예상치 못한 결과를 초래했다. 완옌부 여진이 이 지역의 여진과 연합하여 반격을 가해 오면서 고려의 원대한 시도가 좌절되고 말았다.

고려가 실시한 백성 이주 정책은 이 지역에 살던 여진 입장에서는 고구려 멸망 이후 몇백 년 동안 지속된 삶의 기반을 강제적으로 박탈당하는 위기였다. 당시 고려인의 이주 규모는 남도의 고려인이 여진과 평화스럽게 공존하면서 살 수 있는 인원이 아니었다. 누군가는 그 지역에서 물러나야만 거주가 가능한 숫자였다.[79] 이 때문에 고려에 우호적이던 여진인들조차 자신들의 터전을 되찾기 위해 고려를 적으로 삼아 필사적으로 항전했다.

한편, 당시 고려의 지휘관들 중에는 축성에 반대한 사람도 있었다. 중군 사령관 김한충은 무리하게 성곽을 축조하는 것에 반대했고, 병마부사 박경인朴景仁 역시 "적지 깊숙이 성지를 쌓는 것은 지금 성공한다 하더라도 앞으로 지키기 어렵다"고 하면서 반대 의사를 표명했다.[80]

9성 축조를 반대하던 장수들의 예상은 틀리지 않았다. 고려가 처음 군사 목표 지점으로 잡은 병목은 사통팔달한 지역으로 고려의 예상과 아주 달랐다. 그래서 윤관은 여진 왕래를 차단할 수 있는 적지를 찾아 당초 계획보다 더 북상해 적진 깊숙이 들어갔던 것이다.

그곳에 구축한 9성은 "지나치게 넓고 거리가 멀 뿐만 아니라 골짜기가 깊고 수목이 무성하여" 여진인들이 매복하면서 고려군을 공격하기에 용이한 지역이었다. 고려군은 영토를 지키기가 사실상 어려웠고 만약 여진이 협공이라도 편다면 퇴로가 없는 상황에서 배수진을 친 채 총력전이라도 치러야 할 상황이었다.

---

[79] 이정신, 『고려시대의 정치변동과 대외정책』(경인문화사, 2003), 81쪽.
[80] 『고려사』 권95, 열전 김한충 ; 『고려사』 권95, 열전 박인량 부附 경인景仁.

이는 고려가 외형적인 성공에 힘입어 여진의 군사력을 과소평가하고 적국 깊숙이 들어가면서 자초한 위기였다. 완옌부 여진은 터전을 빼앗긴 지역 주민들과 함께 강온 양면 작전으로 한 치의 양보도 없이 저항했고 고려군은 결국 확보한 지역을 되돌려 주고 귀환할 수밖에 없었다.

반격에 나선 여진

1108년(예종 3) 4월에 윤관과 오연총이 개경으로 개선했다. 여진 지역에 9성을 쌓고 공험진에 비석까지 세워 고려의 국력을 과시한 직후로, 출정한 지 5개월여 만이었다. 윤관과 오연총의 개선을 누구보다도 기뻐한 사람은 예종이었다.

예종은 윤관과 오연총이 개선하자 이들이 개경에 도착하기도 전에 동교東郊로 군악대와 왕실 사람을 급파해 성대한 환영회를 개최했다. 또 이틀 뒤에는 창릉昌陵(태조 왕건의 아버지 세조의 능)을 참배한 후 여진을 평정한 내용으로 시를 지어 신하들과 기쁨을 함께했다. 얼마 뒤에는 대사면도 실시해 여진 정벌의 승리를 백성들과 나누었다.

고려가 여진 정벌의 승리를 자축하고 있을 무렵 완옌부 여진에서는 중대한 회의가 열렸다. 완옌부 여진의 지도자 우야슈는 고려에 억류된 여진들을 송환해 온 사자로부터 급보를 접했다. 고려가 기만전술을 써서 많은 부족장들을 죽이고 가란전 지역을 침공하여 성곽을 구축했다는 정보였다. 우야슈는 바로 대책 회의를 소집했다.

대책 회의에서 대부분의 부족장들은 출병을 반대했다. 이미 거란(요) 전쟁을 통해 고려군의 저력을 파악하고 있었으므로 고려군과 싸운다는 것은 무모한 모험이라고 판단했다. 더구나 고려에 맞서 군대를 동원했다가 거란이 배후에서 여진 촌락을 역습이라도 한다면 완엔부 여진은 치명적인 패배를 당할 수도 있다는 의견이 지배적이었다.[81]

이때 아구다가 전쟁 수행을 강경하게 주장했다. 아구다는 우야슈의 동생으로 1115년에 금을 건국하여 태조로 등극하는 사람이다. 아구다는 부족장들에게 지금 군대를 일으켜서 항전하지 않으면 가란전 지역만 빼앗기는 것이 아니라 나머지 지역도 온전하게 보존할 수 없다고 설득했다.

아구다의 판단과 주장은 주저하던 부족장들의 마음을 움직였고 마침내 출병 쪽으로 의견이 모아졌다.[82] 이제 전황은 활시위를 떠난 활처럼 고려의 예상을 빗나가기 시작했다(【표 11】 참조).

1108년 1월부터 여진은 공세적인 위협을 가하기 시작했다. 여진의 조직적인 반격은 1109년 7월 고려와 화의를 맺을 때까지 계속되었고 전선은 교착 상태에 빠졌다. 윤관과 오연총이 재차 왕명을 받들고 출정했으나 역부족이었다.

윤관 부대가 최초로 맛본 패배는 1108년 1월이었다. 이때는 9성을 축조하면서 잔적을 소탕하던 중이었다. 윤관은 정병 8,000을 거느리고 궁한리(함북 명천)를 공격했다가 오히려 여진에게 포위당하는 수모를 겪었고 척준경의 분전으로 간신히 위기에서 벗어날 수 있었다. 이후 여진의 반격은 1월 하순에 여진의 보병·기병 2만 명이 영주성 남쪽에 와서 진을 치면서부터 본격화되었다.[83]

여진이 집중적으로 공격한 곳은 대부분 9성이 위치한 곳이었다. 특히

---

81 『금사』 권135, 열전73 외국 하 고려.
82 『금사』 권135, 열전73 외국 하 고려.
83 『고려사절요』 권7, 예종 3년 1월.

웅주와 영주, 길주가 집중적으로 공격을 받았다.

여진이 신속한 기동성과 숙지된 지형을 이용해 공격하자 고려군이 확보한 9성은 위험에 처했다. 성을 포위한 여진은 고려가 인접 거점 지역과 연계하지 못하도록 장기간 성을 포위했고 고려의 병참선을 차단시켜 위기를 고조시켰다.

이 때문에 고려군은 점령 지역에서 위험한 상황을 수시로 겪으면서 심각한 손실을 입었다.

1108년 7월 윤관은 다시 출정하라는 명을 받들고 동북면으로 향했다. 개선한 지 3개월 만이었다. 오연총도 1109년 4월에 동계 병마부원수로 임명되어 재차 출정했다. 두 사람이 재출정했음에도 불구하고 상황은 호전되지 않은 채 1년여 동안 일진일퇴를 거듭했다.

【표 11】 1108년 1월부터 1109년 5월까지 고려·여진의 공방 일지

시기	공방일지
1108.1	• 윤관·오연총 부대 8,000명이 여진의 기습으로 10여 명만 남음 • 여진의 보병·기병 2만이 영주성 주둔 • 여진군이 웅주 포위, 최홍정이 여진 80명을 사살하고 수레, 병기 등을 노획
1108.2	여진군 수만이 웅주성 포위, 고려 승리
1108.3	• 여진이 영주성 밖에 와서 주둔, 고려군 20명을 죽이고 무기 및 말 노획 • 여진이 웅주성 밖에 내습 포위
1108.4	• 여진이 웅주성 밖에 목책을 세워 포위 • 윤관·오연총 개경으로 개선
1108.5	고려 문관·김준이 웅주성을 포위한 여진에 맞서 1만 명을 이끌고 접전. 27일 만에 여진이 포위를 품
1108.7	윤관, 개선 후 3개월 만에 재출정
1108.8	고려 왕자지·척준경이 함주·영주·길주의 여진 공격
1108.9	고려 왕자지·척준경 등이 사지령에서 여진과 접전
1109.1	고려 왕사근 등이 함주에서 작전 중 전사
1109.2	• 장문위 등이 숭녕진(함남 함주)에서 여진과 접전 • 허재 등이 길주관 밖에서 여진과 접전
1109.3	고려군이 숭녕진, 길주의 싸움에서 여진 100여 명 사살
1109.4	오연총, 길주성 구원 위해 8개월 만에 재출정
1109.5	• 여진이 선덕진에 침입해 사람을 죽이고 재물 약탈 • 여진이 길주성 포위, 오연총 부대 대패 • 오연총 부대, 공험진에서 여진의 역습으로 대패

(근거: 『고려사』, 『고려사절요』)

결정적인 위기는 1109년 5월에 찾아왔다. 길주와 공험진 두 성이 함락 직전에 이르고 이를 구원하러 갔던 오연총이 중도에 여진의 습격을 받아 대패한 것이었다. 여기에다가 여진군이 정평의 선덕진까지 쳐들어와 민간인을 죽이고 재물을 약탈하는 사태까지 발생했다.

이제 여진 정벌은 예종과 윤관이 구상한 전쟁 구도를 벗어나 장기전으로 비화될 조짐을 보이고 있었다. 비록 "고려의 성들이 견고하여 좀처럼 함락되지 않았으나"[84] 장기전으로 가는 것은 병력 손실이나 전쟁 비용을 고려할 때에 결코 유리한 일이 아니었다. 따라서 고려 조정은 새로운 돌파구를 모색해야만 했다.

9성에서 철수하는 고려군

예종이 사태의 심각성을 깨달은 것은 1108년 7월 윤관을 다시 동북면으로 보내면서부터였다. 예종은 1109년(예종 4) 새해에 들어서자 심기일전하는 마음으로 군사들을 사열했다. 2월에는 신기군을, 3월에는 정노반군을 사열했다.

4월에 오연총을 다시 출정시킨 직후 예종은 궁궐 안과 개경 인근의 절, 신사 등에서 재(齋)를 올리면서 전쟁의 승리를 기원하고 또 기원했다. 창릉에도 다시 신하를 보내 제사를 올리고 종묘사직과 9릉(陵)에도 신하를 보내 전쟁의 승리를 기원했다. 다시 대사면도 실시해 승리에 대한 염원을 드러냈다. 그러나 예종의 이러한 노력에도 불구하고 전황은 좋지 않았다.

---

[84] 『고려사』 권96, 열전 윤관.

예종은 1109년 5월에 패전 소식을 접한 후 고위 관료들을 소집해 동북면 사태를 의논했다. 당시 논의한 사항이 무엇인지 기록에는 없으나 9성 처리 문제였다고 판단된다. 이미 여진은 1109년 2월과 4월에 "영원히 배반하지 않고 조공을 바치겠다"는 조건을 내세우며 고려에 9성을 되돌려줄 것을 간청했다.[85]

여진 입장에서도 고려와 군사적으로 충돌하는 것이 거란(요)과의 관계에서 이롭지 못하다고 판단했다. 가란전이 여진의 발전이나 고려와의 완충 지대라는 측면에서 중요했으나, 이 전쟁이 장기화되면 거란에게 침략 구실을 줄 우려가 있기 때문이었다. 고려 역시 "궁한리 지역이 본래 고려의 것이고 그곳 주민도 고려의 민이지만 그곳 추장들은 대부분 거란의 관직을 받았으므로 거란이 이를 문제 삼아 고려에 책임을 물어올 것이"라는 염려도 있었다.[86]

6월에 여진은 다시 강화를 요청했다. 고려 조정은 다시 한 번 강화문제를 정식으로 논의했다. 윤관·오연총도 정주에서 군사를 정비해 길주 방면으로 진군하던 중 이 소식을 듣고서 북상을 중지한 채 정주성으로 되돌아온 상태여서 분위기는 화의 쪽으로 가닥을 잡고 있었다.[87] 이 자리에서 평장사 최홍사崔弘嗣 이하 28명은 9성을 돌려주는 데에 동의했고, 박승중과 한상 등만 반대했다.

7월 2일, 예종은 문무 3품 이상을 소집해 다시 이 문제를 논의했으며 참석한 대신 모두 찬성했다. 예종은 7월 3일에 여진의 사자를 선정전으로 불러 9성을 내주겠다고 약속했다. 윤관이 성을 구축한 지 1년 7개월 만의 일

---

85 『고려사』 권13, 세가 예종 4년 2월 무술, 4월 갑진.
86 『고려사』 권96, 열전 김인존金仁存.
87 『고려사』 권13, 세가 예종 4년 6월 을유.

이었다.

1109년 7월 18일, 동여진의 부족장들은 함주(함흥) 성문 밖에 단을 설치하고 "지금으로부터 9부ⓧ의 대에 이르기까지 나쁜 마음을 품지 않고 계속 조공하겠습니다. 이 맹서를 어기는 일이 있으면 우리 여진의 영토가 멸망하리다" 하고 서약 의식을 거행했다.[88]

여진의 서약 의식이 끝나자 9성 철수가 신속하게 진행되었다. 고려는 길주에서부터 차례로 무기와 군량을 내지로 거두어들여 9성에서 철수했다. 여진인들도 소와 말을 이용해 고려인을 실어 돌려보냈다. 철수작업은 순조롭게 진행되어 7월 19일에는 숭령·통태 두 성을 철수하고, 20일에는 영주·복주·진양, 22일에는 함주·웅주·선화의 성곽을 철수했다.[89]

예종은 9성을 내주는 명분으로 "군신들이 모두 그러는 것이 좋겠다는 의견을 냈고 나 역시 불쌍히 여겨 그 땅을 돌려준 것이다"고 말했다.

그러나 『금사』에는 사뭇 이와 다르게 기록되었다. "7월에 고려에서 다시 화친을 청하므로 강종(우야슈)이 '사정이 만약 적당하다면 그들과 화친하라' 했다. 고려가 망명하여 들어간 백성의 송환을 허락하고 9성에 수자리(국경 경비) 서는 일을 파했으며 옛 땅도 회복시키니 마침내 그들과 화친했다"고 했다.[90] 고려가 먼저 화친을 요청했다는 것이다.

9성 철수가 완료되자 고려에서는 정벌군 사령관 윤관과 오연총에 대한 문책이 빗발쳤다. 예종의 반대에도 불구하고 대신들 사이에서는 윤관에 대해 죄를 물어야 한다는 여론이 비등했다. 결국 윤관은 관직을 박탈당하고 고향에 돌아갔다가 1111년(예종 9)에 생을 마감했다.

---

[88] 『고려사』 권12, 세가 예종 4년 7월.
[89] 김상기, 『신편 고려시대사』, 226쪽.
[90] 『금사』 권135, 열전73 외국 하 고려.

❖ 회고와 전망

 고려는 1104년(숙종 9)과 1107년(예종 2) 두 차례 여진 정벌을 단행했다. 당시까지 여진은 국제적으로 주변부적 존재였다. 여진은 생존을 위해 이해관계에 따라 거란과 고려 그리고 송 사이에서 충성과 배반을 번복했고 그만큼 위협적인 존재가 아니었다. 그래서 완옌부 여진의 등장과 성장은 일대 사건이자 충격이었다.

 고려는 완옌부 여진이 천리장성 부근까지 출몰해 군사 시위를 벌이자 큰 충격을 받은 것으로 보인다. 이미 완옌부 여진은 오늘날 간도 지방을 거쳐 고려와 인접한 가란전 지역까지 남하해 세력을 부식해나갔다. 고려는 오랫동안 귀순주 정책을 통해 고려의 지배권으로 확보한 가란전 지역을 완옌부 여진이 넘보자 그대로 묵과할 수 없었다.

 고려는 가란전 지역을 지켜내고 자칫 대등한 관계로 발전할 수도 있는 완옌부 여진에게 타격을 가할 필요가 있다고 판단했다. 그러나 정벌 결과는 제1차, 제2차 모두 실패로 끝나고 말았다. 1차전에서 고려군은 오히려 역공을 당해 화의를 맺고 귀환했으며, 2차전도 윤관이 여진 지역에 9성까지 축조하는 쾌거를 올렸으나 결국 빈손으로 철수하고 말았다. 그렇다면 고려가 여진 정벌에 실패한 요인은 무엇이었을까?

첫째, 여진에 대한 정보 부족을 꼽을 수 있다. 완옌부 여진의 아구다가 금을 건국한 시점(1115년)은 고려가 제2차 여진 정벌을 마친 지 불과 6년이 지나서였다. 이 사실은 고려가 여진 정벌을 단행할 무렵 이미 완옌부 여진의 세력이 팽창해 있었음을 뜻하나, 고려는 여진의 군사력이 고려에 대항할 정도라고는 전혀 짐작하지 못한 것이다. 그만큼 고려가 수집한 여진에 대한 정보가 빈약했음을 보여준다.

둘째, 고려군 지휘부의 전략적 판단의 오류도 패인의 하나였다. 1108년 이후 정벌군 사령관 윤관이 완옌부 여진의 반격을 받아 고전을 면치 못한 데에는 몇 가지 실패 요인이 있었다. 고려군이 여진을 차단하기 위해 군사작전의 목표로 잡은 병목은 예상과 달리 육지와 바다로 연결된 광활한 지역이었다. 그래서 윤관은 여진 왕래를 근본적으로 차단할 수 있는 지점을 찾아 당초 작전보다 더 북상했다.

고려군은 적진 깊숙이 들어가면서 점차 고립되어 군량 보급도 여의치 않았고 후방 지원도 제때 이루어질 수 없었다. 이 때문에 고려는 점령 지역에서 교전이 계속될수록 전력을 소모할 수밖에 없는 상황이었다. 설상가상으로 예상치 못한 여진의 반격까지 받자 고려군은 공자攻者에서 어느새 방어하는 쪽으로 변해갔다. 이제 정벌의 성과는 사라져가고 사상자 수만 늘어갈 뿐이었다.

셋째, 고려가 여진의 화전和戰 양면 전략을 꿰뚫어보지 못한 점도 정벌 실패를 부추긴 요인이었다. 여진은 제1차 정벌 이후 고려와 긴장 관계를 완화하기 위해 총력을 펼쳤다. 여진은 1차 정벌을 이끈 숙종이 사망하자마자 고려와 화의를 시도했다. 1106년(예종 1) 1월에 임간의 부대를 패전시킨 장수를 고려에 사절로 보내는가 하면 3월에는 지훈을 파견해 "지난 전쟁에 관한 일은 새 임금께서 알지 못하실 것입니다. 바라건대 자손 대대로 힘써 조공하겠습니다"라고 하면서 화친 의사를 적극 표출했다.

2차 정벌 때에도 여진은 끈질긴 반격전을 전개하는 한편 외교 통로를 통해 9성 반환을 요청했다. 여진은 길주 및 공험성을 함락시키고도 9성 반환을 조건으로 하는 화친을 요구했고 사절을 파견해 고려를 부모의 나라로 섬기겠다는 충정을 보여 고려를 안심시켰다. 고려의 위신을 훼손시키지 않으면서 군대를 철수시킬 명분을 성공적으로 제공했던 것이다.

요컨대, 고려가 두 차례 여진 정벌로 얻은 성과는 팽창일로에 있던 여진이 한반도로 진출하려는 기도를 억제한 효과라고 할 수 있다. 그러나 그 대가는 너무 컸다. 무엇보다도 국제적으로 고려의 위신이 추락했고 건국 이후 추진해온 북진 정책도 타격을 입었다. 인명 피해는 물론 고려에 예속된 동북 지방의 여진 지역조차 빼앗기는 손실을 입고 말았다. 이와 대조적으로 여진은 고려 세력권에 들어 있던 가란전 지역의 여진 부족들을 포섭해 여진의 단합을 공고히 하면서 독자적인 발전을 도모할 수 있었다.

결론적으로 고려는 신중하고 계획적인 정벌을 수행하지 못한 아쉬움을 남기고 있다. 고려는 여진이 자신들의 날카로운 힘을 아직 드러내지 않은 채 기회만 엿보고 있다는 사실을 간파하지 못했다. 여진이 미개한 집단이라는 고식적인 편견 때문에 충분한 정보를 확보하지 않은 상태에서 정벌 전쟁을 수행한 고려 지도층의 오만과 경솔은 오늘날 다시 한 번 국제 정세 파악의 중요성을 일깨우는 뼈아픈 교훈이 아닐 수 없다.

제4장
제국 몽골과 맞서다

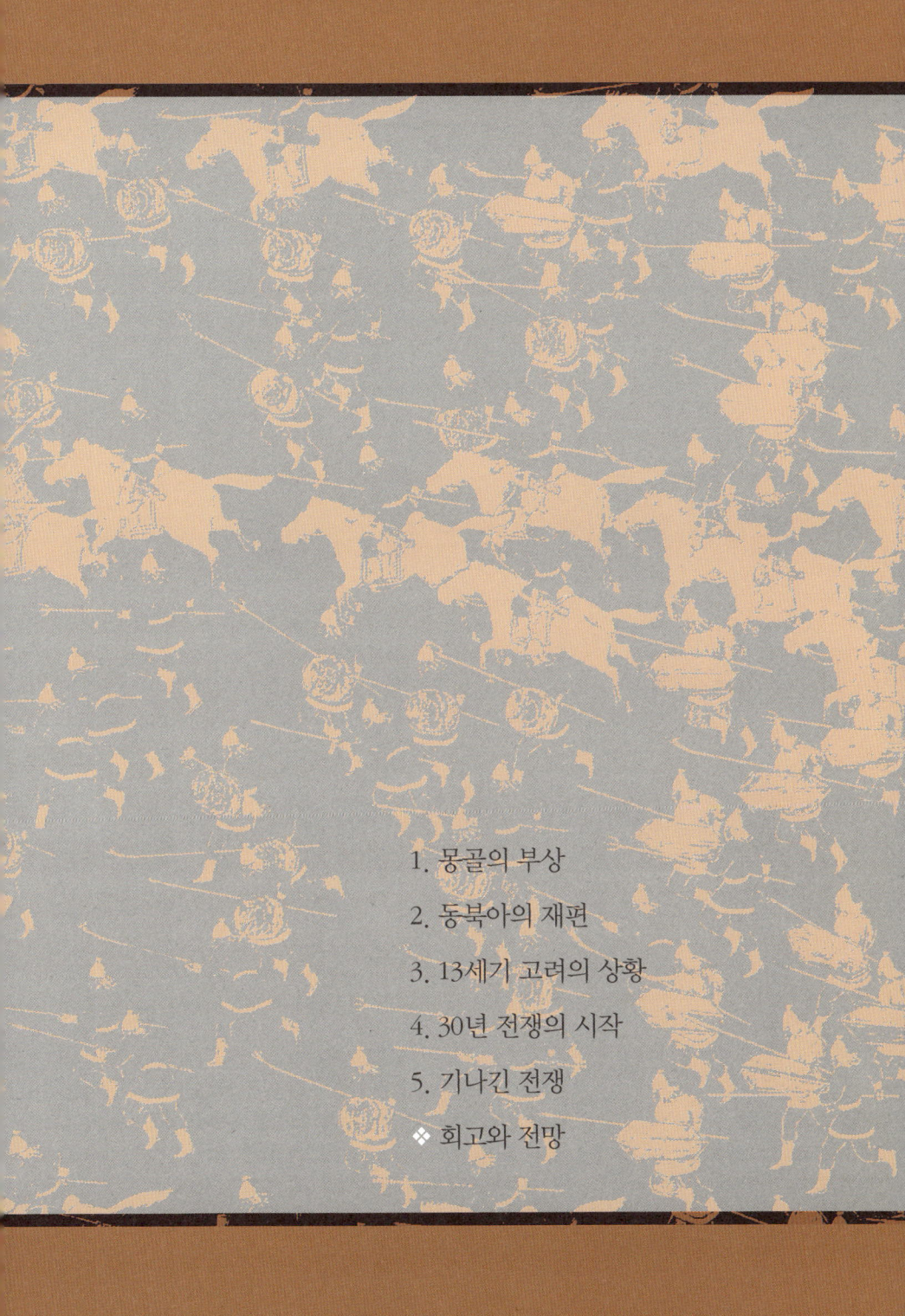

1. 몽골의 부상
2. 동북아의 재편
3. 13세기 고려의 상황
4. 30년 전쟁의 시작
5. 기나긴 전쟁
❖ 회고와 전망

13세기에 혜성같이 등장한 몽골은 세계 역사상 가장 광활한 영토를 가진 정복 국가였다. 아무도 주의를 기울이지 않던 중국 대륙 서북쪽의 초원지대에서 몽골이 부상한 것은 역사의 이변이었다.

세계 역사상 가장 거대한 제국을 건설했다는 사실 하나만으로도 몽골의 강인성은 입증되고도 남는다. 몽골은 공세적으로 주변 국가들을 차례로 침략해 동으로는 한반도를 거쳐 일본 열도까지, 서쪽으로는 오스트리아 빈Wien 근처까지, 남으로는 서북인도와 자바 섬까지 이르지 않은 곳이 없었다.

세계사는 몽골군의 말발굽이 미치는 곳에는 단지 항복과 멸망만이 있었다고 기록했다. 서하西夏, 금金, 호라즘Khorezm 제국, 러시아의 공국公國들, 아바스 왕조, 남송南宋 등 많은 나라가 몽골의 말발굽 아래 정복되거나 멸망했다.

몽골의 침략 양상은 참혹한 약탈을 동반해 상대국의 인내력을 고갈시키고 군사력을 무력화시켰다. 여기에다가 몽골은 이민족 중 자국에 충성하는 자들을 '노코르'라 하여 우대하고 군사 행동에 중요한 인적자원으로 활용했다.

고려는 1231년(고종 18) 몽골의 침공을 받은 이후 1259년(고종 46)까지 거의 30여 년 동안 전쟁에 시달렸다. 여기에 고려 삼별초三別抄가 1273년까지 제주도에서 항쟁한 기간을 합친다면 전쟁의 기간은 무려 40여 년이나 된다.

몽골 항쟁의 주체를 무인정권으로 보는 시각도 있으나 민民이야말로 몽골 전쟁의 진정한 주인공이었다. 임금을 비롯한 지배층이 강화江華에서 전쟁을 치르는 동안, 민중들은 목숨을 유지하고 생활 터전을 보호하기 위해 바닷가 섬이나 산성에 들어가 싸우거나 소규모 유격전을 전개했다.

숱한 전쟁을 통해 전사戰士로 단련된 몽골군을 훈련조차 안 된 일반 민들이 대적해 승리한다는 것은 사실 불가능에 가까웠다. 그럼에도 고려 민중들은 어려움을 감내하면서 전국 곳곳에서 맞서 싸웠고, 장기간에 걸친 이들의 항전은 몽골군도 지치게 만들었다.

몽골 전쟁은 한국사에서 가장 긴 전쟁이었고, 유라시아 전역에서 고려만큼이나 군사 대국 몽골과 오랜 기간 싸우고 저항한 나라도 드물었다. 외국 학자 중에는 몽골의 위상을 높이기 위해 1236년에 몽골이 고려 본토를 실질적으로 점령했다고 평가기도 하나 이는 사실과 많이 다르다. 고려의 대對 몽골 전쟁에 대한 여러 가지 부정적인 평가에도 불구하고 세계사에서 고려가 몽골이 세운 원元보다 더 오래 살아남았다는 사실은 부정할 수 없다.

1. 몽골의 부상

제국을 건설한 몽골

1995년 말 미국 《워싱턴 포스트Washington Post》지誌가 지난 1,000년 동안 세계사에서 가장 중요한 인물로 칭기즈 칸成吉思汗을 뽑았듯이 칭기즈 칸이 이끈 몽골의 등장은 13세기 국제질서를 일변시켰다.[1]

10~12세기까지 동북아시아는 고려를 위시해 송宋·요遼(거란)·금(여진)이 비교적 세력 균형을 이루고 있었다. 그러나 아시아의 변방에 불과하던 몽골이 성장하면서 그 질서는 와해되었고, 몽골에 의해 패망하거나 그 세력권 아래 놓이는 지각변동이 일어났다.

몽골은 당唐 시절만 해도 눈에 띄지 않는 작은 부족에 지나지 않았다. 몽골이란 단어는 '질박하고 장생'한다는 의미라고 한다. 몽골은 지금의 내몽골 자치구 동북쪽의 오르콘 강 상류에 흩어져 살다가 9세기 중반 위구르

---

[1] '몽골'이라는 국명은 1206년 칭기즈 칸이 나라를 세운 직후부터 1259년 헌종이 재위할 때까지 사용되었고, 1260년에 쿠빌라이(세조)가 즉위하면서 '원元'으로 국호를 바꾸었다.

원 시대 전도

제국이 붕괴하면서 몽골 초원으로 남하했고, 9세기 후반에서 10세기 전반에 오논 강·케를렌 강·톨라 강 등의 상류 초원지역으로 이주했다.

이 무렵 몽골의 각 부족은 주도권을 장악하기 위해 다투었고 부족 사이의 참살도 빈번했다. 11~12세기에 몽골 초원에는 케레이트·나이만·메르키드·타타르 등 수십 개 부족들이 대립했고, 1167년경에 타타르 족이 주도권을 쥐었다.

몽골이 동아시아 강자로 부상한 계기는 테무친鐵木眞(칭기즈 칸의 본명, ?~1227)의 등장이었다. 테무친이 속한 부족은 보르지긴이었다. 12세기 말 초원지대의 수많은 부족 가운데 하나인 보르지긴 부족의 추장 예수게이가 타타르에 대항하다가 독살된 후, 그의 장남 테무친이 적에게 쫓기면서 세

1. 몽골의 부상 ■ 209

오논 강 헨티산맥Khentii Mountains 동쪽에서 발원해 몽골과 러시아를 흐르는 강으로 상류 지역은 칭기즈 칸이 태어나 성장한 곳으로 알려져 있다. (GNU Free Documentation License)

력을 규합해 몽골의 지도자로 성장했다.[2]

　1206년 몽골 부족들은 쿠릴타이(부족장 회의)를 열어 테무친을 '황제 중의 황제' 라는 의미를 가진 칭기즈 칸으로 추대해 몽골국을 건국했다. 건국 이후에도 유목민의 전통을 버리지 않은 몽골은 생존에 필요한 물자를 획득하기 위한 정복과 약탈을 대외정책의 기조로 삼았다. 이것은 1260년에 쿠빌라이(세조)가 즉위하기 전까지 몽골의 일관된 정책이었다.

　칭기즈 칸이 몽골 부족을 통일했을 무렵에 중국 대륙의 남부에는 남송이, 북부 및 만주에는 여진의 금이, 서쪽에는 탕구트족의 서하가 자리하고 있었다. 몽골이 최초로 침입한 농경국가는 신생 몽골의 남동쪽에 위치한

---

[2] 테무친의 출생연도는 정확하지 않으나 1155년에서 1167년 사이로 추정된다.

칭기즈 칸 동상 2006년 몽골 정부가 칭기즈 칸 즉위 800주년을 맞아 수도 울란바토르 중앙정부청사앞에 세운 동상.

서하였다.

서하는 군사력이 금에 미치는 못했으나 강대국이었다. 칭기즈 칸은 몽골의 안정을 위해 언제 적으로 돌변할지 모르는 서하를 첫 번째 목표로 삼아 1209년 침공했다.³ 이때 몽골이 벌인 공성 작전은 기마전법에 의존하던 몽골군 전술에 변화를 가져온 계기가 되었다.⁴

칭기즈 칸은 1211년에 금을 침공했고 1214년 5월에 수도 중도中都를 함락시켰다. 1227년에는 서하를 멸망시켰다. 또 칭기즈 칸은 교역을 위해 중동의 호라즘 왕국에 보낸 몽골 사절단이 술탄(무함마드 2세)에 의해 무참히

---

3 티모시 메이,『칭기즈 칸의 세계화 전략 : 몽골 병법』, 신우철 옮김(대성닷컴, 2009), 45쪽.
4 룩 콴텐,『유목민족제국사』, 송기중 옮김(민음사, 1984), 192쪽.

살해되자 기병 15만 명을 이끌고 호라즘 원정에 나서 오늘날 칼라바그 부근인 인더스 강 연안까지 진출했다(1219~1222년).

칭기즈 칸의 뒤를 이은 오고타이窩闊台(태종, 재위기간 1229~1241)는 칸의 자리에 안주하지 않고 정복 위업을 계승했다. 1231년에 고려를 침공하고, 1234년에 금을 멸망시키고, 1235년에 남송을 공격했다.

이어 오고타이는 중동으로 눈을 돌려 호라즘 왕국을 재침해 아르메니아까지 진출했다. 오고타이는 동유럽으로 진출해 러시아 블라디미르를 함락시키고 서쪽으로 폴란드와 발틱 연안의 군소국을 거쳐 이탈리아까지 세력을 뻗쳤다.

3대 대칸 구육貴由(정종, 재위기간 1246~1248)이 재위 3년 만에 죽자 몽케蒙哥(헌종, 재위기간 1251~1258)가 즉위했다. 몽케의 통치기에 전성기를 맞이한 몽골은 100만 병력을 소유했다고 알려져 있다. 몽케는 먼저 송을 침공한 후 서남아시아까지 진출해 아프가니스탄부터 이란·메소포타미아 지역에 할거하던 튀르크 제후들을 차례로 정복하고, 1258년 명목상 이들의 종주국으로 자처하던 바그다드의 사라센Saracen 제국을 멸망시켰다.

이처럼 몽골의 강인한 군사들은 놀라운 속도와 파괴력으로 동서 각 방면에서 정복 전쟁을 전개했다. 그 결과 몽골은 국가 출범 50년 만에 중국 대륙의 서북부와 만주 그리고 중앙아시아 등을 정복해 아시아 패권을 차지하고, 동유럽까지 진출해 거대한 제국을 건설했다.

군사제도

칭기즈 칸이 이끄는 몽골군은 강한 군대로 유명하다. 그래서 '잔혹', '야

1227년 몽골 2대 칸인 오고타이의 즉위도 오고타이(태종)는 몽골 사신이 압록강변에서 살해되자 고려 정벌을 주장한 강경론자였다. (라시드 앗 딘Rashid ad-Din(1240~1319)의 『집사集史』)

만'이라는 수식어가 붙기도 하나 몽골군을 이끈 원동력은 절대적인 충성과 엄한 규율 그리고 공평성이었다. 초원에서 오랫동안 어려운 시기를 겪은 칭기즈 칸은 충성한 자에게는 보답을, 규율을 어긴 자에게는 벌을 내림

1238년 2월 러시아 블라디미르의 성벽을 공격하는 몽골군. 몽골군은 유목민족 가운데 가장 뛰어난 성곽전술을 보유했던 것으로 알려져 있다.

으로써 공정성을 지향했다.

 칭기즈 칸은 십진법에 따라 군대를 편성했다. 10명으로 이루어진 아르반Arban(십호十戶), 100명 단위의 자군Jaghun(백호百戶), 1,000명 단위의 밍칸Minqut(천호千戶), 1만 명으로 구성된 투멘Tumen(만호萬戶)이 있었다. 그리고 각 지휘관으로 십호장, 백호장, 천호장을 두었다.

 십진법에 기초한 군대 편성은 이미 아시아 북부의 유목민족 사이에 존재하던 방식으로 새롭다고 말할 수 없다. 그러나 칭기즈 칸이 새로운 특성을 부여하면서 성격이 사뭇 달라졌다. 그 새로운 특성이란 혈연이나 출신보다는 충성심과 실력을 고려한 인재 발탁이었다.

 어느 제국이건 영역을 확대하는 과정에서 부딪히는 난제가 다기한 인종과 광활한 지역의 결합 문제다. 분리냐 통합이냐를 두고 선택의 갈림길에 선 칭기즈 칸은 통합을 선택해 탈몽골주의를 지향했다. 어느 연구자의 지적처럼 몽골이 유라시아 서반부까지 몽골령을 확대시킨 비법은 몽골로 귀부한 사람들을 차별하지 않고 몽골이라는 이름 아래 편입해 재조직화한

조치였다.[5]

　종래 북방민족들이 나라를 건설한 후 부족의 충성심을 유도하기 위해 즐겨 쓰던 방식은 고위 관직이나 군 지휘관 자리를 부족 출신의 귀족들에게 떼어주는 것이었다. 그러나 칭기즈 칸은 출신 성분을 불문하고 사막에서 오직 실력 하나로 생사고락을 같이한 동료나 친인척에게 권력을 배분했다. 요직에 오른 다양한 계층의 사람들은 칭기즈 칸에게 헌신적으로 충성했고 자연스럽게 강한 결속력을 다질 수 있었다.

　칭기즈 칸은 황제 친위대인 케시크keshig(겁벽怯薛)도 조직했다. 케시크는 천호장·백호장·십호장 등 장교 아들이나 전공이 출중한 무장 자손들로 구성되었는데 인질 성격도 강해 천호장 이하를 견제하는 기능도 있었다. 창설 초기 미약하던 케시크는 점차 확대되어 곧 1만 명에 이르렀고 천호장보다 지위가 높았다.[6]

　몽골군은 엄격한 규율을 바탕으로 복종심이 철저했고 군인정신도 강했다. 이탈리아 탐험가 마르코 폴로Marco Polo가 "(몽골의) 모든 병사는 자신의 직속상관에게만 복종했다"고 지적했듯이 잘 짜여진 명령체계 속에서 상명하복이 철저했다. 이와 관련해 칭기즈 칸이 "내가 너의 아비를 죽이라고 명령한 경우에도 내 말을 따라야만 내 명령에 복종한다고 할 수 있다"고 했던 말은 유명하다.[7]

　또 '야사yasa, 札撒'라는 몽골 관습법에 따르면 몽골군은 전장에서 명령을 받지 않고 후퇴하거나 어려움에 처한 동료 병사를 도와주지 않으면 사형

---

[5] 스기야마 마사아키杉山正明, 『유목민이 본 세계사』, 이진복 옮김(학민사, 2006), 302-303쪽.
[6] 김호동, 「몽고제국의 형성과 전개」, 『강좌중국사 Ⅲ』(지식산업사, 1989), 253-258쪽.
[7] 티모시 메이, 『칭기즈 칸의 세계화 전략 : 몽골 병법』, 78·103쪽.

에 처해졌다. 또 전리품은 공동으로 분배한다는 원칙을 고수해 내부의 갈등 소지를 없앤 것도 몽골 군사력의 원동력이 되었다.[8]

무기와 전법

몽골군의 전술은 오늘날까지 수많은 일화가 널리 유포되어 있을 만큼 강한 인상을 남겼다. 몽골인은 "말 위에서 자라 싸움에 익숙했고 봄부터 겨울까지 매일 아침 사냥을 했다"[9]고 전해지듯이 다른 유목민들처럼 기병의 장점을 계승했다. 몽골말은 몸집이 왜소하나 체력과 지구력이 매우 뛰어났다고 한다.

몽골군의 주력은 가죽 투구만을 쓴 경기병輕騎兵이었다. 주무기는 가볍고 관통력이 뛰어난 각궁이며, 짧은 창과 칼, 도끼 등으로 무장하고 전투에 참가했다.[10] 경기병의 임무는 적정을 정찰하고 적의 집결 및 이동을 차단하며 돌격할 때 화력을 제공하고 패주하는 적을 추격하는 일이었다.

몽골군의 약 3분의 1 정도는 중기병重騎兵으로 돌격하는 임무를 맡았다. 돌격할 때 적의 화살이나 창검과 직접 맞부딪쳐야 하므로 투구를 쓰고 미늘이나 가죽으로 된 갑옷을 입고 긴 창으로 무장한 후 전장에 나섰다. 말도 직접 교전을 해야 하므로 마갑馬甲으로 무장했다.

몽골군은 기동력을 극대화할 수 있는 전법을 고안했다.[11] 몽골군의 전술

---

8 룩 콴텐, 『유목민족제국사』, 298쪽.
9 전백찬翦伯贊 편, 『중국전사(하)』, 이진복·김진옥 옮김(학민사, 1990), 85쪽.
10 이기훈, 『전쟁으로 보는 한국역사』(지성사, 1997), 175쪽.
11 티모시 메이, 『칭기즈 칸의 세계화 전략 : 몽골 병법』, 140-158쪽.

몽골 궁수(좌)와 기병대(우) (라시드 앗 딘의 『집사』)

은 적의 무기가 도달할 수 없는 지점에서 화살 세례를 퍼붓는 동시에 대열을 형성해 치고 빠지는 방법을 이용했다.

몽골군은 적군 앞에서 후퇴를 가장해 퇴각하며 뒤를 돌아다보면서 활을 쏘다가, 승기를 포착한 순간 바로 방향을 선회해 적군을 섬멸했다. 몽골군은 함부로 백병전을 벌이는 일이 없었다. 적의 전열이 흐트러지거나 전세가 약해진 경우에만 백병전을 수행했다.

몽골군의 강점은 정탐 활동이었다. 몽골군은 충분한 정보를 수집하기 전에는 원정을 나서지 않았다. 상인을 비롯해 정보원, 알긴친Algincin(선발대) 등을 통해 정보를 수집했고 여기에 역참驛站을 활용했다. 몽골군은 상세히 수집한 정보를 바탕으로 적의 취약 지구를 집중적으로 공격했다.

몽골군은 위장술과 심리전에도 능했다. 적에게 자군의 병력을 부풀려 보이기 위해 소문을 퍼트리거나 말의 꼬리에 나뭇가지를 매달아 몰고 다니며 먼지를 일으켰다. 성곽전에서도 성곽을 포위한 후 소부대를 시켜 약탈행위를 해서 성안 군사를 밖으로 끌어내고, 매일 성안을 향해 감언으로 유혹하고 위협했다.

　몽골군은 유목민족 역사상 가장 수준 높은 공성술도 겸비했다. 몽골은 정복민이라 할지라도 장인이나 기술자를 우대해 몽골의 군사 기술을 향상시키는 동력으로 삼았는데 공성술이 대표적이었다.

　몽골군은 공병대를 조직해 이슬람 또는 송인·금인들을 배치해 포와 공성기를 만들고 다양한 공성술을 도입했다. 그리고 포로나 점령지에서 징발한 군인을 화살받이 부대나 강제 노역 부대로 편성해 위험한 곳에 투입했다.

　몽골군은 쇠뇌(노弩)나 포砲, 사다리 등 공성용 무기를 사용해 쉴 새 없이 공격을 퍼부었다. 성벽 밑에 땅굴을 파 공격하기도 했다. 또 포위한 도시나 성곽 주변에 성곽을 지어 장기전으로 돌입해 적군이 항복할 때까지 기다렸다.

2. 동북아의 재편

금의 번성과 멸망

12세기 동북아 지역은 금(여진)의 시대였다. 오랜 기간 거란을 비롯해 주변국의 폭압과 멸시를 받던 여진은 놀라운 생명력을 드러냈다. 연맹장 아구다阿骨打의 영도 아래 세력을 확장해 마침내 1115년 정월 회녕會寧(흑룡강성 아성)에서 '대금大金'을 건국하고 황제국을 자처했다.[12]

1123년 태조 아구다가 죽자 동생 태종(오걸매吳乞買)이 즉위했다. 태종은 황제 자리에 안주하지 않았다. 강고한 집념으로 열정적으로 대외 정벌을 이끌었다. 1125년 태종은 송과 연합해 거란(요)을 멸망시켰다. 1127년에는 군사를 남으로 돌려 송의 수도 개봉을 함락하고 황제 휘종徽宗·흠종欽宗(휘종의 아들)을 비롯해 종실과 관료들을 인질로 잡아 왔다.

금은 거란을 멸망시키고 중국 대륙의 절반을 차지하면서 동북아의 패자霸者로 도약했다. 그리고 새로운 제국에 적합한 새로운 사회를 만들기 위해

---

[12] 『금사金史』 권2, 본기2 태조太祖 수국원년收國元年 정월.

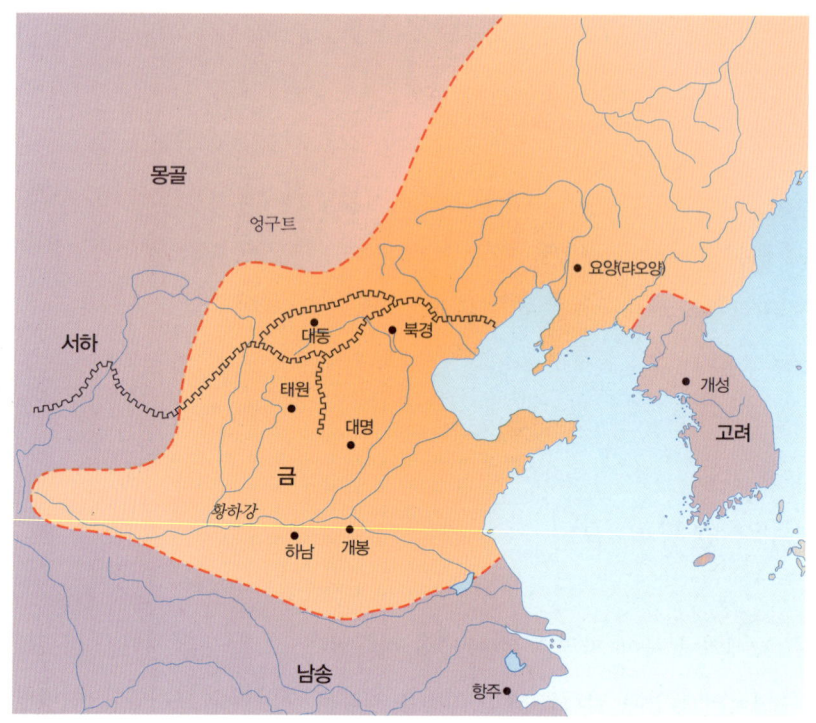

12세기 금 전성기

송의 중앙집권체제를 수용했다. 이것은 사실상 다기하게 흩어져 있던 부족에 대한 지배력을 강화하는 작업이었다. 1153년에는 중국 대륙을 정복한 이민족 최초로 본거지를 떠나 중도中都(오늘날의 북경)에 수도를 정했다.[13] 이후 중도, 즉 북경은 원(몽골)을 비롯해 명·청의 수도로 오랜 기간 번성을 구가했다.

금은 건국 후 100년 가까이 중국 본토로 들어와 북중국을 지배하면서 한족 문화에 동화되었다. 이 점은 거란이 스스로 기마민족임을 자처하면서 수도를 상경 임황부上京 臨潢府(지금의 내몽골 파림좌기 남쪽)에 두고 중국

---

[13] 『금사』 권10, 본기5 해릉海陵 정원원년貞元元年 3월.

대륙의 연운 16주만을 차지하던 태도와 사뭇 차이가 난다.¹⁴

또한 금은 거란과 달리 스텝지대에 대한 관심보다는 화북 진출을 서두른 나머지 몽골 및 만주 지역에 대한 방어에 소홀했다. 금은 몽골이 출현하자 군신관계를 수립해 과도한 공물을 요구했다. 마침내 몽골 칭기즈 칸은 1209년에 공물 상납을 중단하고 1211년부터 금에 대한 대규모 전쟁을 시작했다. 금은 몽골의 침공으로 치명적인 위험에 빠졌고, 1214년 북쪽 영토의 절반을 몽골에 내주지 않을 수 없었다.

1214년 금은 몽골의 위협이 날로 심해지자 수도를 변경卞京(옛 북송의 수도 개봉)으로 옮겼으나 상황은 나아지지 않았다. 1215년 몽골은 중도를 점령했다. 1216년 거란은 금이 허약해진 틈을 타서 대요수국大遼收國을 세웠다. 1217년에는 금 장수 포선만노蒲鮮萬奴가 반란을 일으켜 두만강 유역에 동진국東眞國을 세웠다.

결국 안팎으로 위기에 몰린 금은 1233년 몽골군에게 수도 변경을 내주었다. 그리고 이듬해인 1234년 도피 중이던 마지막 임금 애종哀宗마저 채주蔡州(지금의 하남 여남현)에서 자결하면서 100년의 번영을 뒤로한 채 역사에서 사라지고 말았다.

북송·남송의 멸망이 주는 교훈

12세기 초 동북아 지역에서 금이 주인공으로 부상하자 송에게 한줄기 서광이 비쳤다. 거란과 서하에게 뺏긴 영토를 재탈환하고 설욕할 절호의

---

14 미야자키 이치사다宮崎市定, 『중국사』, 조병한 편역(역민사, 1983), 281쪽.

기회가 생겼기 때문이다.

송은 거란이 금의 공세 앞에 무기력하게 무릎을 꿇자 외교와 무력을 병행한 대외정책을 구사했다. 송은 1115년에 거란에게 '전연의 맹약'(1004)을 폐기하겠다고 통보한 후 군사를 이끌고 자신만만하게 서하를 침공했으나 실패하고 말았다. 1119년 송은 서하를 재침했으나 다시 참패했다.

이 무렵 금은 연운 16주를 향해 서서히 남진하기 시작했다. 송은 거란에게 뺏긴 연운 16주의 수복에 절치부심한 나머지 금과 위험한 군사동맹을 체결했다. 송은 거란을 협공해 연운 16주의 땅을 되찾는다면, 그 대가로 거란에 보내던 은과 비단을 금에 보내기로 한 것이다.

그러나 1122년에 연경을 점령한 금은 1125년 거란을 멸망시킨 후 승세를 몰아 동맹을 파기하고 송을 침범했다.[15] 이후 1127년 송은 금군이 황하를 건너 수도 개봉을 공격하자 속수무책으로 무너졌고 휘종·흠종 두 황제를 비롯해 3,000여 명의 황족과 관리들이 금으로 끌려갔다. 이 사건을 정강靖康의 변이라고 부른다.

결국 송은 회수淮水 이북을 금에게 내주고 강남으로 쫓겨 내려와 새 왕조를 세웠다. 1127년 휘종의 아홉째 아들인 강왕康王(고종)이 귀덕歸德에서 황제로 즉위해 남송 시대를 열었으나 영토나 재정 규모는 옛 송에 비해 약 4분의 3이나 줄어든 상태였다.[16] 중국사에서는 남송이 개창하면서 이전의 송을 남송과 대비해 '북송北宋'이라 부른다.

1128년 가을 남송은 다시 금의 침공을 받았다. 고종은 금의 공격을 피해 이리저리 전전하다가 항주에 안착했다. 이곳에서 악비岳飛가 이끄는 군대

---

[15] 전백찬 편, 『중국전사』(하), 59쪽.
[16] 신채식, 『동양사개론』, 414쪽.

는 전국에서 일어난 의병(충의민병忠義民兵)에 힘입어 금군을 격퇴시켜 나갔다. 그러나 나약한 송 황실은 결국 금에게 매년 은 25만 냥, 비단 25만 필을 주고 금의 신하가 되겠다는 굴욕스러운 합의를 맺고 말았다.(1141년)

이후 남송은 회수를 사이에 두고 금과 100여 년 동안 크고 작은 무력충돌을 벌였다. 다행히 1165년 금이 화평조약을 깨고 남송을 쳐들어왔을 때 이를 격파해 송·금의 군신관계를 숙부·조카 관계로 재조정하고, 세폐歲幣도 은 20만 냥, 비단 20만 필로 감소시켰다.

그러나 남송은 13세기 초 몽골이 부상하자 북송이 금과 군사동맹을 맺은 실패의 역사를 되풀이하는 우愚를 범했다. 남송은 금에 빼앗긴 영토를 되찾기 위해 금과 대치한 몽골과 동맹을 맺었다.

1234년 남송은 몽골과 연합해 금에게 마지막 일격을 가한 후 개봉·낙양을 탈환했다. 그러나 금을 패망시킨 몽골은 남송의 영토가 확장되는 형세를 좌시할 수 없어 이듬해인 1235년 봄에 남송이 금으로부터 탈환한 지역을 공격했다. 이로부터 남송은 중국 역사상 가장 강력한 북방민족인 몽골과 대치하다가 1279년에 망하고 말았다.

변혁기 고려의 갈등과 선택

12세기 초반 금이 건국되면서 변동의 파도는 한반도까지 몰아쳤다. 금이 거란을 붕괴시키고 송마저 남쪽으로 내몰자 고려는 혼돈의 와중에서 생존의 길을 모색하지 않을 수 없었다.

고려가 부딪힌 난관은 강력한 군사력을 지닌 금과 북쪽 국경을 맞댄 현실이었다. 결과적으로 고려는 금과 무력 충돌 없이 원만한 관계를 유지했는데, 그 과정은 순탄하지 않았으나 동북아 역사상 이례적인 측면도 있었다.

금은 송을 공격하면서 고려를 끊임없이 압박했다. 결국 고려는 금과 형제관계를 맺었으나 금이 거란을 멸한 후 군신관계를 강요하자 난관에 부딪쳤다. 고려로서는 장기간 고려에 복속되어온 여진의 요구를 받아들이기가 쉽지 않았다. 일부에서는 금에 대한 격렬한 적의를 노골적으로 나타냈다. 그러다가 1125년(인종 3) 이자겸李資謙·김부식金富軾(1075~1151) 등이 주도해 금에 사대한다는 약조를 맺었다. 고려 내부는 이 일로 분열되었고, 결국 1135년 묘청妙淸의 난으로 폭발했다.

단재 신채호申采浩(1880~1936)는 「조선역사상일천년래제일대사건朝鮮歷史上一千年來第一大事件」(1930년)에서 고려가 금과 맹약을 맺은 행위를 자존을 훼손시킨 일이라고 지적했으나 당시 국제 정세를 냉정하게 분석해보면 비굴한 외교로만 평가할 수 없는 측면이 있다.

고려는 1117년 금이 거란을 공격하자 거란이 점령한 보주保州를 되찾았다. 금이 거란을 압박하자 거란 자사 상효손 등이 내원성과 보주를 고려에 바치고 귀순하면서 고려 관할이 되었던 것이다.

고려에서는 보주를 의주로 고쳐 방어사를 파견함으로써 고려 국경을 압록강까지 끌어올렸다. 보주는 991년 거란이 내원성을 설치한 후 줄곧 거란의 차지였으므로 고려가 보주를 확보하기까지 무려 126년이라는 긴 세월이 걸린 셈이다.

금은 고려가 보주를 차지하자 이 지역이 거란령이었다는 이유로 자국의 요구를 수용하지 않으면 빼앗겠다고 위협했다. 고려 조정은 금의 의도가 보주가 아니라 화친에 있다고 판단해 금과 타협하고 보주를 확보했던 것이다. 거란이 강동 6주를 내주었듯이 여진도 고려가 보주를 차지하는 상황을 묵인했다. 이후 고려는 금이 망할 때까지 100여 년간 전쟁을 억제할 수 있었는데 당시 국제정세로 볼 때 결코 흔한 사례가 아니라는 점에서 주목된다.

어쨌든 고려는 자국의 안전을 위해 금과 성공적으로 평화 관계를 맺었고 그 대신에 남송과는 외교 관계를 끊었다. 두 나라는 제1차 거란전쟁 직후인 994년에 단교한 상태에서 비공식적인 관계를 유지하다가 1071년(문종 25) 국교를 재개했다. 고려와 송은 북방민족의 견제라는 실리를 공유하면서 우호 관계를 유지했다.

송은 1126년 금이 쳐들어오자 고려에 원병을 청했고 1127년에도 금에 억류된 황제를 구출하기 위해 길을 빌려달라고 요구했다. 고려를 통해 금을 급습하기 위한 의도에서 금으로 들어가는 길을 열어달라는 요청이었다. 그러나 금과 맹약을 맺은 고려는 모두 응하지 않았고 두 나라는 또다시 국교를 단절하고 말았다.

> 서화西華는 이미 기울어가고
> 북새北塞는 아직도 혼몽한데
> 문명의 아침을 앉아 기다리노니
> 동녘 하늘이 붉게 타오르려 하네

이 시는 고종 대에 이규보와 함께 문명을 날리던 진화陳澕가 서장관書狀官 자격으로 금에 가면서 지은 것이다.[17] '서화'·'북새'·'동녘 하늘'은 각각 송·금·고려를 지목한 단어로, 기울어가고 혼몽한 두 나라에 비해 고려는 붉게 밝아오는 아침을 맞고 있다는 자부심이 가득하다.[18]

---

[17] 최자, 『보한집』 상上.
[18] 노명호, 「고려시대의 다원적 천하관과 해동천자」, 『한국사연구』 105(한국사연구회, 1999), 39쪽.

3. 13세기 고려의 상황

무인정권의 시대

1231년(고종 18) 몽골군이 고려를 침공했을 때 최고 권력자는 국왕이 아니라 최우崔瑀(후에 최이崔怡로 개명)였다. 그렇다면 고려의 국내 사정이 여기까지 이르게 된 배경은 무엇이었을까?

12세기 고려 내부는 권력 쟁탈을 둘러싸고 크게 요동했다. 국왕 권위에 도전하는 귀족들의 움직임이 격렬했고 귀족 사이의 갈등도 심했다. 이자겸의 난(1126년)으로 파란을 겪은 인종은 개경 귀족을 견제하기 위해 서경으로 천도를 시도했다가 묘청의 난(1135년)을 야기하면서 김부식 등 기존 세력의 입지만 강화시켰다.

1146년 의종이 19세의 나이로 왕위에 오르자 정국은 더 요동쳤다. 의종은 귀족 정치의 틈바구니에서 왕권을 지켜내기 위해 다양한 방안을 짜냈으나 말년에 유흥에 빠져들었다. 이런 상황에서 1170년(의종 24) 무신들이 정변을 일으키니 이것이 고려 사회를 일변시킨 '무신란武臣亂'이었다.[19]

이 무렵 문반은 무반보다 우월한 위치에 있었다. 전쟁이나 내란이 발생해도 군 통수권자는 문반이었다. 거란 전쟁의 주역 서희·박양유·강조·강감찬, 여진 정벌의 최고책임자 윤관 모두 문관이었다. 이런 상황에서 문신에 의한 무신의 차별이 도화선이 되어 무신란이 일어났다.

고려는 무신란 이전에 이미 반세기 동안 이자겸이나 묘청의 난 등 지배층 내부의 대립이 끊이지 않았다. 그러므로 무신란은 외형적으로 무신 차별이나 하급 군인에 대한 열악한 처우 등이 계기가 되었으나 결국 지배층의 갈등이 격화되면서 터졌다고 볼 수 있다.

무신란 이후 권좌를 차지하기 위한 무인들의 싸움이 지속되면서 이의방李義方, 정중부鄭仲夫, 경대승慶大升, 이의민李義旼 등이 흥망을 거듭했다. 그러다가 최충헌崔忠獻(1149~1219)이 등장해 분쟁에 종지부를 찍었다. 최충헌은 최우·최항崔沆·최의崔竩까지 4대 60년에 걸친 무인 독재 시대를 연 주역이며, 최우~최의 집권기가 몽골 전쟁 기간이었다.

지배층이 권력 다툼에 골몰해 있자 민民들은 지배층에 대한 불편한 심기나 생활고를 표출하기 시작했다. 무신란 직후 시작된 농민·천인의 봉기는 명종明宗(1170~1197), 신종神宗(1197~1204) 대에 활활 타올랐다. 이 시기는 무인들이 정치 일선에 나선 격변기였다. 이 틈을 타고 지방 수령의 탐학이 노골화되고 실력자들이 공공연하게 불법으로 토지를 점거하자 농민들은 큰 고통에 빠져들었다.[20]

12세기 후반 농민봉기의 첫 포문을 연 곳은 서북면이었다. 1172년(명종 2) 창주昌成·성주成川·철주鐵山 주민들이 수령의 횡포에 맞서 봉기했다. 농민봉기는 1174년 서경에서 일어난 조위총趙位寵 반란을 계기로 본격화되어

---

[19] 『고려사』 권10, 세가 의종 24년 8월 정축 ; 『고려사절요』 권11, 의종 24년 8월 병자, 정축.
[20] 신안식, 『고려 무인정권과 지방사회』(경인문화사, 2002), 171-303쪽.

중부와 남부 지역까지 확산되었다. 조위총은 병부상서兵部尙書로서 관료이나, 봉기의 중심 세력은 서북면 40여 성의 주민이었다.

1176년 공주 명학소에서 망이亡伊·망소이亡所伊가 일으킨 봉기는 한때 충청도를 장악할 만큼 큰 위세를 떨쳤다. 1193년 경북 운문雲門(청도)과 초전草田(울산)에서 일어난 김사미·효심의 봉기는 가담자 7,000여 명이 관군에 의해 참살될 정도로 규모가 컸다.

1202년(신종 5) 경주에서 신라 부흥을 표방하고 일어난 봉기도 한때 치성하다가 진압되었다. 1217년(고종 4)에도 서경에서 군졸 최광수崔光秀가 고구려 부흥을 내걸고 봉기를 일으켰다.

농민봉기는 몽골 전쟁 기간에도 끊이지 않았다. 전쟁 초기에 하층민들은 관군과 함께 전쟁에 적극 참여했지만 1232년에 고려 조정이 강화로 천도하자 대규모 봉기를 일으켰다. 백성 입장에서 강화 천도란 본토 백성을 저버리는 행위로 비쳤기 때문이다. 심지어 전쟁 기간 중 몽골군에 부역하는 사람들마저 생겨났다. 이리하여 몽골 전쟁 기간 중 무인정권은 몽골군과 민심 이반이라는 두 개의 전선과 대치했다.

군사력 실태

1123년(인종 1) 송 황제 휘종이 파견한 사절단이 고려의 수도 개경에 도착했다. 사절단은 한 달 남짓 체류한 후에 본국으로 돌아갔는데 그중 서긍徐兢(1091~1153)이 그동안 수집한 정보들을 망라해 『고려도경高麗圖經』(1124년)을 세상에 내놓았다. 일종의 사행 보고서였다.

서긍은 이 책에서 고려군의 규모를 당 태종이 고구려를 공격할 당시의

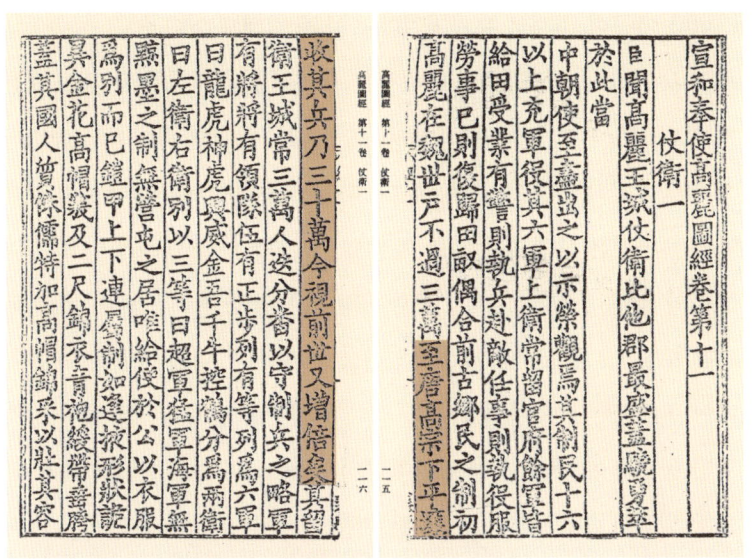

『고려도경高麗圖經』 1123년(인종 1) 고려를 방문한 송 사신 서긍이 편찬한 사행 보고서. 이 책에서 서긍은 고려가 동원할 수 있는 병력을 60만으로 파악했다.

병력 30만의 두 배인 60만 정도로 파악했다. 서긍이 고려를 방문한 해는 북송이 금에 멸망하기 4년 전으로, 송 사신들은 금을 견제하기 위해 고려에 지원병을 요청하는 임무를 띠고 왔다. 따라서 군사 정보에 민감할 수밖에 없던 서긍이 파악한 60만 병력은 꽤 신빙성이 있다고 여겨지며, 아마도 비상시 동원할 수 있는 최대 병력이 아니었을까 싶다.[21]

그러면 무인집권기에도 이만한 군사력이 유지되었을까 궁금하다. 이에 대해 무인집권기에는 2군 6위가 유명무실화되고 번상番上(지방에서 군사를 뽑아 차례로 중앙의 부대로 보내던 일)조차 제대로 이루어지지 않았다는 견해가 있는가 하면, 무인집권 이후 몽골 전쟁이 본격화되기 전까지는 군사

---

[21] 이상국, 「고려시대 군호의 편제와 본관제」, 『군사』 56호(국방부 군사편찬연구소, 2005), 105-113쪽.

조직이나 기능이 대체로 유지되었다고 보는 견해도 있다.[22]

사실 무인집권기 군사력에 대해서는 확정적으로 제시할 수 있는 내용이 많지 않다. 이 시기 늘어난 사병私兵 조직 때문에 국방력이 허약해졌다는 것이 지금까지의 공론이기 때문이다. 따라서 무인집권기의 군사력 실태를 파악하는 관건은 사병의 존재를 어떻게 이해하느냐에 달려 있다고 본다.

고려의 군사 조직은 11세기 초에 정비되어 중앙에 2군 6위가 설치되고 지방에 주현군·주진군이 배치되었다. 1104년에는 여진 정벌을 위해 기병부대인 별무반別武班도 창설했다. 그러나 무신란을 전후해 중앙군의 기저를 이루던 농민층이 생산 기반에 안착하지 못하고 이탈하면서 그 체제가 흔들리게 되었다. 여기에다가 무신란 이후 정권을 장악한 무인들이 독자적인 무력 기반을 갖추기 위해 기존의 군사조직을 사병으로 흡수하면서 중앙군 조직은 위기에 봉착했다.

사병의 기원은 1179년(명종 9) 경대승이 개인 경호 조직으로 탄생시킨 도방都房이다. 경대승 사망 직후 해체된 도방은 1196년 최충헌에 의해 6번番 도방으로 부활해 신변 보호는 물론 정권을 뒷받침하는 조직으로 탈바꿈했다. 최우는 이를 내도방·외도방으로 확대했고, 야별초夜別抄라는 조직도 추가했다. 항간에는 "그때 용감한 자는 모두 최충헌 부자의 문객門客이 되었고, 관군은 모두 노약하고 지친 병졸이었다"[23]는 말이 유행할 정도였다.

그럼에도 중앙군 조직은 몽골 전쟁 직전까지 여전히 살아 있었다고 판단된다. 이 점은 각지에서 발생한 반란들을 진압하기 위한 토벌군을 조직하거나, 1231년 몽골이 처음 침공했을 때 출정군을 편성해 북쪽으로 급파

---

22 권영국, 『고려후기 군사제도 연구』, 서울대학교 박사학위논문(1994), 13~17쪽.
23 『고려사』 권103, 열전16 조충趙冲.

했다는 사실에서도 잘 드러난다. 하지만 고려 조정이 강화도로 들어간 이후 출정군을 편성했다는 기록이 없으므로 2차 침입 이후 중앙에서 병력 동원은 사실상 불가능했다고 보인다.

그동안 1차전을 제외한 몽골 전쟁기에 고려에서 출정군을 편성하지 못한 원인에 대해서는 사병의 확대로 인한 군사조직의 와해가 많이 거론되곤 했다. 하지만 다른 측면에서 살펴보면 이와 다른 이해도 가능하다. 무엇보다도 무인집권기에 탄생한 삼별초에 대한 이해다.

삼별초는 야별초의 후신으로 무인집권 초기부터 등장하지만 몽골 전쟁 후반기에 두드러진 활동을 보이고 있다. 현재 삼별초가 언제 성립했는지에 대해서는 정설이 없는 상태이며 사료에는 주로 '별초'라는 이름으로 더 많이 등장한다. 삼별초는 최씨 무인정권의 사병적인 존재로서 치안을 담당했으나 몽골 전쟁 후반기에 적을 퇴치하는 혁혁한 공적을 남기고 있어 관군의 역할을 수행했다고 보인다.

또 한 가지는 몽골 전쟁기 지방군에 대한 새로운 이해다. 국초 이래 고려의 방어 전략은 북계(서북면) 성곽 요새에서 수성전을 펼쳐 적의 남진을 지연시키는 동안, 조정에서 중앙군을 급파해 본격적으로 반격을 가하는 형태였다. 이 때문에 한반도 내륙까지 들어온 적은 전후방에서 고려군의 협공을 받아 번번이 무너졌다.

그러나 몽골 침공 시에는 1차전을 제외하면 중앙군의 편성이 이루어지지 못했다. 그 대신에 중앙에서 파견한 방호별감防護別監이 중심이 되어 지방 요새를 거점으로 한 방어체제로 전환했다. 이러한 전술 변화에 따라 지역 주민들이 그대로 지방에 머물면서 성곽을 거점으로 방어전을 전개했다고 추정하고 있다. 곧 출정군의 편성 대상이 되는 주민들이 상경하지 않고 지역에서 대몽항쟁을 펼쳤다고 볼 수 있다.[24]

요컨대, 무인집권기 군사력에 대해서는 아직까지 이견이 많은 상태다. 최근에 몽골군과 대적해서 싸운 존재로서 별초군別抄軍이 부각되면서 이 시기 군사조직에 대한 새로운 이해의 필요성이 제기된 상태일 뿐이다. 결국

---

24 권영국, 『고려후기 군사제도 연구』, 26-27쪽.

몽골 침공 당시 격전지 구주성 고려군은 1231년 9월부터 1232년 1월까지 4개월 동안 몽골군이 퍼붓는 수십 차례 공격을 모두 막아냈다.

군사력을 진단하는 문제는 몽골 전쟁기 강도江都 조정[25]이나 무인정권의 주전론을 어떻게 이해할 것인가, 그리고 몽골 전쟁의 평가를 어떻게 할 것인지와 밀접한 관련을 맺고 있다.

녹슬지 않은 관방 요새

조정에서 사신을 보내 고려 강역으로 들어가면 성곽들이 우뚝우뚝하여 실로 업신여길 수 없다.

이 말은 송 사신 서긍이 『고려도경』에서 고려 성곽에 대해 남긴 글이다.[26] 매우 간단한 묘사이나 고려의 군사 정보에 민감하던 송 사신의 기록이라는 점에서 신뢰할 수 있는 정보라고 판단된다.

---

[25] 강도 : 강화의 다른 이름. 1232년 고려 조정이 몽골의 침입을 받고 이곳으로 천도해 환도할 때까지 39년간 임시 수도로 삼아 생긴 이름.
[26] 『고려도경高麗圖經』 권3, 성읍城邑.

그러면 한반도에서 성곽이 갖는 의미는 무엇인가? 앞서 1장과 2장에서 몇 번 언급했듯이 동서양을 막론하고 제한된 무기와 군사를 갖고 싸우던 시대에는 방어수단이 공격수단보다 적에게 더 큰 타격을 입혔다. 더구나 한반도 북쪽처럼 산지와 협곡이 많은 지형에서 성곽전은 최상의 공격이자 방어였다.

역대로 한반도 주변에는 중국 대륙을 비롯해 기마騎馬를 장기로 하는 북방민족이 포진해 있었다. 이들과 맞서 싸울 때 평지에서 싸우는 것은 패배를 자초하는 일이었다. 그보다는 성곽과 같은 방어시설을 활용하는 것이 유리했고 이때 자주 구사한 전술이 '청야입보淸野入堡'였다.

적이 침입하면 군사들과 주민들은 일단 인근의 성으로 이동해 성을 굳게 지키면서 장기전으로 돌입했다. 성으로 들어갈 때에는 가옥을 불태우고 각종 창고나 들판에 있는 모든 양식을 성으로 옮기거나 소각해 적군이 현지에서 군량을 확보할 수 없도록 했다. 이러한 청야입보를 병행한 성곽 방어는 전통적으로 삼국시대 이래로 한국의 기본적인 방어개념이었다.

간혹 청야입보에 대해 하찮게 여기거나 전술도 아니라는 식으로 평가하는 사람들이 있다. 그러나 이것은 한반도에서 청야입보가 얼마나 큰 위력을 발휘했는지 잘 모르고 하는 소리다. 성곽전은 공격하는 쪽에서 충분한 무기나 수단이 없다면 성을 공략하기까지 수 개월씩 걸리기 십상이었다. 또 성곽전은 평원의 전투와 달리 정규 군사 이외에 주민들의 전투력과 노동력을 조직적으로 활용해 싸울 수 있다는 이점이 있었다.

고려와 몽골 전쟁에서 몽골군이 고려군에게 고전을 면치 못한 곳은 대부분 고려의 수성전이 빛을 발한 곳이었다. 대표적으로 박서朴犀의 구주성 전투, 최춘명崔椿命의 자주성 전투, 이세화李世華의 광주성 전투, 김윤후金允侯의 처인성處仁城과 충주성 전투, 송문주宋文冑의 죽주성 전투, 송군비宋君斐의 입암산성笠嚴山城 전투, 안홍민安洪敏의 한계산성 전투 등이다.

이 중 대표적인 사례로 구주성 전투를 꼽을 수 있다. 1231년 몽골군은 고려를 침입해 4개월이 넘도록 누차樓車(공격용 수레)나 포차砲車 등으로 맹렬히 공격했으나 실패하고 말았다. 고려군은 운제雲梯(구름다리)를 이용해 성을 공격하는 몽골군에 맞서 대우포大于蒲도 사용했다. 대우포는 큰 칼날이 달린 병기라고 하나 구체적인 모양을 알 길이 없다. 기록에 따르면 "대우포로 맞받아치니 다 부서져버려 몽골군이 운제를 가까이 대지 못했다"고 되어 있다.[27]

실제로 이 전투에 참여한 70여 세의 몽골군 노장수가 전투가 끝난 뒤에 구주성 주변에 흩어 있던 공성기계와 성 주위를 둘러보며 "내가 어려서부터 종군해 천하의 무수한 성을 공격했으나, 일찍이 이렇게 맹렬한 공격에도 끝내 항복하지 않는 성은 처음 보았다"[28]고 할 정도였다. 고려가 장기간 몽골의 침공에 대처하면서 유효한 일격을 가할 수 있던 것도 수성능력이 있었기 때문이다.

---

[27] 『고려사』 권103, 열전16 박서.
[28] 『고려사절요』 권16, 고종 18년 12월.

4. 30년 전쟁의 시작

몽골의 침공 배경

고려가 몽골과 첫 대면을 한 해는 1216년(고종 3)이었다. 몽골이 금을 침공하자 금 치하에 있던 거란인들이 반란을 일으켰다가 몽골군에게 쫓겨 평양 강동성江東城까지 들어와 웅거했다. 1219년 고려는 몽골과 연합해 거란인을 토벌한 후 국교를 열고 형제 관계를 맺었다.

이때 맺은 협약 내용은 고려가 몽골에 매년 조공을 바치는 것이 골자였다. 고려 조정은 몽골에 대해 "동쪽 오랑캐 중에서도 가장 흉포하고 사나우며 일찍이 우리와 우호관계가 없었다"[29]고 평했다. 고려의 예상대로 몽골은 국교 수립 후 고압적인 자세로 과다한 공물을 요구해 고려인들의 분노를 샀다.

고려는 분쟁을 우려해 몽골의 요구를 최대한 수용했다. 이런 와중에 1225년 공물 징수를 위해 파견된 몽골 사신 자꾸예著古與가 귀국하던 도중 압록강

---

[29] 『고려사절요』 권15, 고종 5년 12월.

지역에서 피살되었다. 이 사건을 계기로 두 나라의 국교는 끊어졌다.

몽골은 고려와 왕래를 하지 않는 동안 내부적으로 큰 변화를 겪었다. 1227년 칭기즈 칸이 사망하자 셋째 아들 오고타이窩闊台가 대권을 이어받았다. 오고타이는 몽골 사신이 살해되자 고려 정벌을 주장한 강경론자였다.

오고타이는 아버지의 유훈을 받들어 세계정복사업을 재개하고 대작전을 구상했다. 첫째, 금의 분쇄와 중원 및 고려의 평정, 둘째, 페르시아에서 몽골 지배권의 강화, 셋째, 풍요로운 러시아의 곡창지대와 동부 유럽의 정복이었다.[30]

오고타이가 대작전 가운데 첫 번째 작전을 진두지휘한 사실에서 알 수 있듯이 몽골이 1차적으로 노린 지역은 중국 대륙이었다. 오고타이는 만주에서 패권을 잡고 중원 진출을 노리면서 금·송을 정복하기 위해 고려를 제압한다는 방침을 정했다. 곧 몽골이 고려를 침공한 이면에는 아시아 지역에 대한 정복 야욕이 도사리고 있었다.

오고타이는 몽골 사신의 피살 사건을 응징한다는 명분으로 전쟁을 준비했다. 오고타이는 여·몽 연합군이 강동성에 웅거한 거란인들을 평정할 때 몽골군 부원수로 참전한 살리타撒禮塔를 원정군 총대장으로 임명해 준비를 갖추도록 조치한 후 1231년 8월에 고려를 침공했다. 국교가 단절된 지 6년 만이었다.

칭기즈 칸 이래로 몽골의 대외 정책은 침략과 약탈을 통한 이민족 복속이었다. 몽골은 대다수의 농경민족이 택한 적당한 군림과 복종을 거부했다. 몽골의 침략을 받은 나라가 선택할 수 있는 것은 저항 아니면 항복뿐이었다.[31]

---

[30] 룩 콴텐 저, 『유목민족제국사』, 211쪽.

몽골의 첫 수도 카라코룸(현 하르호린) 2대 칸인 오고타이가 수도로 정한 이후 약 20년 동안 북방 실크로드의 중심지였다. (ⓒFrithjof Spangenberg-Creative Commons 2.5)

이 점은 중원의 대외정책과 판이했다. 전통적으로 중국 대륙의 왕조는 화이론華夷論에 입각한 책봉冊封 체제를 통해 황제가 주변국 임금을 책봉하는 형식으로 관계를 맺어왔다. 거란(요)이나 금조차도 책봉을 통해 주변국과 관계를 유지한 반면에 몽골은 철저하게 정복에 기초한 복속 관계를 지향했다.[32]

몽골은 시종 강한 군사력을 앞세워 다른 국가를 침공했고 침공 후에는 강압적인 수탈과 요구를 앞세워 일방적인 관계를 강요했다. 대표적으로 몽골은 정복 지역에 대해 여섯 가지 조건[육사六事]을 요구했다. 즉 지배층 자제를 인질人質로 보내기, 인적자원(호구戶口) 보고, 군사 제공(조군助軍), 조공 납부, 몽골 관리 다루가치達魯花赤의 주재, 몽골군의 물자 보급과 연락을 위한 역참 설치 등이었다.

몽골은 고려를 침공할 때에도 똑같은 전략으로 군사 행동을 수행했고, 약탈을 동반해 고려의 저항 의지를 말살시키고 군사력을 무력화시키고자 했다.

---

[31] 심재석, 「세계제국 몽고와 맞선 고려 민중의 힘」, 『고려시대 사람들 어떻게 살았을까』(청년사, 1997), 115쪽.
[32] 박종기, 『5백년 고려사』(푸른역사, 1999), 278쪽.

4개월의 사투 구주성 전투

1231년(고종 8) 8월 살리타는 압록강 하구의 관문인 함신진(평북 의주)을 거쳐 고려를 침공했다. 8월 29일 몽골군의 거센 기세에 전의를 상실해버린 함신진의 책임자 조숙창趙叔昌은 싸우지도 않고 몽골군에 항복했다.[33]

적이 압록강을 도하했을 때 남쪽으로 내려오는 경로는 두 가지다. 하나는 철주(철산)·곽주를 거쳐 청천강을 건넌 후 안주·서경에 이르는 길이고, 또 다른 길은 북쪽 내륙의 구주·자주 등을 거쳐 서경에 이르는 길이었다.

몽골군의 선봉부대는 최단 노선을 택해 개경으로 신속히 향했고, 살리타가 이끄는 본군을 비롯한 주력부대들은 두 노선을 따라 남진했다.[34]

살리타가 이끄는 몽골군은 정주靜州(의주), 인주麟州, 용주龍州 등을 함락하고 9월 말경 선주·곽주 등지를 점거했다. 10월 21

1231년 몽골의 침략로

---

[33] 『고려사』 권23, 세가 고종 18년 8월 임오.
[34] 윤용혁, 『고려대몽항쟁사연구』(일지사, 2004), 44쪽.

일 안북부까지 내려온 살리타는 이후 고려군을 맞아 승리한 후 안북부를 본영으로 삼아 전쟁을 지휘했다. 이곳에서 살리타는 '임시황제'를 자칭하며 정복자와 같은 거만한 태도를 보였다.

함신진에서 서해안을 따라 남하한 또 다른 부대는 8월 29일 철주성을 함락했다. 철주성 전투는 보름이나 지속될 정도로 고려군의 저항이 거셌다. 철주성을 함락시킨 몽골군은 일부 병력만 주둔시킨 채 주력은 주요 요새를 그대로 통과해 남하했다.

고려 조정이 몽골의 침공 급보를 받은 날은 9월 2일이었다. 몽골군이 압록강을 도하한 지 이미 20여 일이나 지난 시점이었다. 대신들은 최우의 집에 모여 대책을 숙의한 결과 대장군 채송년蔡松年을 북계병마사로 임명하고, 중앙군과 각도 군사로 3군(중군中軍·좌군左軍·우군右軍)을 편성해 북쪽으로 급파하기로 결정했다.

채송년이 삼군을 이끌고 개경을 출발한 시기는 9월 9일이었다. 고려군이 몽골군과 처음 접전한 곳은 9월 하순 봉산 부근의 동선역洞仙驛이었다. 이 싸움에서 몽골군 8,000명이 3군을 기습 공격했으나 고려군의 분전으로 몽골군을 격퇴했고, 특히 마산馬山 출신의 산적 2인의 용맹이 두드러졌다. 고려군은 승세를 이어 안북부까지 북상해 그곳에서 몽골군 주력부대와 접전했으나 절반이 넘는 병력 피해를 입고 무너지고 말았다.

한편, 북쪽 내륙으로 남하하던 몽골군은 영삭진·안의진을 거쳐 9월 3일에 북로 요충지이자 서북면 병마사영兵馬使營인 구주성을 포위했다. 중앙에서 파견한 3군이 몽골군에게 격파당한 것과 달리 북계 요진要鎭(요충지에 있는 진영)에서는 몽골군의 진격을 저지시켰다. 구주에서는 병마사 박서가 정주·삭주에서 탈출해온 지휘관 김경손金慶孫·김중온金仲溫을 비롯해 정주·위주·태주의 여러 수령들과 함께 항전 태세를 갖추고 있었다.

구주성은 '강동 6주' 가운데 하나로 몽골군은 약 4개월간 구주성을 몇 겹으로 에워싼 채 최강의 공성술을 쏟아부었으나 고려의 지휘부와 군사들이 혼연일체로 맞서자 공략에 실패했다. 첫 구주성 전투는 9월 3일부터 10월 초순까지 한 달 정도 펼쳐졌다.

몽골군은 쉴 사이 없이 공격을 퍼부었다. 몽골군이 풀과 나무를 실은 수레를 이용해 진격하자 고려군은 포차를 이용해 수레에 쇳물을 쏟아부어 태워버렸다. 몽골군이 누차와 목상木床 안에 병사를 숨기고 쇠가죽으로 싼 후 구주성 아래까지 접근해 굴을 파고 침투하자 고려군은 쇳물을 쏟아부어 누거를 태우고 굴속의 몽골군을 섬멸했다. 몽골군이 다시 건초에 불을 붙여 공격하자 이번에는 물을 부어 불길을 잡았다. 결국 몽골군은 포위를 풀고 퇴각했다.

10월 20일 몽골군은 구주성을 다시 공격했으나 실패하고 11월 초에 퇴각했다. 11월 하순 몽골군은 구주성을 또다시 공격했으나 실패했고, 12월 하순에도 큰 포차로 성곽을 부수면서 맹렬히 공격을 퍼부었으나 실패했다. 구주성 공략에 실패한 몽골군은 이듬해 1232년 1월 초순까지 몇 차례 공격했으나 모두 실패했다.

결국 구주성에서 치열하게 농성하던 고려군은 강화 성립 후 몽골과의 관계 악화를 우려하는 임금의 투항 명령을 받고서야 항복했다. 뒤에 몽골 사신이 박서의 처단을 요구했으나 당시 최고 권력가 최우는 박서의 충성과 절개를 높이 여겨 고향으로 보냈다.35.

몽골군은 당초 예상과 달리 구주성에서 1231년 9월 3일부터 1232년 1월 초순까지 무려 4개월 동안이나 발이 묶인 탓에 작전 전반에 큰 차질을 빚

---

35 『고려사』 권103, 열전 박서朴犀 ; 『고려사절요』 권16, 고종 18년 9월, 고종 19년 정월.

었다. 구주성 전투는 나이 든 몽골군사가 자기 평생 이런 싸움은 처음이라면서 놀랐을 정도로 고려의 성곽전의 우수성을 입증한 전투였다.

다루가치의 설치

몽골군 주력부대가 서북면에서 전투를 진행하는 동안 선발부대는 벌써 9월 10일에 서경을 공격했다. 그러나 서경에서 고려군의 저항이 강력하자 그대로 남진해 9월 14일에 황주·봉주(황해도 봉산)에 당도했다. 아마도 9월 하순 고려의 중앙군이 동선역에서 전투를 벌인 상대는 이 주력부대가 아닐까 싶다.

안북부에 주둔해 있던 살리타는 주력부대를 개경을 향해 남하시켰다. 살리타는 푸타우蒲桃·디쥬迪巨·탕쿠唐古 세 명의 장수를 전진시켰다. 몽골군 주력부대는 11월 28일 평주(평산)를 공략했다. 평주는 10월 초에 몽골 사신 2명을 억류시킨 곳으로 몽골군은 이에 대한 보복으로 야간에 급습해 성안 주민들을 살육했다.

다음 날 몽골군은 개경 도성의 서쪽에 있는 선의문宣義門 부근에 도착해 진을 쳤고 선봉부대는 예성강 근처에서 주민을 학살했다. 기록에 의하면 "선봉군이 예성강에 이르러 집을 불 지르고 인민을 죽이고 노략질한 것이 이루 헤아릴 수 없었다"[36]고 한다.

고려 조정은 채송년이 이끄는 삼군이 안북부에서 패배했다는 급보를 받자 11월 하순에 병력을 추가로 소집하도록 조치했다. 그러나 이후 기록이

---

[36] 『고려사』 권23, 세가 고종 18년 11월 신해.

13세기 후반 일본군과 대치하고 있는 고려·원의 군사들 앞줄에 선 군사들이 큰 방패를 이용해 방어막을 만들고 있다. (「몽골습래회사蒙古襲來繪詞」)

없는 것으로 보아 성과를 이루지 못한 듯하다.

  12월 1일 몽골의 주력부대가 개경 사대문 밖에서 포위망을 구축하고 고려 국왕의 항복을 요구했다. 그 사이 새롭게 편성된 몽골군 별동대가 광주를 거쳐 충주·청주까지 남하해 여러 성들을 공략했다. 몽골군 별동대는 통과한 지역마다 파괴와 학살을 일삼았다. 고려 조정은 북계의 요새들이 공략당하고 주력부대마저 전투력을 상실하면서 개경이 실함될 위기에 처하자 화의를 요청했다.

  고려 조정은 어사 민희閔曦를 살리타 진영에 파견해 강화 협상을 맺고, 왕족 회안공淮安公 정珽[37]을 파견해 몽골군을 위로했다.[38] 그러나 살리타는 항복과 결전 중 약자택일을 요구했다. 결국 고려 조정은 국왕 대신에 왕족 회안공이 항복 의식을 거행한다는 조건으로 평화 조약을 체결했다. 몽골군은 1232년 1월에 철수를 개시해 3월 초순경에 철병을 완료했다.

---

[37] 회안공淮安公 왕정王珽(?~1234) : 아버지는 영인후 진稹이며 어머니는 명종의 딸 연희궁주다. 신종의 딸 경녕궁주와 혼인하고 회안공에 봉해졌다.
[38] 『고려사』 권23, 세가 고종 18년 12월 임자 ; 『고려사』 권23, 세가 고종 18년 12월 병진.

살리타는 화평의 대가로 수많은 전리품을 챙겼다. 그리고 서북면 점령 지역 40여개 성에 행정 감독관인 다루가치 72명과 수비군 약간을 잔류시켰다. 1232년 2월에는 도단都旦이 고려의 국정을 전부 다스리는 임무를 띠고 개경에 왔다.[39] 이제 다루가치가 수도 개경에까지 설치된 셈이며, 그로부터 받는 수모는 대단히 컸다.

종전 후에도 몽골의 요구는 끊이지 않았다. 몽골은 전쟁 종료 직후인 1232년 3월에 동진국 정벌에 필요한 군선과 병력 지원을 고려에 강요했다. 고려는 전선 30척과 수군 3,000명을 지원했다. 또 왕족 및 고위관료의 자녀 약 1,000명을 인질로 요구하고 장인匠人과 여자도 요구했다.[40]

강화로 천도한 고려 정부

고려의 최고 권력자 최우는 몽골이 군대를 철수한 틈을 이용해 1232년(고종 19) 7월에 강화도로 천도했다. 천도 문제는 몽골군 철수 직후부터 논의되었는데 고종을 비롯해 대부분 관리들은 오랜 기간 번영을 구가해온 개경을 고수했다.

최우는 반대 여론에도 불구하고 강화 천도를 결행했다. 최우가 천도를 결심한 배경은 몽골이 다루가치를 설치해 내정간섭을 시도하면서 국내 정치 상황마저 최씨 정권에게 불리해졌기 때문으로 여겨진다.

강화도는 한국에서 다섯 번째로 큰 섬으로 남북 길이가 약 27km, 동서

---

[39] 주채혁, 「고려 내지內地의 다루가치達魯花赤 치폐置廢에 관한 소고」, 『청대사림』 1(청주대학교 사학회, 1974).

[40] 『고려사』 권23, 고종 19년 4월.

길이가 약16km다. 지리적으로 한강·임진강·예성강이 합류하는 하구에 위치하며, 동쪽으로는 염하를 끼고 통진과 마주해 있다. 염하의 너비는 그리 넓지 않지만 물살이 빠르고 매우 거세 밀물 때를 기다려야만 배로 출입할 수 있는 천연 요새였다.

최우가 강화도를 천도지로 주목한 이유는 몽골군이 기마병이므로 수전에 약할 것이라는 전술적 판단과 함께 지형적으로 밀물·썰물의 차가 커 외부 침입이 쉽지 않다는 점이 고려되었다. 이 밖에도 개경과 인접하고, 섬 면적이 작지 않고 곡식이 적당히 잘 자라 물산이 풍부하다는 점, 또 예성강과 임진강·한강을 끼고 있어 교통이 편리하고 해상으로 조세 반입이 용이한 점 등도 매력적인 요소였다.[41]

최우는 강화도에서 몽골군에 단호하게 대처한다는 전략으로 천도하자마자 강화의 방어시설을 강화했다. 천도한 이듬해부터 외성 건설에 착수해 4년여 동안 해안가를 따라 길이 43리里의 토성을 조성했다. 1235년에는 지방에서 소집한 예비 병력으로 강도 해안 및 내지 연안에 제방을 쌓았다. 1250년에는 둘레 2,900여 칸에 성문 17개가 딸린 중성中城을 구축했다.

최우가 결행한 강화 천도 전략은 성공적이었다. 몽골군은 강도를 위협하기 위해 몇 차례 공격을 시도했으나 성공하지 못했다. 그래서 몽골군은 고려 조정을 강도에서 끌어내기 위해 본토를 무자비하게 유린했고 그만큼 민의 고통은 가중되었다. 그러나 최우가 본토 백성을 보호하기 위해 내린 조치는 각지로 관리를 보내 주민들에게 산성과 바닷가 섬으로 들어가도록 촉구한 일뿐이었다.

---

[41] 홍영의,「고려 최씨 정권은 왜 강화로 천도했을까?」,『내일을 여는 역사』19(서해문집, 2005), 141-142쪽.

천도 논의 때에 참지정사 유승단_{兪升旦}이 "종묘사직을 돌보지 않고 섬에 숨어 구차히 세월을 보내면서 장정들을 적의 칼날에 다 죽게 하고 노약자들이 끌려가 노예나 되게 하는 것은 국가를 위한 좋은 계책이 아닙니다"[42]라고 지적했듯이, 천도는 당시에나 오늘날의 역사적 평가에서나 위정자들이 백성을 버리고 피난한 행위에 불과하다는 비난에서 자유롭지 못한 상태다.

몽골의 재침

1232년(고종 19) 8월 몽골은 고려가 기습적으로 수도를 강화로 옮기자 반역 행위로 간주해 재침했다. 이미 몽골은 금이 몽골의 위협을 피해 연경에서 개봉으로 천도하자 화평 조약을 위반했다 하여 다시 금을 침공한 적이 있었다.(1214년)

수도 천도와 함께 몽골을 자극한 요소는 몽골에 대한 노골적인 적대 행위였다. 대표적으로 다루가치를 습격한 사건을 꼽을 수 있다. 1232년 내시 윤복창_{尹夏昌}이 다루가치가 주둔해 있는 성곽을 습격하다가 다루가치에 의해 사살되고, 서경순문사 민희도 다루가치의 살해를 모의하다가 실패했다.

『원사_{元史}』에 "고려 고종이 몽골 조정에서 설치한 다루가치 72인을 모두 죽였다"[43]고 기록되어 있을 만큼 몽골에서는 심상치 않은 상황으로 받아들였다. 참고로 다루가치의 전원 몰살 사건은 고려 쪽 사료에서는 전혀 보

---

42 『고려사』 권102, 열전 유승단.
43 『원사_{元史}』 권208, 고려전_{高麗傳} 태종 4년 6월.

1232년 몽골의 침략로

이지 않는다.

몽골군을 이끈 장수는 1231년 침공 때 총책임자로 온 살리타였다. 침공 초기에 몽골군은 강도에 대한 직공 가능성을 타진했다. 그러나 해전海戰에 대한 불안으로 이를 포기하는 대신 고려 본토에 대한 침략과 유린으로 강도 정부가 스스로 항복하도록 하는 전략을 구상했다.

몽골은 고려를 침공하면서 전쟁 종식의 명분으로 두 가지 조건을 내세웠다. 강도에서 나와 개경으로 환도할 것(출륙出陸), 그리고 임금의 친조親朝였다. 친조란 고려 임금이 직접 몽골을 방문해 몽골 임금을 알현하는 의식으로 곧 패배를 인정하는 행위였다.

주변국에서 고려 임금의 친조를 요구한 것은 몽골이 처음이 아니었다. 1010년(현종 1) 고려를 침공한 거란이 이듬해 1월에 회군하면서 강화 조건으로 고려 임금의 친조를 강요했다. 당시 고려는 전쟁에서 패했다고 여기지 않았으므로 항복이나 다름없는 친조를 이행하지 않았고, 결국 이것이 빌미가 되어 거란의 재침을 받은 역사적 경험이 있다.

몽골군은 한강을 돌파해 경기 광주성을 포위했으나 부사 이세화가 이끄는 광주 주민의 항전으로 함락하지 못했다. 이 무렵 몽골군 별동대는 멀리 경상도까지 진출해 대구 팔공산 부인사符仁寺의 대장경大藏經을 불태웠다. 당시 침략상에 대해 이규보는 "그 잔인하고 흉포한 성질은 말로 다할 수 없고 어리석음이 짐승보다 더 심하다"고 탄식했다.44

몽골군의 발목을 결정적으로 붙잡은 곳은 용인 처인성이었다. 살리타는 광주를 함락시키지 못한 채 처인성을 공격했다. 이곳은 수주水州(오늘날의 수원)의 속읍으로서 천민들이 거주하는 부곡部曲이었다. 성안에는 승려 김

---

44 윤용혁, 『고려대몽항쟁사연구』, 59쪽.

처인성 전투 기록화 1232년(고종 19) 용인 처인성에서 승려 김윤후가 이끄는 주민들이 몽골군에 맞서 싸우는 장면을 형상화한 기록화. 이 전투에서 몽골군 사령관 살리타가 사살되자 몽골군은 서둘러 고려와 강화를 맺고 철수했다. (전쟁기념관 소장)

윤후가 승병 및 부곡들, 이웃 고을의 피난민을 이끌고 있었다.

김윤후가 이끈 승병과 주민은 훈련 한번 제대로 받은 적이 없는 상태에서 용기와 희생을 바탕으로 몽골군과 격돌했다. 김윤후가 몽골군 총사령관 살리타를 사살하자 지휘관을 잃은 몽골군들은 흩어져 달아났다.[45] 이에 몽골군 부사령관 테케鐵哥가 고려와 강화를 맺고 서둘러 철수했다.

---

[45] 『고려사절요』 권16, 고종 19년 9월.

5. 기나긴 전쟁

전장의 확대

몽골은 1234년 금을 멸망시키자 구라파(유럽의 음역어) 제국과 남송 정벌을 계획했다. 이 과정에서 몽골은 남송 공략에 앞서 고려와 남송의 연합전선 구축을 방지하기 위해 1235년(고종 22) 여름 고려를 다시 침공했다.

앞서 언급했듯이 1232년 이후 몽골이 고려를 침공하면서 내세운 조건은 고려 임금의 출륙과 친조 두 가지였다. 몽골이 출륙과 친조를 집요하게 요구한 이유는 고려의 항복을 받아내 실질적으로 복속하기 위해서였다. 그러나 몽골 전쟁을 이끌던 무인정권은 몽골 대항을 견지하면서 항복을 유보했다.

고려의 태도는 침략과 약탈을 통한 이민족 복속을 원칙으로 하던 몽골에게 계속 침략의 빌미를 제공했다. 몽골 임금 오고타이에 이어 구육과 몽케도 고려 임금이 출륙과 친조를 이행하지 않자 이를 문제 삼아 고려를 침공했다.[46] 이로써 고려와 몽골 전쟁은 악순환을 거듭하면서 끝을 알 수 없는 장기 국면으로 접어들었다.

몽골은 1235년 이후 고려를 침공하면서 군사 목표를 달성하기 위해 치밀하게 계획을 짰다.[47]

첫째, 고려 침공 경험이 있는 장수들을 연속으로 파견해 전쟁의 효율성을 높였다. 고려 원정에 지휘부 인물들을 일관되게 파견함으로써 지도부뿐만 아니라 휘하 병력의 일관성도 유지했다.

【표 12】 몽골의 고려 침공 시기와 지휘관

침공 시기	몽골 임금	몽골 사령관
1231. 8 ~ 1232. 1	태종 오고타이	살리타
1232. 8 ~ 1232. 12		
1235. 윤7~1235. 12		탕쿠
1236. 6 ~ 1237년 초		
1238. 8?~ 1239. 4		
1247. 7 ~ 1248. 3	정종 구육	아무간
1253. 7 ~ 1254. 1	헌종 몽케	예꾸
1254. 7 ~ 1255. 3		자랄타이
1255. 8 ~ 1256. 10		
1257. 5 ~ 1257. 10		
1258. 4 ~ 1259. 3		

둘째, 침략 시기를 7·8월에 집중시킨 점이다. 이 점은 8월 추수기를 이용해 현지에서 손쉽게 군량을 조달하려는 속셈이었다. 11회 침략 중 7·8월이 8회, 5·6월이 3회로 나타나고 있어 이것도 일관된 전쟁 지침 중 하나로 보인다.

셋째, 전국토로 전장을 확대하고, 강도와 인접한 경기·서해도를 집중 공략해 강도 조정을 압박했다. 몽골군은 강도 조정이 더 이상 강화도에서 저항을 지속할 수 없도록 전 국토를 유린했고, 고려의 항복을 받아낸 이후에야 침략을 중지했다. 이 때문에 몽골 전쟁은 "몽골군이 지나간 곳은 모두 잿더미가 되었다"[48]는 표현처럼 처참한 양상을 보였다.

---

46 【표 12】 몽골의 침공 시기와 지휘관은 『고려사』, 『고려사절요』를 토대로 작성했으며, 윤용혁, 『고려대몽항쟁사연구』 40-132쪽을 참조했다. 이 표에 제시한 몽골의 침략 횟수는 전면 침공만이며 소소한 침략 횟수까지 합친다면 이보다 훨씬 많아진다.
47 윤용혁, 『고려대몽항쟁사연구』, 339-340쪽.
48 『고려사』 권24, 고종 41년 12월.

반면에 고려 조정은 강화도로 들어간 이후 전쟁에 투입할 중앙군을 더이상 조직하지 못하자 정면 대결을 회피했다. 그 대신에 관리를 보내 항전을 독려하거나 소규모 관군이나 별초군을 파견해 항전을 지원했다. 민간인들은 바닷가 섬이나 산성으로 들어가 항전했으나 정부 지원이 거의 미비한 상태에서 큰 희생이 불가피했다.

한편, 강도 조정은 몽골의 침략 의도를 파악하고 몽골이 침략했을 때마다 철수를 요청하는 외교적 노력을 기울였다. 강도 조정은 강화 협상이 거역할 수 없는 대세임을 알면서도 출륙과 친조를 지연시키면서 몽골의 요구 조건을 약화시켰다.

이 과정에서 강도 조정은 1250년 승천부昇天府(경기도 개풍)에 궁궐을 지어 출륙 요구에 응하는 태도를 보여주기도 했다. 그러나 임금의 친조 대신에 왕족을 파견하거나 때로는 왕족이 아닌 엉뚱한 인물을 왕족으로 속여서 보내기 일쑤였다.

이후 고종이 1253년과 1258년에 몽골과 화의를 맺기 위해 육지로 나간 적이 있으나 개경 환도는 종전 후 10여 년이 훌쩍 지난 1270년(원종 11)에야 이루어졌고, 친조도 끝내 이행하지 않았다. 결국 임금 대신에 세자 전倎(원종元宗)이 몽골로 간다는 조건으로 전쟁을 종결시킬 수 있었다.

끝이 보이지 않는 전쟁

● **1235~1239년 침공** 1235년(고종 22) 윤7월 탕쿠가 지휘하는 몽골군이 고려를 쳐들어왔다.

탕쿠는 1231년 침공 당시 살리타의 휘하로 참전한 장수이며, 몽골군 선두에는 고려 사람 홍복원洪福源이 길잡이로 나섰다. 홍복원은 1231년 몽골 침입 시 서북면 인주의 도령郡令으로, 주민들을 이끌고 몽골군에 투항한 사람으로 알려져 있다.49

몽골군은 함신진에서 구주-영변-개주를 따라 내륙 쪽으로 남진해 자주성·삼등 등 여러 곳을 함락시킨 후 10월에 서흥 동주성에 당도했다. 몽골군은 서북면 요새를 공략하는 한편 옛 동진국에서 부대를 출발시켜 동북면 일대의 방어진지도 공격했다. 동서 양면의 공격은 이전에 없던 일로서 동진국 정벌 이후 새로운 양상이었다.

또 다른 부대는 신진-철주-안북부를 따라 남하해 청천강 이남의 여러 지역을 공략한 후 서경·평주를 거쳐 개경으로 남하했다. 개경으로 남하한 선봉부대는 한성-용인-장호원-충주를 거쳐 대구까지 진출했다.

그러나 고려군이 동주 대현산성에서 몽골군을 격퇴시키자 몽골군은 개경으로 전진하지 못한 채 삭령-연천-포천 방면으로 진로를 바꾸었다. 몽골군은 지평에서 다시 고려군에게 크게 패한 후에 안북부로 후퇴했고 전황이 교착상태에 빠지자 압록강 이북으로 회군했다.

1236년 6월 몽골군이 고려를 다시 쳐들어왔다. 몽골군은 8월 말에 경기·충남까지 진출하고 10월에는 전라도까지 남진하면서 계속적인 타격으로 고려의 전투력을 쇠잔시켜 나갔다.

고려 조정은 광주·남경(지금의 서울) 주민을 강도로 들어오게 하고, 강도 연해에 외성外城을 쌓아 도읍 방어를 강화했다. 그리고 전국 산성에 방호별감을 보내 주민들의 항전을 독려하고, 별초군을 파견해 몽골군과 싸우도록 했다.50

---

49 『원사』 권154, 열전 41 홍복원전洪福源傳.

몽골의 고려 침략 상황(1235~1239)

그러나 전쟁이 장기화되면서 피해가 늘어나자 강도 조정은 1238년 12월에 장군 김보정과 어사 송언기를 몽골 진영에 보내 강화를 요청했다. 몽골군은 고려 임금이 직접 몽골에 오는 조건으로 1239년 4월에 철군했다.

강도 조정은 1239년 12월에 임금이 상중에 있다는 이유로 왕족 신안공新安公 전佺(현종의 8대손)을 몽골로 들여보냈다. 몽골이 거듭 고려 임금의 친조를 요구하자, 강도 조정은 1241년 4월에 왕족인 영녕공永寧公 준綧(현종의 8대손, 신안공의 사촌형)을 왕자로 속여 몽골로 보냈다.[51] 이처럼 고려가 친조를 거부한 일은 몽골에게 다시 침략의 빌미를 제공했다.

● **1247~1254년 침공** 1247년(고종 34) 7월 원정군 대장 아무간阿母侃이 이끄는 몽골군이 고려를 침공했다.[52]

아무간 부대는 고려의 국경을 돌파한 후 창성-삭주-구주를 거쳐 남하하면서 맹산-성천-강동-삼등-수안-평주-백주를 연하는 축선의 성들을 함락시키고 파죽지세로 남진했다. 그 결과 7월에 황해도 연안까지 진출해 강도에 대한 공세를 시도할 기세를 보였다.

고려 조정은 몽골군이 7년여 만에 다시 침공하자 장기 항전에 돌입했다. 먼저 평안·황해도 백성들에게 산성이나 바닷가 섬으로 들어가 농성하도록 했다. 서북면의 북쪽 주민들은 은율·안악 및 서해도 해안 일대의 도서 지역으로, 남쪽 주민들은 안북부 관할 구역의 위도(정주 동쪽)로 이동시킨 후, 육지에 남아 있는 군수물자를 모조리 섬으로 옮기고 곡식을 소각시키는 청야작전을 실시했다. 강도 조정이 몽골군의 군량 보급을 차단시

---

50 『고려사절요』 권16, 고종 23년 6월, 8월.
51 『고려사』 권23, 세가 고종 26년 12월 ; 『고려사』 권23, 세가 고종 28년 4월.
52 『고려사절요』 권23, 세가 고종 34년 7월.

몽골의 고려 침략 상황(1253~1254)

키면서 압박해 들어가자 몽골군은 고려와 화의를 시도했다. 그러던 중 1248년 초 몽골 임금 구육이 급사하자 급히 철수했다.

1253년(고종 40) 7월 예꾸也窟가 이끄는 몽골군이 압록강을 도하해 고려를 침공했다. 1247년 원정군 대장 아무간과 고려인 홍복원이 부장으로 참전했고, 고려 사신으로 몽골에 갔던 이현李峴이 자청해 길잡이 노릇을 했다. 이현은 몽골군에게 강도 조정이 내륙의 조세와 공물에 의존하므로 추수 이전에 내륙지방을 치면 고려를 위기에 빠뜨릴 수 있다는 정보까지 제공했다.[53]

몽골군은 지금까지의 공격 양상을 바꾸어 서경에 도착한 후 부대를 둘로 나누어 동부와 서부 내륙지역으로 진격했다. 예꾸가 이끄는 서로군은 황해도로 진출해 안악 서쪽의 양산성을 함락한 후 남하를 계속해 10월 무렵에 충주성을 포위했다.

쑹주松柱가 이끄는 동로군은 화주和州(함남 영흥)를 함락시킨 후 동주성(철원) 및 춘주성(춘천)을 공략하고 양근성을 거쳐 광주廣州로 기동했다. 화주에서 따로 파견된 별동대는 안변·고성·양양 등을 거쳐 10월 중순에 강릉까지 진출해 동해안 지역을 야탈했다.

몽골군이 전 국토를 전장으로 삼자 강도 정부는 충실도감充實都監을 두어 군사력을 보강해 갑곶에서 해전에 대비했다. 그리고 각지 주민들을 섬이나 산성에 입보시키는 등 항전 결의를 다졌다. 김윤후가 이끄는 부대가 충주성에서 몽골군을 패퇴시키는 수훈을 세웠으나 각지 주민이 당하는 고통은 커져갔고 강도 조정도 뚜렷한 대책이 없었다.

결국 고종은 1253년 11월에 강도를 나와 승천부(경기도 개풍)에서 예꾸

---

[53] 『고려사』 권130, 열전 이현李峴.

가 보낸 사신을 접견한 후에 돌아왔다. 고려 임금이 출륙한 것은 개전 이래 처음이며, 12월에 왕자 안경공安慶公 창淐을 몽골에 보내 친조를 대신했다.54 그러자 몽골군도 1254년 1월에 철수했다.

● **1254~1259년 침공** 1254년(고종 41) 7월 새로운 원정군 사령관 자랄타이車羅大가 군사 5,000명을 이끌고 고려를 침공했다. 몽골 임금에게 전권을 위임받은 자랄타이는 내륙 지방에서 고려군의 대규모 반격이 없으리라고 예상하고 소규모 부대를 편성해 철저한 약탈을 일삼았다.

자랄타이가 이끄는 주력군은 경기와 충청도를 거쳐 경상도로 남하, 남해안 진주 인근까지 도달했다. 충청도의 충주·진천·괴산·제천·천안·아산, 남부지역의 상주·장성, 심지어 강원도의 금강산이나 설악산 같은 산악까지 전장이 확대되었다. 이 때문에 1254년 전쟁은 몽골의 침공 중 피해가 가장 극심했다고 알려져 있다.

이해(1254년) 몽골군 포로가 된 고려인은 남녀 합해 20만 6,800여 인이며 살육당한 자를 이루 헤아릴 수 없다. 그들이 지나간 마을은 모두 잿더미가 되었다. 몽골군 난리가 있은 이래로 이때처럼 혹심한 피해는 없었다.55

1255년 2월 하순에 철수한 자랄타이는 이해 8월에 침공을 재개했다.56 이때에는 영녕공 준도 함께했다. 자랄타이는 고려 임금이 사신을 맞이하고 세자가 친조하면 철군하겠다는 조건을 내세웠다.

---

54 『고려사절요』 권17, 고종 40년 11월.
55 『고려사』 권24, 세가 고종 41년 12월.
56 『고려사』 권24, 세가 고종 42년 8월 무자.

몽골군은 10월 초 전라·경상도 경계인 대원령大院嶺에서 충주 주민들의 공격을 받아 타격을 입었으나 계속해서 경상도까지 진출했다. 1256년 3월 자랄타이가 이끄는 본군은 전라도 담양까지 남하했다. 이해 3월 몽골군은 입암산성(전라도 장성)을 공격했다가 참패한 후, 다시 갑곶까지 올라와 주둔하다가 9월 하순에 철병했다.

1257년 5월 자랄타이가 이끄는 몽골군이 또다시 고려를 쳐들어왔다.[57] 몽골군의 선발대는 6월 초 개경을 거쳐 빠른 속도로 남진했다. 다른 부대는 청천강을 건너 용강·함종으로 진격했고, 동북면 쪽에서도 옛 동진국의 기병 3,000여 명이 등주에 침입했다.

몽골군은 강도와 가까운 황해도 및 경기 일대의 섬까지 공격하면서 강도 정부를 압박했다. 자랄타이가 세자의 친조를 요구하자 강도 조정은 몽골이 철수해 돌아간다면 바로 세자를 보내겠다고 했고, 이를 받아들인 몽골군은 10월에 철수했다.

1258년 4월 고려에서 세자의 친조 대신 왕자 안경공 창을 파견하자 몽골군은 고려를 재차 공격했다. 몽골군 척후 기병 1,000명이 황해도 수안遂安 부근까지 내려왔다. 자랄타이는 고려 임금과 세자가 서경으로 와서 항복하면 철군하겠다고 통보했으나 강도 조정에서 이를 따르지 않자 세자만이라도 나와서 항복하라고 요구했다.

자랄타이가 개경에 주둔하면서 기병부대를 보내 승천부·교하·봉성(파주)·수안(통진)·동성(김포) 등 경기 지역을 집중 공략하는 한편 세자가 나와서 항복하라고 촉구했다. 강도 조정이 항복을 저울질하는 사이 민심 이반은 극에 달해 동북면 주민들이 철령 이북 땅을 몽골에 바치고 귀부하

---

57 『고려사』 권24, 세가 고종 44년 5월 을축, 정묘.

는 사건이 발생했다. 1258년 몽골은 화주(함남 영흥)에 쌍성총관부雙城摠管府를 설치해 철령 이북을 직할령으로 삼았다.

강도 조정은 몽골군이 장기전 태세를 갖추고 민심 이반도 예상보다 크자 12월에 사신을 보내 화의를 요청했다. 이미 최의도 암살되어 무인정권마저 붕괴한 상태였으므로 서둘러 강화를 맺은 것이다.

결국 강도 조정과 자랄타이는 세자 친조에 합의했고 1259년 4월에 세자 전(원종)이 몽골로 향하면서 전쟁은 종결되었다. 세자의 여비를 마련하기 위해 관리들이 은銀과 포布를 내놓았다.

무인정권 붕괴와 종전

1249년(고종 36) 강도 조정에 뜻하지 않은 일이 발생했다. 전황이 좋지 않은 상황에서 30년간 최고 권력을 거머쥔 최우가 사망하면서 권력 판도에 균열이 생기기 시작한 것이다.

최우의 뒤를 이어 권력을 잡은 최항은 서자庶子 출신이었다. 어머니가 천인이라는 신분상의 약점은 최항을 괴롭혔고 권력을 장악하자 대규모 숙청을 단행했다. 그 결과 정치 기반이 크게 약화되었고 건강마저 좋지 않아 집권 8년에 병사했다. 최씨 일가의 기반이 위축된 상태에서 권력은 잡은 최의는 소수 측근들에게 의지해 정국을 운영한 결과 다른 관료들의 반발을 샀다. 마침내 1258년 최의는 집권 1년여 만에 유경柳璥과 김인준金仁俊 일파에게 암살되었고, 이로써 4대 60년에 걸친 최씨 무인정권이 막을 내렸다.

최씨 무인정권이 종막을 고하자 고종을 비롯한 대신들이 목소리를 내기 시작하면서 강화 협상도 급물살을 탔다. 처음부터 강화 천도를 반대하던 문신 및 일부 무신들은 몽골과 강화의 길을 모색했다.

강화 협약은 일사천리로 진행되어 고종은 1258년 5월에 강도에서 나와 승천부에서 몽골 사신을 만났다. 1259년 3월에 강화조약을 맺고 4월에 임금 대신에 세자 전(원종)이 친조를 위해 몽골로 가면서 길고 긴 전쟁은 끝났다.[58]

무인정권이 몰락하자 고종을 비롯한 관료들이 강화에 적극적인 태도를 보인 이유는 이 무렵 고려의 여건이 몽골 침공 초기에 비해 크게 달라졌기 때문이다. 무인정권으로서는 권력을 유지하는 방법이 대몽전對蒙戰을 지속적으로 수행하는 길밖에 없었으므로 전쟁 이외에 다른 선택이 없었다.

그러나 임금을 비롯한 많은 관료들에게 승산 없는 항전이란 오히려 자신들의 정치 이익과 경제적 토대를 위협하는 요소로 간주되었다. 원로대신 최린崔璘이 "비록 강화 한 곳을 지킨들 어찌 나라라고 할 수 있겠습니까?"[59]라며 통렬하게 지적했듯이 전쟁을 지속하려는 무인정권에 대한 불만이 컸다. 이런 가운데 1253년 11월 고종이 강도에서 나와 승천부에서 몽골 사신을 접대한 이후로 주전론은 힘을 잃고 국왕 및 문신들을 중심으로 한 강화론자들이 섬차 세력을 키워갔다고 판단된다.

또 장기간 전쟁으로 생산 기반이 파괴되면서 경제적 궁핍이 가중되고 몽골의 약탈도 격렬해졌다. 이 때문에 민생이 근본적으로 위협받으면서 민심 이반 현상도 가속화되었다. 1254년 이후에는 주민들이 관군이나 항몽전을 수행하는 관리들을 살해하고 몽골군에게 투항하는 사례가 빈발했다. 1258년 쌍성총관부의 설치도 민심 이반이 낳은 결과였다.

---

[58] 『고려사』 권24, 세가 고종 45년 5월 갑인 ; 『고려사』 권24, 세가 고종 46년 3월 병자 ; 『고려사』 권24, 세가 고종 46년 4월 갑오.
[59] 『고려사』 권99, 열전 최유청 부附 최린.

예컨대 1258년(고종 45) 몽골이 철령 이북 땅을 직접 관할하는 쌍성총관부를 화주(함남 영흥)에 설치한 것도 동북면 주민들이 관리들을 죽인 후 철령 이북 땅을 몽골에 바치고 귀순한 것이 계기가 되었다.

이처럼 피폐한 국토와 한계에 달한 국력은 항전을 고수하던 최씨 정권을 붕괴시키는 요인이 되었고 대몽항전만을 고수할 수 없게 했다. 그리하여 최씨 정권이 몰락하자마자 강화를 모색하면서 종전의 길이 열리게 되었다. 그럼에도 불구하고 고려 조정은 여전히 강도에 머물렀다.

삼별초, 끝나지 않은 전쟁

고려와 몽골 전쟁에서 빼놓을 수 없는 존재가 삼별초다. 삼별초는 원래 최우가 집권할 당시 도성의 치안 유지를 목적으로 야별초라는 특수부대를 설치한 것이 시초였다.

야별초는 이후 병력이 크게 늘어나 좌별초左別抄와 우별초右別抄로 개편되고, 몽골 전쟁 때 포로가 되었다가 탈출한 사람들로 신의군神義軍도 조직했다. 이 신의군과 좌별초·우별초를 합쳐 삼별초라고 했다.[60]

최씨 무신정권 붕괴 후 강도에서 내분을 겪던 원종은 1270년(원종 11) 5월에 친몽 정부를 표방하면서 개경으로 환도하고 삼별초를 해산시켰다. 그러자 배중손裵仲孫이 중심이 된 삼별초가 이를 정면으로 거부하고 1270년 6월 1일에 반몽 항쟁을 선언했다.[61] 삼별초는 왕족 승화후承化侯 온溫(현종의

---

[60] 『고려사』 권81, 지35 병1 병제 원종11년 5월.
[61] 『고려사』 권26, 세가 원종 11년 5월 무진 ; 『고려사』 권26, 세가 원종 11년 6월 기사.

삼별초의 항쟁(1270~1273)

8대손, 영녕공의 형)을 국왕으로 추대하고 곧바로 거점을 진도珍島로 옮겨 전투태세를 갖추었다.

　삼별초의 항전은 1270년 6월부터 1273년 4월까지 진행되었다. 삼별초는 거제도와 마산·김해·동래 등 남해안 일대를 장악했고, 나주·전주,

심지어 인천 근처까지 진출해 위력을 떨쳤다. 이 때문에 전라·경상도의 조세를 운반하는 조운선이 차단되면서 고려의 재정은 큰 타격을 입었다.

삼별초는 "삼별초군 모두 배를 타고 기치를 수없이 펼쳐 꽂았는데 징·북소리가 바다를 끓일 정도로 요란했다"[62]고 할 만큼 위세가 드높아 조정에서도 쉽게 진압할 엄두를 내지 못했다. 고려 조정에서 몇 차례 공격을 시도했으나 번번이 실패했고 삼별초의 사기는 높아갔다.

결국 1271년 5월에 고려·몽골 연합군은 삼별초를 진압하기 위해 대공세를 펼쳤다. 화약 무기 같은 신무기까지 동원된 이 싸움에서 삼별초는 패배했고 배중손과 국왕으로 옹립된 승화후도 죽음을 맞이했다.

1271년 5월 삼별초군은 김통정金通精을 새 지휘관으로 추대해 탐라(제주도)로 건너가 항전을 지속했다. 그러나 1273년 1만 명에 달하는 여·원 연합군이 펼친 공세 앞에서 다시 무릎을 꿇었고, 이로써 삼별초는 완전히 붕괴되었다.[63] 삼별초의 항쟁을 진압한 원은 1273년에 제주에 탐라총관부耽羅摠管府를 설치하고 목장을 마련했다. 이로써 탐라는 원의 직할령이 되었다.

---

[62] 『고려사』 권104, 열전 김방경.
[63] 『고려사』 권27, 세가 원종 14년 4월 경술.

❖ 회고와 전망

 고려는 1231년부터 1259년까지 30여 년 동안 몽골과 전쟁을 수행했다. 여기에 삼별초가 1273년까지 제주도에서 항쟁한 기간을 합친다면 전쟁 기간만 무려 40여 년이다.

 이것은 한국사에 가장 긴 전쟁이었고, 유라시아 전역에서 고려만큼 몽골과 오랫동안 싸우고 저항한 나라도 드물다는 점에서 자긍심을 갖기에 충분하다. 그러나 패배로 끝났다는 측면에서 이 전쟁은 오늘날 우리에게 몇 가지 평가할 과제를 안겨주고 있다.

 첫째, 가장 궁금한 사항으로 고려가 이전의 전쟁 양상과 달리 몽골 전쟁에서 계속 수세에 몰린 이유가 무엇일까 하는 점이다. 여러 이유가 있겠지만 무엇보다도 고려의 군사작전이 실패한 점을 거론하고 싶다.

 국초 이래 고려의 군사 작전은 북계 성곽 요새에서 수성전을 펼쳐 적의 남진을 지연시키는 동안, 중앙에서 대규모 군사조직을 갖춘 중앙군을 급파해 반격을 가하는 형태였다. 수세적으로 농성을 하던 군사들은 중앙군이 북상해 적을 압박하기 시작하면 즉각 공세로 전환해 중앙군과 함께 적을 협공하는 전략을 구사했다.

하지만 1차전 당시 북쪽으로 급파된 중앙군의 규모나 성격을 검토해보면 전과를 낼 수 있는 요소가 결여되어 있었다. 10세기 말에서 11세기 초 고려가 거란과 싸우기 위해 동원한 중앙군 병력은 약 20~30만이었다. 하지만 몽골 전쟁 당시 고려 조정은 초적草賊 수십 명을 군대에 편성할 만큼 상황이 열악했고 그 결과 대규모 병력 확보에 실패했다. 그나마 1차전 이후 1259년에 전쟁이 끝날 때까지 중앙군을 더 이상 편성하지도 못했다. 또한 몽골군이 기존 유목민족에 비해 뛰어난 공성술을 발휘해 성곽을 집요하게 공격한 점도 이전과 달라진 환경이었다.

둘째, 최씨 무인 정권이 1차전 직후 강화도로 도읍을 옮긴 결정을 어떻게 평가해야 할 것인가 하는 문제다. 무인 정권은 몽골군이 해전에 취약한 점을 이용해 강화도로 천도해 장기전 태세를 갖추었다. 무인 정권은 주전론을 주장하면서도 강화도로 천도한 이후 그곳 방위에만 주력했다.

오늘날 역사학계에서는 무인 정권의 천도에 대해 장기적으로 항몽전을 전개해 고려의 자주성을 지키기 위한 처사였다고 보는 입장이 있다. 하지만 무인 정권이 몽골의 내정 간섭 및 당시 비등하던 농민·천민의 봉기 등 민중의 저항으로부터 정권을 지키기 위해 천도했다는 사실을 부인할 수 없다. 조정 안에서도 천도와 주전론에 대한 비난 여론이 일었으나 고종이나 신료들은 출륙을 단행할 만한 권한도 결단력도 없었다.

셋째, 고려가 몽골에 장기간 항쟁하면서 입은 최대 손실은 일반 민들의 희생이었다. 고려 조정이 오랜 전쟁 기간 동안 강도江都(강화도)에 있는 사이 전 국토가 전쟁터로 변모했고 군사를 거국적으로 모을 수 없는 상태에서 국지적으로 방어전을 수행했으므로 일반 민들의 피해가 컸다.

1253년 승천부에서 몽골 사자가 고려 국왕을 접견하는 자리에서 "우리 대군이 국경에 들어온 이후 하루에 죽은 자가 몇 천 몇 만 명입니까? 왕은 어째서 한 몸만 아끼고 만민의 생명을 돌아보지 않습니까? 왕이 만일 일찍 나와서 맞이했더라면 어찌 죄 없는 백성들이 참살되었겠습니까?"라고 말했듯이 민들의 희생은 살육이라고 표현할 수 있을 만큼 참혹했고 이로 인해 민심도 이반되었다.

1250년 이후 전쟁 말기에는 일반 민들이 관군이나 관리들을 살해하고 몽골에 투항하는 사건이 빈발했다. 하나의 사례로, 1258년 몽골이 영흥 이북에 쌍성총관부를 설치한 것도 동북면 주민들이 관리들을 죽인 후 철령 이북의 땅을 몽골에 바치고 귀부한 것이 계기가 되었다.

끝으로, 역설적이게도 고려가 몽골에 장기간 항전한 결과 종전 후 원元(1271년 이후 몽골의 새로운 국호)의 정치적 압력을 약화시킬 수 있었다는 점도 생각해봐야 한다. 고려는 종전 후 국정 전반에 걸쳐 원의 간섭을 받았다. 그리고 원이 1274년과 1279년 두 차례 일본 원정을 수행할 때에 군사 2만 3,000여 명, 전함 1,000여 척을 준비해 참전하고 군량도 제공하는 등 큰 수탈을 당했다.

그럼에도 몽골은 고려를 멸망시키지 못했고 부마국으로 삼아 독립을 보장했다. 고려는 1259년 3월 몽골과 맺은 강화조약에서 고려의 의관衣冠 풍속을 바꾸지 않을 것, 몽골 사신의 빈번한 왕래를 자제할 것, 개경 환도를 재촉하지 말 것, 압록강에 주둔한 몽골군을 철수시킬 것, 다루가치를 철수할 것 등을 요구해 관철시켰다. 이 조건들은 고려가 끈질기게 몽골에 항전한 보상이었고, 그 항쟁의 근저에는 바로 고려의 민들이 있었다.

따라서 고려와 몽골 전쟁에서 얻을 수 있는 최대 교훈은 몽골군에 맞선 고려 민들의 항쟁 정신이라고 해도 지나치지 않을 것이다. 몽골 항쟁의 주체를 무인 정권으로 보는 시각도 있으나 고려의 민들이야말로 몽골 항쟁의 진정한 주인공이라고 말할 수 있다.

제5장
홍건적을 몰아내다

1. 홍건적의 발생

2. 국내 정세

3. 제1차 홍건적 토벌

4. 제2차 홍건적 토벌

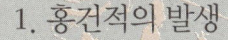 회고와 전망

1359년(공민왕 8) 12월 홍건적은 4만 병력으로 압록강을 넘어 고려를 침입해 1360년 2월에 70여 일 만에 철수했다. 이듬해인 1361년 10월 홍건적은 20여 만이라는 대병력으로 다시 고려를 침입했고 3개월 만에 한반도에서 물러갔다. 고려는 초반의 군사력 열세에도 불구하고 오랫동안 북방민족에 대처한 경험을 바탕으로 홍건적을 압록강 밖으로 몰아내는 데에 성공했다.

14세기 중엽 고려에서 공민왕이 즉위할 무렵 동북아 정세는 커다란 양상으로 변화했다. 오랫동안 세계 제국을 형성하던 원元이 몰락하고 각지에서 농민 봉기가 일었다.

홍건적 역시 원 말기에 하북성 일대에서 한족을 주축으로 일어난 농민군으로 머리에 붉은 두건을 둘렀다 하여 '홍건적紅巾賊' 또는 '홍두적紅頭賊'이라 불리었다. 홍건적은 반원의 기치를 내걸고 세력을 확장해나가다가 관군의 공격을 받아 그중 한 무리가 요동으로 쫓기면서 고려 영토를 침범했다.

오늘날 한국사에서는 홍건적의 침입을 고려 말 한반도가 동북아에서 처해 있던 복잡다단한 대외 환경의 하나로 가볍게 취급하는 경향이 있다. 이러한 진단은 홍건적 토벌을 성공적으로 수행한 고려의 군사력 및 전략에 대한 면밀한 평가에 근거했다기보다는 이 전쟁이 고려에 미친 영향이 크지 않았다는 일반적 이해에 기초하고 있다.

그러나 14세기 중엽 공민왕을 중심으로 반원정책을 추진하던 상황에서 홍건적의 침입은 고려에 큰 영향을 미쳤다. 고려는 서북지방에서 개경에 이르기까지 큰 피해를 입었고, 공민왕이 안동으로 파천하면서 개혁정치도 차질을 빚었다. 무엇보다도 이 침입으로 홍건적은 18만 명의 병력을 잃고 고려도 3만여 명에 달하는 인명 피해를 입었을 만큼 국지적인 도발이 아닌 전면전 양상을 띠었다.

사실 고려를 침입한 홍건적은 정규군이 아니라 원 말기 중국 대륙에서 수년간 게릴라 형태로 전투를 벌인 유격대라고 할 수 있다. 홍건적은 농민 반란군으로서 국가 체제를 위협할 만큼 저항력이 뛰어났고 원의 정규군에 대항해야 했으므로 일반적인 군사 행동을 뒤엎는 예상 밖의 전술을 구사했다.

따라서 고려군이 홍건적을 토벌하기까지 쉽지 않은 전투를 치렀다고 판단되며 이런 점에서 홍건적을 격퇴한 고려군의 활약은 재조명되어야 한다.

1. 홍건적의 발생

저무는 태양 원

　오늘날 중국의 수도 북경은 1년에 250만 명 이상이 찾는 세계적인 국제도시다. 황량하던 이곳에 처음 수도를 정한 왕조는 금金이었다. 금은 북방민족 최초로 본거지를 떠나 1153년 오늘날 북경에 수도를 정하고 중도中都라는 이름을 붙여주었다.
　이후 오늘날 북경을 만들고 운용한 왕조는 원元이었다. 1260년 마흔 여섯의 나이로 황제 자리에 오른 세조世祖 쿠빌라이(1215~1294)는 수도를 북경으로 옮기고 국호도 중국식으로 바꾸어 '대원大'이라 했다.
　세조 시대는 몽골이 크게 파동하던 시기였다. 아시아 오지에서 출현한 몽골민족은 세조 시대를 맞아 이전 시대와 다른 새로운 제국을 열었다. 그래서 쿠빌라이를 칭기즈칸에 이은 몽골의 제2 창시자로 부르기도 한다.[1]
　원 세조는 "하늘의 끝, 땅의 끝을 정복하지 않고서는 멈추지 않는" 제왕

---

[1] 스기야마 마사아키杉山正明, 『유목민이 본 세계사』, 이진복 옮김(학민사, 2006), 277-284쪽.

으로 표현될 만큼 왕성한 정복 활동을 펼쳤다.² 세조는 1279년 중국 대륙의 일부를 차지하던 남송마저 접수해 드넓은 중국 대륙을 독차지했다. 이로써 원은 최초로 한족漢族이 아닌 이민족으로서 중국 대륙 전체를 차지하는 나라가 되었고 큰 번영을 구가했다. 세계 각지에서 사람들이 몰려들었고 중국 대륙을 17년간 여행한 이탈리아 탐험가 마르코 폴로Marco Polo(1254~1324)도 그중 한명이었다.

그러나 원 제국은 세조 사후에 점차 쇠락의 길을 걷다가 1368년에 명이 건국되면서 역사의 뒤안길로 사라져버렸다. 이러한 갑작스러운 몰락 때문에 원의 멸망 원인을 둘러싸고 여러 진단들이 많은 편이다. 그중 비교적 설득력을 얻고 있는 지적이 황위 계승을 둘러싼 황족의 분열이다.

황실에서 황제 자리를 놓고 쿠데타가 거듭되자 제국은 빠른 속도로 쇠망의 길로 달리기 시작했다. 관료들은 황제의 힘이 느슨해진 틈을 이용해 사리사욕을 일삼았다. 심지어 원의 국교國教인 라마교 승려까지 수탈을 일삼았다.

원 조정은 정치적 혼란 속에서 재정 확보마저 순조롭지 않자 부세를 확대하고 상업을 권장했으며 통화通貨를 남발했다. 그 피해는 고스란히 백성에게 전가되었다. 농민들은 농업 생산 감소로 인한 타격과 동시에 인플레이션으로 고통을 받았다. 특히 "가난은 강남에서 극한 상태에 이르렀고 부富는 만리장성 이북에 몰려 있다"는 표현대로 농지가 넓은 양자강 유역의 백성들이 주된 착취 대상이었다.³ 더구나 1323년부터 북중국 일대에서 혹심한 자연 재해가 거듭되면서 경제 상황은 악화일로로 치달았다.

---

2 중국사연구실 편역, 『중국역사』(하)(신서원, 1993), 170-179쪽.
3 중국사연구실 편역, 『중국역사』(하), 197-198쪽.

원 세조 쿠빌라이의 사냥 모습 제2의 칭기즈 칸으로 불리는 세조는 몽골 제국을 최고의 융성기로 이끈 임금이다. 유관도劉貫道(13세기 후반에 활동)의 그림. (타이완 국립고궁박물관 소장)

이런 배경에서 마지막 황제 순제順帝(재위기간 1333~1368) 시대에 전국 각지에서 일어난 농민 반란은 비틀거리는 원에 일격을 가해버렸다. 농민 반란은 14세기 이후 조직적인 무장 봉기로 변모했고 급기야 국가의 존립 기반을 위협했다. 늘 그러했듯이 반란의 중심지는 농지가 풍부한 남쪽 지역이었고 1360년대 중반 이후 북쪽으로 파급되었다.

원 지배층은 농민 봉기가 거세지고 국내 정치가 수습될 전망이 불투명해지자 북경을 제외한 나머지 지역을 포기했다. 중앙 정부의 통치력이 황하 이남 지역에 미치지 못하자 각 지역에서 일어난 반란군들은 남부를 쟁탈하기 위한 내전도 마다하지 않았다. 이런 상황에서 원은 국가를 일으켜 세울 만한 새로운 동력을 찾지 못한 채 결국 무너지고 말았다.

홍건적이 일어나다

원 말기인 14세기 중엽 중국 대륙의 하북성河北省 일대에는 한족을 주축으로 한 대규모 농민 반란이 발생했다. 이 중 원을 뒤흔들면서 새롭게 떠오른 영웅 집단이 있었으니 바로 홍건적이었다.

이들은 중국 대륙의 동쪽에 자리한 안휘성安徽省 영주潁州에서 봉기한 유복통劉福通·한산동韓山童, 그리고 중부에 자리한 호북성湖北省 황주黃州에서 봉기한 팽형옥彭瑩玉·서수휘徐壽輝 등이 주축이 된 농민군들로서 머리에 붉은 두건을 둘렀으므로 홍건적紅巾賊 또는 홍두적이라 했다.

여기서 잠시 '홍건적'이라는 용어에 대해 짚고 넘어갈 필요가 있다. 중국의 전통 사관인 '춘추필법春秋筆法'에 따르면, '적賊'이란 정통을 넘보거나 어지럽힌 무리를 지칭하는 용어로서 지배층이나 당대 역사가들의 평가를 담고 있다. 그래서 최근에는 객관적인 입장에서 '적' 대신에 '홍건군紅巾軍'이라는 용어를 사용하기도 한다. 고려 쪽 기록에는 '홍두적'으로 되어 있다.

홍건적이 큰 세력으로 성장한 배경에는 당시 유행하던 비밀 종교결사인 백련교白蓮教가 있었다. 백련교는 페르시아의 마니교摩尼教를 수용, 발전시켜 12세기에 하나의 종파로 성립된 종교로서 미륵불이 현신해 세상을 구한다는 미륵 신앙의 일종이었다. 백련교 조직을 이용한 홍건적은 미륵불을 신봉하고 향을 피워 대중들을 모았으므로 향군香軍이라 불리기도 했다.[4]

홍건적은 수많은 전투를 거치면서 황하 유역에서 양자강 유역에 이르는 광대한 지역에서 위세를 떨쳤다. 팽형옥·서수휘 등이 이끄는 홍건적은

---

[4] 전백찬翦伯贊 편, 『중국전사』(하), 이진복·김진옥 옮김(학민사, 1990), 121쪽.

삽시간에 호북·호남·강서·안휘의 남부 및 절강성 서북부를 장악했으며 국호도 천완天完이라 정했다. 그러던 중 팽형옥이 전투 중에 사망하고 서수휘도 부하에게 살해되면서 내부 분열을 겪다가 세력이 약화되었다.

유복통과 한산동 등이 이끄는 홍건적은 원에 대한 강렬한 적의를 불태우면서 세력을 규합했다. 유복통은 한산동이 북송 휘종의 8대손이라고 선전하면서 몽골 정권 타도를 선언했다.

그러나 한산동이 거병 직후 사로잡혀 주살되자 유복통은 다시 한산동의 아들 한림아韓林兒(?~1366)를 황제로 추대했다(1355). 그리고 원에 항거하는 대북벌을 감행해 변량汴梁(개봉)을 점령했으며 하남성·산서성·섬서성까지 장악했다. 그리고 그 일부 대열은 만주로 진출해 요동을 점령했다.

원 조정은 홍건적이 황도皇都가 자리한 북경까지 넘보자 대대적인 토벌 작전을 전개했다. 원 조정은 요동 방면까지 진출한 홍건적을 압록강 방면으로 밀어냈고 이 과정에서 원 군대의 반격을 받은 홍건적들이 고려 영내로 들어왔다. 결국 이 때문에 고려는 두 차례에 걸쳐 홍건적과 전쟁을 벌이게 되었다.

결과적으로 홍건적은 제국 원을 대분열의 시대로 이끌었고 14세기 후반 명明을 건설하는 기폭제 역할을 했다. 원은 세조 쿠빌라이 이후 외형적으로 전통적인 중국 대륙의 제도나 문물을 채택하면서 최초로 초민족적인 정부를 표방했다.

행정 관료는 직위의 중요도에 따라 몽골인, 유럽인과 페르시아인을 포함한 각종 중앙아시아인, 한족 순서로 기용했다. 곧 몽골의 전통을 고수하면서 한족을 억압·차별했던 것이다. 이러한 정책은 원 말기에 반란 세력들이 몽골 정권 타도와 함께 한족의 재건과 부흥을 주창하는 빌미로 작용했다.

마침내 홍건적에 몸담았던 주원장朱元璋(1328~1398)이 영도하는 반란 세력이 원의 수도 북경을 향해 진군했다. 1368년 주원장은 비틀거리는 원에 최후의 일격을 가해 쓰러뜨리고 명을 건설했다. 원 지배층을 이루던 몽골인들은 스텝 지대로 후퇴했고 거기서 북원北元을 세워 명의 변방에서 호시탐탐 재기를 노렸다. 그러나 대다수 몽골인들은 중국 대륙에 남았다.

『고려사』에는 홍건적에 대해 "원의 정치가 쇠퇴해 하남의 요사스러운 적도賊盜 한산동·한교아 등이 난을 일으키고 유복통도 군사를 일으켜 홍건으로 이름을 삼고 그 무리 관선생關先生·사류이·왕사성 등과 함께 중원을 노략질해 산동을 나누어 점거하니, 그 세력이 크게 떨치고 도적이 떼 지어 일어나 천하가 크게 혼란스러웠다"고 평가했다.[5]

재건의 꿈이 좌절되다

원 말기 홍건적은 종교적 이념을 매개로 백성들을 결집해 거대한 무장 세력으로 성장했다. 1357년(공민왕 6) 홍건적을 이끈 유복통은 부대를 셋으로 나누어 원의 수도 북경으로 진격하는 대북벌을 단행했고 초반에 큰 승리를 쟁취했다. 그러나 관군의 반격과 내부의 갈등으로 홍건적은 후퇴했고 북벌은 좌절되었다.

이 과정에서 1358년 관선생·파두반破頭潘 등이 이끄는 부대가 원의 여름 수도인 상도上都(개평開平, 내몽골자치구 정란치正藍旗 동북)를 함락시킨 후 요양遼陽에 주둔하면서 원의 변방을 노렸다. 그러다가 1359년 홍건적의 주

---

5 『고려사』 권38, 세가 공민왕 3년 6월 신묘.

력부대가 머물고 있던 변량(개봉)이 관군의 공격을 받아 함락되자 본거지를 상실한 채 세력이 급속히 약화되었다.

궁지에 몰린 홍건적에게 요동은 새로운 도약을 준비할 수 있는 땅이었다. 당시 요양이나 심양에는 고려에서 건너온 유민이나 투항민들이 집단으로 촌락을 형성했다. 홍건적은 요양·심양 지역에 거주하는 고려 유민들과 이 지역의 풍부한 생산력을 이용해 조직을 재건하고자 했다.

그러나 그들의 생각과 달리 고려 유민들은 원과 홍건적이 대립하면서 유혈 충돌이 일자 요동 정세에 불안을 느껴 고려로 귀환했고, 고려 조정은 이들에게 정착지를 제공하면서 서북면 지역의 방어력을 보강했다.[6]

홍건적은 이미 본거지를 상실해 중국 본토로 귀환하기 어려운 상황이었고 고려 유민에 대한 회유마저 실패로 돌아가자 이에 대한 보복으로 고려를 침입했다. 여기에는 홍건적이 당면한 식량 문제도 간과할 수 없다. 홍건적은 중국 대륙에서 요동으로 진출하기 전에 계속 이동했고 한곳에 오래 정착하지 않았다. 따라서 식량을 직접 해결하지 못한 채 주변에서 온갖 방법으로 식량을 조달했다.

이 과정에서 홍건적은 종교적 신념을 가진 의병의 모습은 온데간데없이 사라지고 약탈에 의존해 식량을 해결하는 폭도로 변해갔다. 홍건적이 겨울철에 압록강을 도하해 고려 영토를 침입한 것도 식량 확보와 무관하지 않으며, 이미 침입 직전에 홍건적 3,000여 명이 압록강을 건너 식량 및 각종 물자를 약탈한 적도 있다.

요컨대, 홍건적은 고려를 침입하기 전에 감행한 대북벌이 원의 토벌로 실패로 돌아가자 일부 세력이 요동으로 진출했다. 홍건적은 이 지역의 생

---

6 강성문, 「고려말 홍두적 침구에 관한 연구」, 『한국 군사사의 재조명』(황금알, 2005), 85-87쪽.

산력과 고려 유민들을 이용해 조직 재건을 꿈꾸었다.

  그러나 고려 유민이 고려로 되돌아가고 고려 조정이 이들을 이용해 서북면 방위를 강화하자 홍건적은 이에 대한 보복으로 고려를 두 차례나 침략했다. 이 무렵 홍건적의 위세는 크게 위축된 상태였으나 막다른 골목에 몰린 처지였으므로 여전히 위협적이었다.

2. 국내 정세

원 사신에게 걷어차이는 고려 임금

고려는 1259년(고종 46) 몽골과 전쟁을 종식한 후 외형상 약 100년 동안 평화를 유지했다. 그러나 평화의 대가는 꽤 혹독했다. 고려는 충렬왕忠烈王(재위기간 1274~1308)이 원 세조의 딸 제국대장공주齊國大長公主와 혼인해 원의 부마국이 된 이후 원이 쇠망할 때까지 그 우산 아래에 있었다.

고려는 표면적으로 독립국이었으나 안으로는 자주성 측면에서 큰 시련을 겪었다. 직접적인 말로 표현하자면 고려와 원의 관계는 불평등했으며 종속적이었다.

원은 고려의 국정 시스템을 일제히 교체했다. 먼저 군대를 주둔시키고 원종元宗(재위기간 1259~1274) 및 충렬왕의 통치 기간 동안 다루가치를 파견해 고려의 국정을 감독했다. 그리고 쌍성총관부雙城總管府(영흥, 1258년)와 동녕부東寧府(서경, 1270년), 탐라총관부耽羅總管府(제주, 1273년)를 설치해 고려의 영토 일부를 직접 관할했다.

고려 왕실이 사용하던 황제국 체제의 명칭을 제후국 명칭으로 깎아내렸다. '짐朕'은 고孤, '폐하'는 전하, '선지宣旨'(황제의 명령)는 왕지, '태자'는 세자로 고치고, 정치 기구도 제후국에 맞게 격하, 축소했다. 이뿐만이 아니었다. 고려 사회를 송두리째 바꾸기 위해 일반인들에게도 변발 및 몽골 복장 등 원의 풍습과 법제를 강제했다.

충렬왕 이후 고려 임금은 원 공주와 혼인했고 그 사이에서 태어난 왕자만이 후계자가 될 수 있었다. 원은 고려의 왕위 계승에 적극 개입해 마음에 들지 않는 국왕을 폐위시켰고 이 과정에서 한 번 재위한 왕이 다시 왕위에 오르는 일도 발생했다. 충숙왕忠肅王과 그 아들 충혜왕忠惠王이 두 번씩이나 왕위에 오르는 비정상적인 사태도 이 때문이었다.

이 과정에서 고려 임금들은 국왕으로서의 권위를 가질 수 없었다. 대표적으로 공민왕의 형 충혜왕이 폐위되는 과정을 들여다보면 이러한 상황을 극명하게 알 수 있다. 충혜왕은 실정을 했다는 이유로 원 사신에게 걷어차이고 포박되어 그대로 원에 끌려갔고, 북경에서 2만 리나 떨어진 광동 게양현揭陽縣으로 유배를 갔다. 충혜왕은 수행원도 없이 유배지로 가던 도중 객지에서 29세의 나이로 단명하고 말았다(1344년).[7]

고려는 원으로부터 인적·물적으로도 큰 수탈을 강요당했다.[8] 대표적으로 1274년(충렬왕 즉위년)과 1279년 두 차례에 걸쳐 원이 일본 원정을 단행할 때 군사 2만 3,000여 명, 전함 1,000여 척을 준비해 참전했고 군량도 제공했다. 1354년(공민왕 3)에도 원이 국내 반란을 진압하기 위한 병력을 요청하자 조정군助征軍 명목으로 2,000명을 파견했다.[9]

13세기 말 이후 원은 노골적으로 고려를 속국으로 만들려고 시도하면

---

[7] 『고려사절요』 권25, 충혜왕 4년 11월 임오, 12월, 충혜왕 5년 정월.
[8] 서인한, 『한국 역대파병사』(국방부군사편찬연구소, 2002), 21·35-36쪽.
[9] 『고려사』 권38, 세가 공민왕 3년 7월 계해.

원의 대외 정벌

서 끊임없이 위협을 가했다. 원은 일본 정벌을 위해 설치했던 정동행성征東行省을 1287년(충렬왕 13)에 다시 부활시켜 고려를 압박했다.[10] 더구나 고려의 친원 인사들이 주축이 되어 고려를 원의 지방행정조직인 '성省'으로 만들기 위한 시도도 여러 번 있었다.

원은 정동행성을 이용하거나 사신을 파견해 국정 전반을 통제하고 각종 명목으로 물자나 군량미를 많이 요구했다. 이처럼 원과 화평 관계를 유지하는 대가는 고려 조정의 예상을 뛰어넘어 고려의 정체성을 뒤흔들었다.

익제 이제현 초상 (국보110호) 1319년(충숙왕 6) 이제현이 충숙왕과 함께 원에 갔을 때 원 화가 진감여가 그린 초상화. (국립중앙박물관 소장)

---

[10] 장동익, 「원의 간섭과 자주성의 시련」, 『한국사』20(국사편찬위원회, 1994), 270-271쪽.

몽골 옷을 벗어던지다

임금이 땋은 머리를 풀고 몽골 옷을 벗었다.

1351년 12세의 나이로 원에 인질로 갔다 10년 만에 귀국해 왕위에 오른 공민왕의 첫 행보였다. 100여 년 동안 외압으로 강고하게 자리 잡은 고려의 풍습을 바꾸어보려는 이 행동은 소박한 저항인 듯하나 고려의 국정을 좌지우지하던 원의 지시를 정면으로 거부했다는 측면에서 대단히 위험한 행위였다.

1351년 고려에서는 공민왕이 즉위했다. 공민왕은 충숙왕의 둘째 아들로 우여곡절 끝에 22세 나이로 고려의 임금이 되었다. 10년 동안 원에서 지내는 동안 공민왕은 원의 쇠퇴를 직접 체험하고 목격했다. 공민왕은 원이 황족의 분열과 각종 반란으로 휘청거리자 이때를 고려가 원에서 벗어날 호기로 판단했다.

공민왕은 즉위하자마자 반원反元의 기치를 내걸고 꿈을 현실화하기 위해 개혁을 시도했다. 먼저 몽골식 변발과 호복胡服을 금지해 고려의 일상 문화를 회복했다. 무인집권기 인사를 좌지우지한 정방政房을 혁파해 잘못된 인사권을 바로잡았다.

친원 세력이나 권문세족들의 부조리를 바로잡고자 전민변정도감田民辨整都監을 설치해 권력 남용으로 빼앗은 토지나 불법으로 노비로 만든 일반 주민들을 제자리로 돌려놓았다.[11] 그러나 공민왕의 개혁 정책은 친원 세력의 반발에 부딪쳐 난항을 거듭했다.

---

[11] 민현구, 「고려 공민왕의 반원적 개혁정치에 대한 일고찰」, 『진단학보』 68(1989).

공민왕이 개혁의 돌파구를 다시 마련한 시기는 1356년(공민왕 5) 원에 관한 첩보를 접한 이후였다. 공민왕은 원에 조정군의 임무를 띠고 갔다 온 사람들을 통해 원의 국내 사정이 더 악화되었다는 보고를 받자 다시 개혁의 고삐를 잡아당겼다.

숙원 사업이던 친원 세력의 거두인 기씨奇氏 일파를 숙청하고, 노책盧頙·권겸權謙 등 친원 세력들도 제거했다.[12] 정동행성을 혁파하고 원 연호인 '지정至正'의 사용도 중단했다. 연호 사용을 중단한다는 것은 그 나라와 사대 관계를 청산하겠다는 의미로 강한 반원 의지를 드러낸 조치라 할 수 있다.

그러나 개혁은 여전히 어려웠다. 공민왕은 끊임없이 살해 위협에 시달렸고 실제로 여러 차례 반란과 시해 사건을 겪었다. 홍건적의 침입도 개혁 정치에 걸림돌이었다. 결국 공민왕은 1363년 신돈辛旽을 등용해 국정을 일임한 후 정치 일선에서 물러났다. 그러다가 1370년 다시 복귀해 정치 일선에 나섰으나 1374년에 측근들에게 암살당하고 말았다. 나이 45세였다.

공민왕은 원이 쇠락해가는 틈을 이용해 반원의 기치를 내걸고, 말 그대로 목숨을 걸고 왕조의 중흥을 꾀했으나 실패하고 말았다. 그 결과 개혁 대상이던 친원 세력을 꺾지 못한 채 비극적인 죽음을 맞이했다. 그럼에도 공민왕이 이룩한 각종 정책과 시도는 자주성 회복을 향한 고려의 마지막 노력이었다는 점에서 기억할 만한 가치가 있다.

---

[12] 홍영의, 『고려말 정치사 연구』(혜안, 2005), 86-87쪽.

100여 년 만에 되찾은 쌍성총관부

2품 이상의 관리들이 숭문관崇文館에 모여 서북면의 방어 무기를 검열하고 남쪽 언덕에서 총통銃筒을 발사하니 그 화살이 순천사順天寺 남쪽까지 가서 땅에 떨어져 깊이 박혔다.[13]

이 자료는 1356년(공민왕 5)에 총통 발사를 실험한 기록이다. 이전에도 화구火毬나 화산火山에 관한 기록이 있어 화약의 전래를 엿볼 수 있으나 위의 자료야말로 가장 확실하게 최초로 화기의 존재를 명시하고 있다.[14]

이는 공민왕이 집권 초기부터 군비 증강에 관심을 쏟았다는 증거이기도 하다. 이 또한 고려의 상황에서 쉬운 일이 아니었다.

고려는 원종이 집권한 이후 원의 감시 때문에 군사 조직을 재건할 수조차 없었다. 중앙군은 2군 6위 체제로 유지되었으나 군사 충원이 제대로 이루어지지 않아 유명무실했다. 지방군 역시 주진군이나 주현군이라는 명칭이 이미 기록에서 사라지고 별초군別抄軍이 그 공백을 메우고 있었다.

원은 고려의 저항 능력을 말살하기 위해 군제에도 손을 댔다. 그 결과 충렬왕 대에는 원의 영향을 받은 순군만호부巡軍萬戶府가 탄생했다. 순군만호부는 수도 개경의 군정과 치안·사법을 담당하는 중앙군의 역할을 했다. 지방의 경우 경상·전라의 해안 지역의 방어를 위해 진변만호부鎭邊萬戶府를 설치했다.

원에 의해 휘둘리던 군사 운용은 공민왕이 즉위하자 달라졌다. 반원의

---

[13] 『고려사』 권81, 지志 병제 공민왕 5년 9월.
[14] 허선도, 『조선시대 화약병기사연구』(일지사, 1994), 9-10쪽.

고려 말 영토 회복을 위한 군사 활동

기치를 내걸은 공민왕이 군사력 재건을 추진한 것은 어찌 보면 당연한 귀결이라 할 수 있다. 공민왕은 먼저 양계 지역의 방어력을 높이기 위해 서경·안주·의주·이성·강계 등지에도 만호부를 설치한 후 이를 군익도軍翼道로 편성해 익군翼軍 체제를 만들었다. 1익翼은 1,000명을 단위로 구성된 조직으로 천호千戶-백호百戶-통주統主의 지휘 계통을 두었다.

또 "백성은 있지만 군인은 없다"는 말처럼 군 자원의 만성적인 부족을 해결하기 위해 징집 제도와 군졸의 처우 조건을 개선했다. 사천私賤을 제외한 모병자 가운데 사대부나 향리에게는 관직을 부여하고, 관사 소속의 노비는 속량贖良을 시켜주는 등 온갖 방책을 강구했다. 또 법범자를 처벌하는 수단으로 군대에 편입시켜 용병화하는 방식으로 부족한 병력을 확보했다.[15]

무기 소지도 병사에 국한하지 않고 모든 관리에게 확대해 활 1개, 화살 50개, 창(戈) 1개, 검 1개를 보유하게 하는 등 군사력을 강화하기 위한 근본적인 방안을 강구했다.[16]

어느 정도 군사력에 자신감이 생긴 공민왕은 군사 행동을 개시했다. 1356년 7월 고려군은 압록강을 건너 요양에 이르는 동팔참東八站을 점령하고 동북면 화주(영흥) 지역의 쌍성총관부를 탈환했다. 무려 99년 만에 되찾은 땅이었다. 흥미로운 사실은 바로 한 달 전인 6월에 공민왕이 원의 연호를 폐기했다는 점이다. 쌍성총관부를 점령한 공민왕은 여기에 만족하지 않고 마천령을 넘어 두만강 하류까지 개척해 고려의 영토로 만들었다.

참고로 공민왕 대에 회복한 고려의 북방 영토를 보면 강계 및 길주까지

---

[15] 송인주, 「공민왕대 군제개혁의 실태와 그 한계」, 『한국중세사연구』5(1998), 253-258쪽.
[16] 『고려사』권81, 병지35 병제 오군 공민왕 1년 윤3월.

북상했다. 1391년에는 두 지역을 연결하기 위한 거점으로 여진족이 웅거하던 갑주^{甲州}(함남 갑산)에 만호부를 설치했다. 이로써 고려의 북쪽 영토는 압록강 하류에서 시작해 창성·위원을 거쳐 강계에 이르렀고, 다시 갑주·길주를 거쳐 동해안에 이르게 되었다.[17]

---

[17] 안주섭, 이부오, 이영화, 『영토 한국사』(소나무, 2006), 123쪽.

3. 제1차 홍건적 토벌

홍건적, 압록강을 넘다

홍건적이 고려를 선택해 침공한 것은 생존과 밀접한 연관이 있었다. 막다른 상황까지 몰린 홍건적은 새로운 돌파구가 필요했고 식량 확보라는 현안도 안고 있었다. 홍건적은 고려를 침입하기 전에 이미 여러 경로를 통해 고려를 괴롭혔다.

1359년(공민왕 8) 홍건적은 고려 조정에 글을 보내 의義로 일어난 자신들에게 충성하라고〔귀부歸附〕협박했다. 같은 해 11월 말 홍건적 3,000여 명은 압록강 결빙을 이용해 고려 땅으로 넘어와 북쪽 지역을 약탈하는 등 침략의 징조를 보였다.[18]

당시 남쪽에서 극성을 부리는 왜구 문제로 고심하던 공민왕에게 홍건적의 존재는 여간 골칫거리가 아니었다. 공민왕이 느낀 위기감은 정주靜州(의주) 부사 주영세朱永世를 군법으로 다스린 사례에서도 잘 드러난다. 1358년

---

18 『고려사』 권39, 세가 공민왕 8년 2월 을유, 11월.

3월 주영세가 개경으로 와서 임금을 알현하자 공민왕은 홍건적 침입이 우려되는 긴박한 시기에 함부로 임지를 이탈한 죄를 물어 투옥시킨 것이었다.[19]

공민왕의 우려는 현실로 나타났다. 1359년 12월 8일 홍건적 대장 모거경毛居敬이 4만 병력을 이끌고 고려를 침입했다. 홍건적은 대규모 병력은 아니었으나 저돌적으로 공격을 개시하면서 북방의 주요 요새를 하나씩 점령해나갔다. 홍건적은 의주를 함락하고 부사 주영세와 주민 1,000여 명을 살해했다. 이어 정주를 돌파해 도지휘사 김원봉金元鳳을 죽인 후 인주麟州를 점령했다.

고려 조정은 홍건적이 북방 요새를 함락했다는 급보를 받자마자 즉각 방어군을 편성했다. 예상 외로 빠른 속도로 남하하는 홍건적을 막지 않는다면 서경 이남을 포함한 개경이 위태롭기 때문이었다. 12월 11일 고려 조정은 방어군 지휘부를 편성해 이암李嵒을 서북면 도원수로, 경천흥慶千興을 서북면 부원수로, 김득배金得培를 서북면 도지휘사로, 이춘부를 서경윤西京尹으로, 이인임을 서경존무사西京存撫使로 임명했다.[20]

12월 16일 인주에 주둔해 있던 홍건적은 다시 철주鐵州를 기습 공격했다. 이곳에서는 이미 11월에 서북면 부원수로 나가 있던 안우安祐(?~1362)가 기병을 이끌고 치열한 반격을 펼쳐 홍건적을 인주·정주 일대로 퇴각시켰다.[21]

공격 기세를 되찾은 안우 부대는 패주하는 홍건적의 후미를 뒤쫓아 홍건적 본대가 주둔해 있는 인주 및 정주까지 진격했다. 그러나 이번에는 고

---

19 『고려사』 권39, 세가 공민왕 7년 3월 갑자.
20 『고려사』 권39, 세가 공민왕 8년 12월 경오.
21 『고려사』 권39, 세가 공민왕 8년 12월 정묘, 무진.

려군이 홍건적의 대대적인 반격을 받아 많은 사상자를 낸 채 정주로 퇴각했다.[22]

이 무렵 청천강 이북의 홍건적 점령 지역에서는 판사 김진金縝이 의주·정주 지역의 주민들과 함께 홍건적을 공격해 150여 명을 참살하는 전과를 올렸다.[23] 배후를 공격당한 홍건적은 공격의 기세가 꺾여 남하하지 못한 채 경계 태세를 강화하면서 북쪽에 주둔했다.

청천강 중류에 위치한 안주 지역에는 서북면 도원수 경천홍이 군사 1,000명을 이끌고 진을 쳤으나 적세에 눌려 진격하지 못했다. 안주에서 평양까지 직선거리는 불과 70km로 비교적 평야지대가 많아 적이 안주를 뚫는다면 평양 함락은 불을 보듯이 자명했다. 이런 상황에서 고려군 총사령관 이암이 12월 20일 서경에 도착했다.

고려군은 왜 서경을 버주었을까

고려군 총사령관 이암이 서경에 도착했을 때에는 아직 군사들이 집결하지 않은 상태였다. 이암은 홍건적에 대한 반격의 기회를 조성하기 위해 우선 군사들에게 청야작전을 써서 서경의 창고를 불사르고 인근 요충지로 퇴각하라는 명령을 내렸다.

이에 대해 호부낭중 김선치金先致의 판단은 달랐다. 김선치는 "만약 창고를 불태우면 적도들이 양식이 부족해 졸지에 나라 안으로 들어올 터이니

---

[22] 『고려사』 권39, 세가 공민왕 8년 12월 을해.
[23] 『고려사』 권39, 세가 공민왕 9년 1월 기해.

좋은 계책이 아니다"라고 반대했다.[24] 아군이 아직 다 집결하지 않은 상태에서 반격전을 벌이기보다는 서경성을 미끼로 내주어 적의 남하를 중단시키고 아군이 반격할 시간을 확보하자는 의견이었다.

고려 지휘부는 숙의 끝에 무리한 청야전술이 홍건적을 후방으로 끌어들이는 화근이 될 수도 있다고 판단했다. 그래서 평양의 많은 물자들을 대담하게 홍건적에게 내주고 황주로 철수해 방어선을 구축했다.

고려군은 이 작전에 따라 하는 수 없이 홍건적이 서경에 무혈입성하는 것을 용납할 수밖에 없었다. 그러나 고려군이 황주로 후퇴했다는 소식이 전해지자마자 고려 전역은 혼란에 휩싸였다.[25] 12월 28일 홍건적이 서경에 입성했고 도원수 이암은 파직되었다.

고려는 993년(성종 12) 거란이 침공하자 서경에 쌓아둔 곡식을 대동강에 수장시킨 후 청야전술을 구사한 적이 있다. 하지만 지금 고려군은 서경의 곡식들을 처분하지 않고 홍건적들에게 제공해 남하를 저지했다. 그 결과 고려군은 적을 서경에 묶어 둔 상태에서 불필요한 전투를 자제하면서 반격전을 펼칠 시간을 확보할 수 있었다.

1360년 1월 18일, 고려군은 서경 탈환을 위한 반격 작전에 돌입했다. 이승경李承慶이 이끄는 고려군 2만 명이 생양역生陽驛(평남 중화군)으로 진군했다. 홍건적은 고려군이 공격을 개시하자 그 보복으로 고려의 양민 포로 1만 명을 학살했다.

고려군은 혹심한 추위로 사상자 1,000여 명이 발생했으나 홍건적 수천 명을 살상하는 전과를 올렸다. 고려군의 공세에 밀린 홍건적은 결국 서경

---

24 『고려사절요』 권27, 공민왕 8년 12월.
25 『고려사』 권39, 세가 공민왕 8년 12월 기묘.

을 포기하고 용강·함종 방면으로 퇴각했다.

1360년 2월 2일, 안우의 부대가 함종으로 진격했으나 적의 기습으로 1,000여 명이 전사하는 피해를 입었다. 2월 15일 안우·이방실 등이 전열을 가다듬어 다시 함종을 공격해 홍건적 2만 명을 살상하는 대승을 거두고 홍건적 장수 심자·황지선 등을 포로로 붙잡았다.[26]

2월 16일 이방실·안우·김득배 등이 연합전선을 구축해 도망가는 홍건적 1만 명을 추격해 대파했다. 적들은 태주泰州-구주-선주를 따라 철주로 북상했다. 그 사이 이방실 등은 새벽에 군사를 배불리 먹여 전력을 재정비하고 여세를 몰아 선천까지 적을 추격해 수백 명의 목을 베었고 가까스로 살아남은 홍건적 300여 명만이 압록강을 건너 도망갔다.[27]

3월에 홍건적은 해상을 통해 전선戰船 70~100여 척을 이용해 다시 침략했다. 홍건적은 봉주鳳州(봉산) 및 안악, 황주, 안주 등을 침입해 성문과 가옥들을 불태우고 곡식을 약탈했다. 결국 이방실이 이끄는 부대가 홍건적들을 고려 영내에서 완전히 몰아내면서 1차 토벌은 끝이 났다.

---

[26] 『고려사절요』 권27, 공민왕 9년 2월 임신.
[27] 『고려사』 권39, 세가 공민왕 9년 2월 계유.

4. 제2차 홍건적 토벌

홍건적, 청천강 방어선을 뚫다

1360년(공민왕 9) 9월 원 조정은 상도(개평)를 공격한 홍건적을 만리장성 방면에서 대대적으로 소탕했다. 싸움에서 패한 홍건적은 본거지인 장성 이남의 하북 지방으로 이동할 퇴로를 차단당하자 진로를 고려로 돌려 1361년 10월 고려를 재침했다.

1361년 10월 20일 반성潘誠·관선생 등이 이끄는 홍건적 20만[28]이 다시 압록강을 넘었다. 홍건적은 삭주朔州 및 이성泥城(창성)을 함락한 후 빠른 속도로 남진을 거듭해 11월 초 무주撫州(영변)에 집결했다.

홍건적이 재침했다는 급보를 접한 공민왕은 즉각 방어군을 편성했다.[29]

---

[28] 『고려사』에는 홍건적 10만이 고려를 침입했다고 되어 있다(『고려사』 권39, 세가 공민왕 10년 10월 정유). 하지만 이후의 『고려사』 기록에서는 죽은 자 10만, 도망간 자 10만이라 했고, 조선왕조실록에도 20만이라고 기록되어 있다(『고려사』 권40, 세가 공민왕 11년 1월 갑자 ; 『태조실록』 권1, 총서).

[29] 『고려사』 권39, 세가 공민왕 10년 10월 정유, 계묘.

10월 26일 상원수上元帥에 안우, 도병마사에 김득배, 서북면도지휘사에 이방실, 동북면도지휘사에 정휘鄭暉를 임명했다. 그리고 동지추밀원사 이여경李餘慶을 절령岊嶺(황해도 자비령)으로 급파해 목책木柵(나무 울타리)을 설치하는 등 철저한 방어태세를 갖추었다. 또 관리들에게 차등적으로 전마戰馬를 갹출하고 도성 주민들을 동원해 도성을 수축했다.

고려 조정은 부족한 병력을 충당하기 위해 전국적으로 모병을 실시했다. 현실적으로 병력을 모으기가 쉽지 않자 모병에 적극적으로 참여한 선비나 향리에게는 벼슬을 주고, 노비는 논·비단 등을 상으로 주거나 양민으로 신분을 상승시켜 주는 우대 조건을 제시해 전투 병력의 확충을 꾀했다.30

서북면 도지휘사 이방실은 적의 병력이 아군보다 우세하다고 판단해 일단 부대를 후방으로 철수시켰다. 그리고 순주順州(순천)·은주殷州(은산)·성주成州(성천) 등 3개 주와 양암陽巖·수덕樹德·강동江東·삼등三登·상원祥原의 5개 현의 백성과 곡식을 절령(황해도 자비령)에 설치한 목책 안으로 이동시킨 후 본격적인 전투 태세에 돌입했다.

이방실은 고려군을 박주로 출격시켜 홍건적에게 타격을 가해 패주시켰다. 고려군은 태주(태천)에서도 적병 7명을 죽였다. 이방실 부대는 김경제金景磾 부대와 함께 개주(평남 개천价川)로 출격해 홍건적 150명을 참살했다. 상원수 안우도 기병 100여 기를 이끌고 홍건적 1,000여 명이 집결해 있는 연주 지역을 급습해 적 20여 명을 참살했고, 조천주趙天柱 등도 박주에서 홍건적 100여 명을 살상했다.31

---

30 『고려사절요』 권27, 공민왕 10년 10월 임인.
31 『고려사절요』 권27, 공민왕 10년 11월.

홍건적의 침입 경로

안동으로 피신한 공민왕

고려 초부터 압록강을 도하한 외적이 개경을 향하는 길목은 안주였다. 상원수 안우 역시 고려군이 몇 차례 전투에서 승리하자 전 부대를 이끌고 안주로 집결해 전열을 재정비했다. 그리고 홍건적의 청천강 도하를 막기 위해 안주 일대에 방어선을 강화하고 공민왕에게 승전보를 올렸다.

11월 9일 홍건적은 고려군이 승리에 도취해 방심하는 사이 일제히 청천강을 도하해 안주에 집결해 있던 고려군 진영을 기습적으로 공격했다. 고려군은 졸지에 급습을 받고 패배를 당해 절령(자비령)으로 퇴각했다.[32]

이 전투에서 상장군 이음李蔭과 조천주가 전사하고 김경제마저 사로잡히고 말았다. 전투에 승리한 홍건적은 고려 진영으로 100만 군대가 동진할 예정이니 속히 항복하라는 통첩을 보냈다.

11월 16일 밤 홍건적은 군사 1만 명을 절령 방책 가까이에 접근시킨 후 새벽에 철기鐵騎 5,000명으로 고려군을 다시 급습했다. 고려군은 일시에 붕괴되어 안우, 김득배 등이 홀로 성책을 탈출했다. 절령에서 퇴각한 안우는 11월 18일에 병력을 수습해 금교역金郊驛(황해도 평산 북방 8km 지점)에 재집결했으나 구원군의 증파가 어려운 상황이었으므로 금교를 포기하고 개경으로 퇴각했다.

절령은 황해도 황주와 서홍군의 경계에 있는 고개로 개성과 평양을 잇는 행정·군사의 요충지였다. 고려 조정은 앞서 홍건적이 침입하자 방어군을 안주까지 전진시키고 절령에 목책을 설치하기도 했다. 따라서 절령의 붕괴는 개경이 곧 함락될 수도 있다는 경보였다.

---

32 『고려사』 권39, 세가 공민왕 10년 11월 계해.

적의 선봉부대가 홍의역興義驛(개성-금천사이)까지 진출하자 공민왕은 파천을 결정했다. 당시 최영崔瑩(1316~1388) 장군은 울부짖으며 "임금께서는 좀 더 도성에 계시면서 장정들을 모집해 국가와 왕실을 지키소서!"라고 호소했다. 그러나 개경을 고수하기 어렵다고 판단한 공민왕은 신료들의 반대에도 불구하고 11월 18일 개경을 떠나 광주를 거쳐 12월 15일에 복주(안동)로 파천했다.

공민왕은 약 70여일을 안동에서 머물렀다. 안동은 '왕이 복주에 머물렀을 때 복주 사람들이 성심껏 섬기고 마침내 여러 도의 군사를 불러 경성을 회복'했다는 공으로 안동대도호부로 승격되었다.[33] 안동에 전해져 오는 '놋다리 밟기'는 안동 지역의 여성들이 공민왕비 노국공주魯國公主가 개울을 건널 수 있도록 자발적으로 사람다리를 놓은 데서 유래했다 한다.

11월 24일 홍건적은 고려군의 저항을 크게 받지 않고 개경을 함락했다. 홍건적은 이듬해 1362년 1월 17일까지 개경에서 50일 정도 주둔하면서 살인, 방화, 약탈 등 온갖 만행을 저질렀다.

홍건적은 개경을 점령한 후 기병 300명을 원주까지 기동시키기도 했으나 적극적으로 남진을 시도하지 않았다. 그 대신 도성의 방어력을 보강하기 위해 성벽을 소나 말가죽으로 덮은 후 거기에 물을 부어 얼려 접근이 어렵도록 해놓은 상태였다.

---

[33] 『고려사절요』 권27, 공민왕 11년 4월.

다시 되찾은 수도 개경

1362년 1월 고려군의 반격이 시작되었다. 그 사이 고려 조정은 전국에서 20만 명의 병력을 징발해 전열을 정비하는 저력을 보여주었다. 공민왕은 복주(안동)에서 교서를 내려 정세운을 총병관總兵官으로 삼고 적의 격퇴를 명했다.[34]

정세운은 안우·이방실·이여경·최영·이성계李成桂 등이 지휘하는 20만 명을 동교 천수사天壽寺(경기 장단 소재)에 집결시켜 개경 도성을 포위했다. 때마침 눈이 내려 적의 방비가 소홀한 틈을 타 여러 장수가 사방에서 공격했다. 먼저 이성계(조선 태조)가 휘하 친병 2,000명을 이끌고 성에 올라 사유와 관선생을 죽이고 적을 격파하자 고려군의 사기가 고무되었다.

고려군은 성안에 있는 홍건적을 몰아내기 위해 여러 가지 전술을 모색했다. 당시 홍건적의 정예병은 숭인문(개경 동쪽 외성문)에 모여 있었다. 이때 고려군 장교 권희權僖가 "적의 정예병이 모두 이곳에 집결해 있습니다. 적의 예상을 뒤엎고 불의에 이곳을 기습하면 성공할 수 있습니다"라고 건의했다.[35]

1362년 1월 18일 새벽 권희가 이끄는 고려군 기병 수십 명이 숭인문을 기습했다. 홍건적이 우왕좌왕하는 틈을 타서 고려군은 성벽 위로 올라가 안으로 들어갔다. 고려군이 성내로 밀려들어가자 홍건적은 퇴로 없이 성 중앙에 설치된 방책 안으로 들어가 저항을 계속했다. 이때 한 기병이 방책에 접근해 널판을 걸치고 방책 안으로 뛰어 들어가 홍건적 수십 명을 참살

---

[34] 『고려사절요』 권27, 공민왕 10년 12월 임진.
[35] 『고려사절요』 권27, 공민왕 11년 1월 갑자, 을축.

홍건적 격퇴에 공을 세운 최영(崔瑩) 장군 묘(시도기념물 23호(고양시)) 경기도 고양시 덕양구. 1361년에 개성 부근까지 밀어닥친 홍건적을 피해 공민왕이 파천을 결정하자 이를 적극 만류하면서 군사를 모집해 싸울 것을 호소했다. (GNU Free Documentation License)

했다. 그 뒤를 이어 고려군 대부대가 방책을 파괴하고 홍건적 진영으로 돌격했다.[36]

이 전투에서 고려군은 홍건적의 지휘자 사유와 관선생 등을 포함해 10만에 달하는 적병을 섬멸했다. 이 과정에서 고려군 지휘부의 전략적 판단이 돋보이는 대목은 맹목적인 전투를 자제했다는 점이다. 군 지휘부들은 "궁지에 몰린 도적을 다 잡을 것이 아니다"라는 점에 의견 일치를 보았다. 홍건적이 궁지에 몰려 최후까지 저항할 경우 고려군의 손실을 우려해 개경 동쪽의 숭인문과 동북쪽의 탄현문 일대의 포위망을 해제해 홍건적의 퇴로를 열어주었다. 이 길을 통해 홍건적은 압록강을 건너 고려 땅에서 물러났다.[37]

---

[36] 유재성, 『한민족전쟁통사(II)』(국방군사연구소, 1993), 354-355쪽.
[37] 『고려사』 권40, 세가 공민왕 11년 1월 을축 ; 『고려사절요』 권27, 공민왕 11년 1월 을축.

공민왕은 개경 탈환 이후에 복주(안동)에서 환도해 개경 부근의 홍왕사에서 임시로 머물렀다. 전란 중에 파손된 궁전을 수리하기 위해서였다. 이곳에서 공민왕은 무장 김용金鏞에게 살해될 뻔했다. 소위 '홍왕사의 난'이 이것으로, 김용은 원 세력과 연결되어 공민왕을 시해하려 했으나 최영 장군 등에 의해 진압되었다.[38]

공민왕은 홍건적의 침입과 홍왕사의 난을 진압한 후에 대규모 공신 책봉을 시행했다. 개경 수복에 기여한 인물, 공민왕이 안동으로 피난할 때 호종한 인물, 홍왕사 난을 평정한 인물 등 모두 275명을 책봉했다. 그런데 이 가운데 문신 등은 12명에 불과했으므로 무장들을 위한 공신 책봉이라 해도 과언이 아니다.[39] 이 같은 여건 속에서 신흥 무인들이 서서히 대두해 이후 조선을 건국하는 세력으로 성장하게 되었다.

---

38 강성문, 「고려말 홍두적 침구에 관한 연구」, 100-101쪽.
39 김당택, 「고려말 대외관계의 격동과 무장세력의 정치적 지향」, 『한국사시민강좌』 35(일조각, 2004), 55쪽.

❖ 회고와 전망

　서울특별시 종로구에 자리한 종묘宗廟에는 공민왕 신당神堂이 있다. 이 신당은 1395년(태조 4) 태조가 조선의 도읍을 한양으로 정하고 종묘를 지을 때 함께 세워졌다. 조선 임금들의 신위를 모시는 종묘에 고려 임금으로서 모셔진 왕은 공민왕이 유일하며, 영정도 공민왕과 노국대장공주가 함께 있는 모습이어서 더 눈길을 끈다.

　공민왕은 12세의 어린 나이에 원에 10년간 인질로 가 있다가 22세에 어렵게 왕위에 올랐다. 공민왕은 시분오열로 찢겨 나간 고려를 다시 일으켜 세우기 위해 반원의 기치를 내세우면서 개혁을 시도했다. 그 결과 대내외적으로 시시각각 끊임없이 암살의 위협을 받으면서도 '불복종의 미덕'을 실천한 임금이었다.

　홍건적은 1359년 12월부터 1360년 3월까지, 1361년 10월부터 1362년 1월까지 두 차례나 고려 영토를 침공했다. 홍건적이 동원한 병력만 총 24만이었다. 한때 공민왕이 안동으로 파천했을 만큼 위협적인 공세를 펼친 홍건적은 결국 고려군에게 패해 한반도 밖으로 쫓겨났다. 홍건적은 고려군의 반격으로 지휘관 관선생이 죽은 뒤 세력이 약화되어 요동을 전전하다가 1362년 후반 무렵에 소멸했다고 알려져 있다. 홍건적의 쇠락에 고려가 단단히 한 몫을 한 셈이다.

그동안 한국사에서 홍건적의 격퇴는 관심의 대상이 되지 못했다. 홍건적 격퇴가 꽤 큰 사건이었음에도 불구하고 학계나 대중의 관심을 받지 못하는 이유는 원 간섭기 이후 복잡다기했던 고려의 국내 상황에 대한 냉소적인 시선 때문이라고 생각된다. 그러나 홍건적 격퇴가 반원의 기치를 올린 공민왕 대에 이루어졌다는 사실은 여러모로 시사하는 점이 크다.

잘 알려져 있다시피 공민왕은 쌍성총관부(영흥)를 빼앗긴 지 99년 만인 1356년(공민왕 5)에 원으로부터 탈환했다. 원의 감시로 군사력을 제대로 키울 수 없던 고려가 공민왕 대에 이 일을 해냈다는 사실은 고려 사회에 새로운 활력이 돋아났다는 증거가 아닐 수 없다. 뒤이어 고려가 홍건적을 격퇴한 힘도 바로 이 새로운 활력이 없었다면 불가능했을 것이고 그 원천은 공민왕이었다고 여겨진다.

1차 침입 때에 홍건적이 청천강 방어선을 뚫고 신속하게 남진하자 고려군 지휘부는 서경(평양)에서 전략적 후퇴를 선택했다. 고려군 지휘부는 홍건적이 고려를 침입한 중요 목적이 식량 확보에 있다는 점을 간파하고 서경의 많은 물자들을 홍건적에게 고스란히 내준 채 황주로 퇴각해 방어선을 구축했다.

고려군 지휘부의 예상은 적중해 큰 전투 없이 서경에 입성한 홍건적은 그곳에 주둔하면서 전세를 관망했다. 그 사이 만반의 준비를 끝마친 고려군은 대대적인 반격 작전에 돌입해 서경을 탈환하고 홍건적을 압록강 밖으로 몰아내는 데에 성공했다.

이와 같은 고려의 전략은 홍건적의 2차 침입 때에도 마찬가지였다. 홍건적은 개경을 점령한 후 더 이상 남진을 꾀하지 않고 개경을 중심으로 방어전선을 구축했다. 그러자 고려군 지휘부는 이들의 공격력이 소진되었다고 판단하고 신속히 개경 부근에 군사를 집중 투입한 후 홍건적의 정예부대가 배치된 숭인문(개경 동쪽 외성문)을 공격해 홍건적의 허를 찔렀다.

홍건적은 예상치도 못한 지점에서 고려군의 공격을 받자 순식간에 전열이 무너졌다. 이 한 번의 대규모 기습 타격으로 승기를 잡은 고려군은 홍건적을 고려 영토 밖으로 몰아냈다. 이때에도 고려군 지휘부는 홍건적이 궁지에 몰려 최후까지 저항하지 않도록 퇴로를 터주어 도망갈 기회를 제공했다.

이처럼 고려군이 홍건적을 한반도 밖으로 몰아내는 과정을 살펴보면 마치 11세기에 거란과 대적할 때처럼 용맹과 전술이 빛나고 있다. 90년 가까이 원의 그늘에서 허약해질 대로 허약해진 고려의 모습이 아니라 자신감과 새로운 역동성이 엿보이는 것이다.

아쉽게도 공민왕은 개혁을 다 이루지 못한 채 중도에 포기했고 비극적인 죽음을 맞이했다. 결과로만 보면 공민왕은 실패한 임금이다. 하지만 공민왕의 위업은 민들에게 새로운 희망이었기에 민들은 공민왕을 쉽게 떠나보내지 않았다.

공민왕신恭愍王神은 한국의 무속에서 숭배되는 왕신王神 가운데 하나다. 홍건적을 격퇴하고, 장기간 고려의 민중에게 공포의 대상이던 원元과 싸워 빼앗긴 고토를 되찾은 그 기상이 민중의 마음에 와 닿아 신령이 되지 않았을까 싶다. 오늘날 우리는 홍건적을 격퇴한 공민왕을 어떤 방식으로 기억할 것인가?

연표

900 견훤 후백제 건국.

901 궁예 후고구려 건국.

905 궁예 철원 천도.

907 당唐 멸망. 5대 10국 시작.

916 야율아보기 거란 건국.

918 (태조 1) 왕건 고려 건국.

919 (태조 2) 고려, 철원에서 송악(개성)으로 도읍 옮김.

926 (태조 9) 발해 멸망.

930 (태조 13) 서경에 학교 세움.

932 (태조 15) 고려, 후당에 사신 파견.

933 (태조 16) 후당의 사신이 고려에 옴.

934 (태조 17) 발해 세자 대광현 고려에 귀순.

935 (태조 18) 후백제 견훤 고려에 투항. 신라 경순왕 고려에 항복.

936 (태조 19) 고려, 후삼국 통일. 거란, 연운 16주 차지.

938 (태조 21) 후진에 거란을 협공하자고 제안. 서경에 나성 축조, 후진 연호 사용.

942 (태조 25) 거란 사신 30명을 귀양 보내고 낙타를 만부교 아래에서 굶겨 죽임.

943 (태조 26) 태조 〈훈요10조〉를 내림.

946 (정종 1) 거란, 국호를 '요遼'라 정함.

947 (정종 2) 거란의 침입에 대비해 광군 30만 설치.

956 (광종 7) 노비안검법 실시.

960 (광종 11) 관리의 공복公服 제정, 조광윤 송宋 건국.

962 (광종 13) 송에 사신 파견.

963　(광종 14) 송 연호 사용.
979　(경종 4) 발해인 수만 명 귀순.
982　(성종 1) 최승로 〈시무 28조〉 올림.
983　(성종 2) 전국에 12목 설치. 거란, 고려 공격하기 위해 원정군 열병.
985　(성종 4) 송, 사신 한국화를 고려에 파견해 거란 협공 제의.
　　 거란, 고려 침공 시도했다가 중지.
986　(성종 5) 거란, 정안국 멸망시킴. 거란, 고려에 화친 제의.
991　(성종 10) 거란, 압록강 북쪽 지역인 위구·진화·내원에 성곽 축조.
993　(성종 12) 거란(요) 1차 침입. 서희 소손녕과 화약 체결.
994　(성종 13) 압록강 이남에 성곽 구축해 강동 6주 확보. 송과 국교 단절.
1004　(목종 7) 송, 거란과 '전연의 맹약' 맺음.
1009　(목종 12) 강조의 정변. 현종 즉위.
1010　(현종 1) 거란 2차 침입. 현종 나주로 피난.
1011　(현종 2) 거란군 퇴각. 현종 환도. 거란, 현종의 친조 요구.
1012　(현종 3) 거란, 강동 6주 반환 요구 시작.
1013　(현종 4) 압록강 도하를 시도하는 거란군 격퇴.
1014　(현종 5) 송에 관계 회복 제의. 통주 침략한 거란군 격퇴.
1015　(현종 6) 거란, 곽주 침입해 고려군 수만 명 살상.
1018　(현종 9) 고려 거란에 화친 요청. 송 연호 사용. 거란 3차 침입.
1019　(현종 10) 강감찬, 구주에서 거란군 대파.
1029　(현종 20) 발해 후손 대연임, 홍료국 건설
1030　(현종 21) 홍료국 망함.
1033　(덕종 9) 천리장성 축조 시작.
1035　(정종 1) 거란, 고려에 성곽(천리장성) 축조 강력 항의.
1037　(정종 3) 거란과 다시 국교 재개.
1038　(정종 4) 당항족 이원호 대하(서하) 건국.
1040　(정종 6) 『김해병서』를 북계 지역에 배포.

1044 (정종 10) 천리장성 완성.

1054 (문종 8) 거란, 압록강 이동 지역에 군사시설 설치.

1071 (문종 25) 송과 국교 재개.

1075 (문종 29) 거란에게 압록강 남쪽에 구축한 성곽 폐쇄 요구.

1079 (문종 33) 송, 고려교역법 제정.

1080 (문종 34) 고려, 군사 3만을 정주(함남 정평)로 보내 여진 부족 평정.

1086 (선종 3) 거란에게 압록강 각장 설치 중지 요구.

1102 (숙종 7) 여진군 정주 관문에 와서 주둔. 고려, 여진 추장 광주에 억류.

1104 (숙종 9) 1차 여진 정벌, 임간·윤관 등 실패하고 귀환. 별무반 설치.

1107 (예종 2) 2차 여진 정벌.

1108 (예종 3) 윤관, 9성 축조. 윤관·오연총 개선.

1109 (예종 4) 고려, 9성을 여진에게 돌려줌.

1115 (예종 10) 여진, 금金 건국.

1117 (예종 12) 거란으로부터 보주 수복해 의주 설치.

1124 (인종 2) 송 서긍, 『고려도경高麗圖經』 완성.

1125 (인종 3) 금, 거란 멸망시킴.

1126 (인종 4) 이자겸의 난. 송, 금이 쳐들어오자 고려에 원병 요청.

1127 (인종 5) 송 멸망, 남송南宋 건국. 송, 고려에 금을 치기 위한 길을 빌려 달라고 요청.

1135 (인종 13) 묘청의 반란, 김부식 서경 함락.

1170 (의종 24) 정중부·이의방 등이 반란, 무인 정권 성립.

1172 (명종 2) 김보당의 난.

1174 (명종 4) 조위총의 난.

1176 (명종 6) 망이·망소이의 난.

1179 (명종 9) 경대승, 정중부 죽이고 집권.

1184 (명종 14) 이의민 집권.

1193 (명종 23) 김사미와 효심 봉기.

1196 (명종 26) 최충헌, 이의민 살해하고 정권 장악, 명종 폐위하고 신종 옹립.
1198 (신종 1) 만적의 난.
1206 (희종 2) 칭기즈 칸, 몽골 통일.
1216 (고종 3) 몽골에 쫓긴 거란 잔당이 평양 강동성에 진을 침.
1219 (고종 6) 여·몽 연합군이 강동성의 거란군 물리침. 몽골과 형제맹약 맺음.
1225 (고종 12) 몽골 사신 저고여 압록강변에서 피살.
1231 (고종 18) 몽골의 1차 침입. 몽골과 강화.
1232 (고종 19) 강화도로 천도.
몽골의 2차 침입. 처인성에서 김윤후가 몽골 사령관 살리타를 사살.
1234 (고종 21) 몽골, 금 멸망시킴.
1235 (고종 22) 몽골의 3차 침입.
1236 (고종 23) 몽골군 황룡사 9층탑 불태움.
1247 (고종 34) 몽골의 4차 침입.
1253 (고종 40) 몽골의 5차 침입. 고종이 강도에서 나와 승천부에서 몽골 사신 접견.
1254 (고종 41) 몽골의 6차 침입. 몽골의 침략 중 가장 잔혹했던 전쟁.
1255 (고종 42) 몽골의 6차 침입.
1257 (고종 44) 몽골의 7차 침입. 최항 죽고 최의 집권.
1258 (고종 45) 최씨 무인정권 몰락. 몽골, 화주(영흥)에 쌍성총관부 설치.
1259 (고종 46) 고려 태자(원종), 세자 친조를 위해 몽골로 출발. 몽골 전쟁 종결.
1260 (원종 1) 몽골, 국호를 원元으로 고침. 고려에 설치한 다루가치 폐지.
1270 (원종 11) 고종, 개경으로 환도. 삼별초 진도로 들어감. 원, 서경에 동녕부 설치.
1273 (원종 14) 삼별초 탐라(제주)에서 진압됨. 원, 탐라에 탐라총관부 설치.
1274 (충렬왕 1) 여·몽 연합군의 제1차 일본원정 실패.
1279 (충렬왕 5) 남송 멸망.
1281 (충렬왕 7) 여·몽 연합군의 제2차 일본원정 실패.
1290 (충렬왕 16) 동녕부 폐지.
1350 (충정왕 2) 왜구의 침략이 격화되기 시작.

1356 (공민왕 5) 원의 연호 사용 중지.

1359 (공민왕 8) 홍건적, 고려 1차 침입.

1361 (공민왕 10) 홍건적, 고려 2차 침입. 공민왕 안동으로 피신.

1362 (공민왕 11) 홍건적 퇴치.

1363 (공민왕12) 공민왕 환도.

1368 (공민왕 17) 원 멸망, 주원장 명明 건국.

1376 (우왕 2) 최영, 홍산에서 왜구 격퇴.

1377 (우왕 3) 이성계, 지리산에서 왜구 격퇴. 최무선의 건의로 화통도감 설치.

1380 (우왕 6) 최무선, 진포에서 화포로 왜구 물리침.

1388 (우왕 14) 이성계, 위화도 회군으로 정권 장악.

1389 (창왕 1) 박위, 대마도 정벌.

1392 (공양왕 4) 고려 멸망, 조선 건국.

참고문헌

1. 주요 자료

『역주 삼국사기』(한국정신문화연구원, 1996)

『삼국유사』(민족추진회, 1977)

『신편 고려사』(신서원, 2002)

『신편 고려사절요』상·중·하, 민족문화추진회 옮김(신서원, 2004)

『국역 고려도경』(민족문화추진회, 1977)

『국역 동국이상국집』(민족문화추진회, 1978)

『동국병감』, 임홍빈·유재호·성백효 옮김(국방부전사편찬위원회, 1984)

『국역 동국통감』(세종대왕기념사업회, 1996~1997)

『국역 동사강목』(민족문화추진회, 1980)

『발해고』(경문사, 1976)

『국역 여사제강』(세종대왕기념사업회, 1997~1998)

『역대병요』상·중·하(국방군사연구소, 1996)

『역대병요』I~V, 임홍빈·유재호·성백효 옮김(국방부전사편찬위원회, 1991~1994)

『국역 해동역사』(민족문화추진회, 1999~2003)

『해동명장전』, 유재호 옮김(국방부전사편찬위원회, 1987)

『고려사병지역주』, 고려사연구회(경인문화사, 1969)

『조선왕조실록』, 국사편찬위원회 영인본(탐구당, 1984)

『구오대사舊五代史』(대만 상무인서관)

『신오대사新五代史』, 『문연각사고전서』제279책(대만 상무인서관)

『요사』(중화서국 표점교감, 경인문화사 영인본)

『거란국지契丹國志』(국립중앙도서관 원문정보)

『금사』(중화서국 표점교감, 경인문화사 영인본)

『송사』(중화서국 표점교감, 경인문화사 영인본)

『원사』(중화서국 표점교감, 경인문화사 영인본)

『신원사新元史』(북경 : 중국서점 영인본)

『원고려기사元高麗紀事』(북경 : 문전각서장)

『문헌통고文獻通考』상·하(북경 : 중화서국)
『발해국지渤海國志』(태학사 영인본)
『중국역사지도집中國歷史地圖集』, 중국사회과학원(中國地圖出版社出版)
『고려사중중한관계사료휘편高麗史中中韓關係史料彙編』, 金渭顯(臺北 : 食貨出版社, 1983)
『송대여사자료집록』, 장동익(서울대학교출판부, 2000)

2. 공통 참고문헌

김남규, 『고려양계지방사연구』(새문사 1989)
김상기, 『신편 고려시대사』(서울대학교출판부, 1985)
김성남, 『전쟁으로 보는 한국사』(수막새, 2005)
김종래, 『유목민 이야기-바람에 새겨진 역사』(자우출판, 2002)
김한규, 『요동사』(문학과지성사, 2004)
＿＿＿, 『한중관계사』1·2(아르케, 1999)
김현길, 『중원의 역사와 문화유적』(청지사, 1984)
노계현, 『고려영토사』(갑인출판사, 1993)
문경현, 『고려사 연구』(경북대학교출판부, 2000)
박용운, 『고려시대사』상·하(일지사, 1985·1987)
＿＿＿, 『고려시대사 연구의 성과와 과제』(신서원, 1999)
박종기, 『새로 쓴 5백년 고려사』(푸른역사, 2008)
＿＿＿, 『5백년 고려사』(푸른역사, 1999)
방향숙 외, 『연구총서8-한중 외교관계와 조공책봉』(고구려연구재단, 2005)
변태섭, 『고려사의 연구』(삼영사, 1982)
손영식, 『한국성곽의 연구』(문화재관리국, 1987)
안주섭·이부오·이영화, 『영토한국사』(소나무, 2006)
유재성, 『한민족전쟁통사II』(국방군사연구소, 1993)
이기백, 『고려병제사연구』(일조각, 1968)
이병도, 『고려시대의 연구』(아세아문화사, 1980)
이춘식, 『중국사 서설』(교보문고, 1992)
장학근, 『고려의 북진정책사』(국방부군사편찬연구소, 2004)
전해종, 『한중관계사연구』(일조각, 1970)
하현강, 『한국중세사연구』(일조각, 1988)

국사편찬위원회 편, 『한국사』10 - 발해(1996)
_____, 『한국사』12 - 고려 왕조의 성립과 발전(1993)
_____, 『한국사』15 - 고려 전기의 사회와 대외관계(1995)
_____, 『한국사』20 - 고려 후기의 사회와 대외관계(1994)
_____, 『한국사』22 - 조선 왕조의 성립과 대외관계(1995)
군사연구실, 『고려군제사』(육군본부, 1983)
사회과학원 고고학연구소, 『고려의 성곽』, 조선고고학전서 45, 중세편 22(진인진, 2009)

3. 주요 참고문헌

제1장 고려 태조, 북쪽으로 향하다

강옥엽, 「고려시대의 서경제도」, 『국사관논총』92(국사편찬위원회, 2000)
김갑동, 「고려의 건국과 후삼국통일의 민족사적 의미」, 『한국사연구』143(2008)
김광수, 「고려건국기 패서호족과 대여진 관계」, 『사총』21·22(1977)
김일우, 『고려초기 국가의 지방지배체계 연구』(일지사, 1998)
김창겸, 「후삼국 통일기 태조 왕건의 패서호족과 발해유민에 대한 정책연구」, 『성대사림』4(1987)
김한규, 『요동사』(문학과지성사, 2004)
노계현, 『고려영토사』(갑인출판사, 1993)
노명호, 「고려시대의 다원적 천하관과 해동천자」, 『한국사연구』105(1999)
문경현, 『고려사 연구』(경북대학교출판부, 2000)
박경안, 「고려인들의 여진족에 대한 인식과 대외관계」, 『경기향토사학』9(2004)
_____, 「고려전기 다원적 국제관계와 국가·문화 귀속감」, 『동방학지』129(2005)
박성래, 「고려 초의 역曆과 연호年號」, 『한국학보』4(1978)
박옥걸, 『고려시대의 귀화인歸化人 연구』, 국학자료원(1996)
박용운, 『고려의 고구려 계승에 대한 종합적 검토』(일지사, 2006)
박종기, 『새로 쓴 5백년 고려사』(푸른역사, 2008)
방동인, 『한국의 국경획정연구』(일조각, 1997)
서성호, 「고려 태조 대 대거란 정책의 추이와 성격」, 『역사와 현실』34(1999)
송기호, 『발해정치사연구』(일조각, 1995)
신안식, 「고려시대 양계의 성곽과 그 특징」, 『군사』66(2008)
심재석, 『고려국왕 책봉 연구』(혜안, 2002)

윤무병, 「고려북계지리고」(上), 『역사학보』 4(1953)
이근화, 『고려전기 북방정책의 전개연구』, 경희대 박사학위논문(1988)
이기동, 「신라하대의 패강진-고려왕조 성립과 관련하여」, 『한국학보』 4(1976)
이춘식, 『중국사서설』(교보문고, 1991)
이혜옥, 「고려초기 서경세력에 대한 일고찰」, 『한국학보』 26(1982)
이효형, 『발해유민사 연구』(혜안, 2007)
임상선, 「발해 유민의 부흥운동」, 『새롭게 본 발해사』(고구려연구재단, 2004)
_____, 「발해의 건국과 국호」, 『새롭게 본 발해사』(고구려연구재단, 2004)
최규성, 「고려초기 여진문제의 발생과 북방경영」, 『백산학보』 26(1981)
추명엽, 「고려시기 '해동海東' 인식과 해동천하」, 『한국사연구』 129(2005)
_____, 「고려전기 '번蕃' 인식과 '동·서번' 의 형성」, 『역사와 현실』 43(2002)
한규철, 『발해의 대외관계사』(신서원, 1994)

제2장 거란과 싸워 이기다

김명철, 「고려 토성의 축조 형식과 방법」, 『조선고고연구』 제78호(1991)
김위현, 「거란의 해인奚人에 대한 정책고」, 『명지사론』 3(1990)
_____, 「서희의 외교」, 『서희와 고려의 고구려 계승의식』(학연문화사, 1999)
_____, 『거란사회문화사론』(경인문화사, 2004)
_____, 『고려시대 대외관계사 연구』(경인문화사, 2004)
김재만, 『거란·고려 관계사 연구』(국학자료원, 1999)
_____, 『거란민족발전사의 연구』(독서신문사, 1974)
박종기, 「조선중기 대외정책의 변화에 대하여 - 선종 대를 중심으로」, 『한국학논총』 16(1994)
서병국, 『거란제국사연구 - 거란제국의 지나인 통치 성공 이유』(한국학술정보, 2006)
서일범, 「서희가 축성한 성곽과 청천강 이북 방어체계」, 『서희와 고려의 고구려 계승의식』(학연문화사, 1999)
안주섭, 『고려 거란 전쟁』(경인문화사, 2003)
유재성, 『여요전쟁사』(국방부전사편찬위원회, 1990)
이석현, 「고려와 요금의 외교관계-조공책봉관계를 중심으로」, 『연구논총』 8(고구려연구재단, 2005)
이재범, 「고려전기의 군사제도」, 『한국군사사연구』 1(1998)
_____, 「여요전쟁 시 고려와 요의 군사력 비교」, 『서희와 고려의 고구려 계승의식』(1999)

이홍두,「고려 거란전쟁과 기병전술」,『사학연구』80(2005)
임용한,『전쟁과 역사 2 - 거란·여진과의 전쟁』(혜안, 2004)
장철균,『서희의 외교담판 - 고구려 영토수복 어떻게 가능했나』(현음사, 2004)
정경현,『고려전기 2군6위제연구』, 서울대학교 박사학위논문(1992)
조인성,「고려 양계 주진의 방수군과 주진군」,『고려광종연구』, 이기백편(1981)
최규성,「거란 및 여진과의 전쟁」,『한국사』15(국사편찬위원회, 1995)
_____,「북방민족과의 관계」,『한국사』15(국사편찬위원회, 1995)
추명엽,「고려시기 '해동' 인식과 해동천하」,『한국사연구』129(한국사연구회, 2005)
홍승기,「고려초기 중앙군의 조직과 역할 - 경군의 성격」,『고려정치사연구』(일조각, 2001)
홍원기,『고려전기 군제연구』(혜안, 2001)

제3장 '해동천하' 고려, 여진을 정벌하다

강은정,「12세기초 고려의 여진정벌과 대외관계의 변화」,『북악사론』9(2002)
김구진,「공험진과 선춘령비」,『백산학보』21(1976)
_____,「윤관 9성의 범위와 조선 6진의 개척 - 여진세력 관계를 중심으로」,『사총』21·22(1977)
김상기,「여진관계의 시말과 윤관의 북벌」,『동방사논총』(서울대학교출판부, 1974)
김성규,「고려 전기의 여송관계 - 송조 빈례賓禮를 중심으로 본 고려의 국제지위 시론」,『국사관논총』92(2000)
노계현,「고려예종의 구성九城 구축과 영토처리」,『국제법학회논총』65(1989)
민현구,「고려전기의 대외관계와 국방정책 - 문종 대를 중심으로」,『고려정치사론』(고려대학교출판부, 2004)
박종기,「고려시대의 대외관계」,『한국사』6(한길사, 1994)
박한남,『고려의 대금외교정책 연구』, 성균관대학교 박사학위논문(1993)
안병우,「고려와 송의 상호인식과 교섭 : 11세기 후반~12세기 전반」,『역사와 현실』43(2002)
윤무병,「길주성과 공험진-공험진 立碑問題의 재검토」,『역사학보』10(1958)
이동복,「金의 시조전설에 대한 일고찰」,『동국사학』15·16합집(1981)
_____,『동북아세아사연구-금대 여진사회의 구성』(일조각, 1986)
이정신,『고려시대의 정치변동과 대외정책』(경인문화사, 2003)
임용한,『전쟁과 역사 2-거란·여진과의 전쟁』(혜안, 2004)
정수아,「윤관 세력의 형성」,『진단학보』66(1988)

정해은, 『한국 전통병서의 이해』(국방부군사편찬연구소, 2004)
최규성, 「거란 및 여진과의 전쟁」, 『한국사』15(국사편찬위원회, 1995)
_____, 「북방민족과의 관계」, 『한국사』15(국사편찬위원회, 1995)
추명엽, 「고려전기 관關·진津·도渡의 기능과 상세商稅」, 『국사관논총』104(2004)
_____, 「고려전기 '번'인식과 동서번의 형성」, 『역사와 현실』43(2002)
_____, 「11세기 후반~12세기 초 여진정벌 문제와 정국동향」, 『한국사론』45(2001)

제4장 제국 몽골과 맞서다

강재광, 「대몽전쟁기 최씨정권의 해도입보책과 전략해도」, 『군사』66(2008)
고병익, 「몽蒙·여麗의 형제맹약」, 『동아교섭사의 연구』(4판)(서울대학교출판부, 1988)
권영국, 『고려후기 군사제도 연구』, 서울대학교 박사학위논문(1994)
김당택, 『고려의 무인정권』(국학자료원, 1999)
김순자, 『여말선초 대원對元·명明관계 연구』, 연세대학교 박사학위논문(1999)
김호동, 「몽고제국의 형성과 전개」, 『강좌중국사Ⅲ』(지식산업사, 1989)
노계현, 『대몽외교사』(갑인출판사, 1993)
노명호, 「고려시대의 다원적 천하관과 해동천자」, 『한국사연구』105(1999)
민병하, 『고려무신정권연구』(성균관대학교출판부, 1990)
신안식, 「고려 최씨무인정권의 대몽강화교섭에 대한 일고찰」, 『국사관논총』45(1993)
_____, 『고려 무인정권과 지방사회』(경인문화사, 2002)
신채식, 『동양사개론』(삼영사, 1993)
심재석, 「세계제국 몽고와 맞선 고려 민중의 힘」, 『고려시대 사람들 어떻게 살았을까』(청년사, 1997)
오영선, 「고려 무신집권기 사병의 성격」, 『군사』33(1996)
_____, 「최씨 집권기 정권의 기반과 정치운영」, 『역사와 현실』17(1995)
유재성, 『대몽항쟁사』(국방부전사편찬위원회, 1988)
윤용혁, 『고려대몽항쟁사연구』(일지사, 1991)
이기훈, 『전쟁으로 보는 한국역사』(지성사, 1997)
이상국, 「고려시대 군호의 편제와 본관제」, 『군사』56호(2005)
이익주, 「고려 대몽항쟁기 강화론의 연구」, 『역사학보』151(1996)
이정신, 『고려 무신정권기 농민·천민항쟁 연구』(고려대학교출판부, 1991)
_____, 『고려시대의 정치변동과 대외정책』(경인문화사, 2004)
주채혁, 「고려 내지의 다루가치達魯花赤 치폐에 관한 소고」, 『청대사림』1(1974)
_____, 「몽골-고려사 연구의 재검토 - 몽골-고려사의 성격 문제」, 『국사관논총』8(1989)

홍영의, 「고려 최씨 정권은 왜 강화로 천도했을까?」, 『내일을 여는 역사』19(서해문집, 2005)

제5장 홍건적을 몰아내다

강성문, 「고려말 홍두적 침구에 관한 연구」, 『한국 군사사의 재조명』(황금알, 2005)
권영국, 『고려후기 군사제도 연구』, 서울대학교 박사학위논문(1995)
김구진, 「북방문제」, 『한국사』20(국사편찬위원회, 1994)
김당택, 「고려말 대외관계의 격동과 무장세력의 정치적 지향」, 『한국사시민강좌』35(일조각, 2004)
_____, 『원 간섭하의 고려정치사』(일조각, 1998)
김순자, 『여말선초 대원對元·명明관계 연구』, 연세대학교 박사학위논문(1999)
민현구, 「고려 공민왕의 반원적 개혁정치에 대한 일고찰」, 『진단학보』68(1989)
박용운, 「14세기의 고려사회-원간섭기의 이해문제」, 『14세기 고려의 정치와 사회』(민음사, 1994)
서인한, 『한국 역대파병사』(국방부군사편찬연구소, 2002)
송인주, 「공민왕대 군제개혁의 실태와 그 한계」, 『한국중세사연구』5(1998)
_____, 「원압제하 고려왕조의 군사조직과 그 성격」, 『역사교육논집』16(1995)
오종록, 「고려후기 군사지휘 체계」, 『국사관논총』24(1991)
장동익, 『고려후기 외교사연구』(일조각, 1994)
_____, 「원의 간섭과 자주성의 시련」, 『한국사』20(국사편찬위원회, 1994)
허선도, 『조선시대 화약병기사연구』(일지사, 1994)
홍영의, 『고려말 정치사 연구』(혜안, 2005)
황을순, 『고려 공민왕대의 개혁과 그 성격에 관한 연구』, 동아대학교 박사학위논문(1989)

4. 외국 참고문헌

장페이페이, 『한중관계사』, 김승일 옮김(범우사, 2005)
전백찬翦伯贊 편, 『중국전사中國全史』(하), 이진복·김진옥 옮김(학민사, 1990)
중국사연구실 편역, 『중국역사』(하)(신서원, 1993)
중국사학회 엮음, 『중국역사박물관 - 遼·西夏·金』, 강영매 옮김(범우사, 2004)
청위·장허성 지음, 『중국을 말한다(12) - 철기와 장검』, 김춘택·이인선 옮김(신원문화

사, 2008)

스기야마 마사아키 지음, 『유목민이 본 세계사』(6쇄), 이진복 옮김(학민사, 2006)
일본동아연구소 편, 『북방민족의 중국통치사』, 서병국 옮김(한국학술정보, 2002)
宮崎市定, 『중국사』, 조병한 편역,(역민사, 1983)

룩 콴텐, 『유목민족제국사』, 송기중 옮김(민음사, 1984)
르네 구루쎄, 『유라시아 유목제국사』(1판 11쇄), 김호동·유원수·정재훈 옮김(사계절, 2009)
버나드 로 몽고메리, 『전쟁의 역사』(개정판), 승영조 옮김(책세상, 2004)
베야 블라디미르초프, 『몽골사회제도사』, 주채혁 옮김(대한교과서주식회사, 1990)
올호노드 하인잔 샥달, 『칭기스칸 전쟁술』(육군본부 군사연구소, 2009)
티모시 메이, 『칭기즈칸의 세계화 전략 : 몽골병법』, 신우철 옮김(대성닷컴, 2009)

찾아보기

ㄱ

가란전 曷懶甸 147, 154, 171~172, 195~196, 199, 201, 203
감문위 監門衛 89
감문위령 監門衛領 89
강감찬 姜邯贊 119, 127~132, 227
강노 剛弩 181
강덕진 剛德鎭 37, 53, 57, 117
강도 江都 233, 245, 248, 251~253, 255, 259~262, 266
강동 6주 江東 88, 110, 114~115, 123, 133~134, 224, 241
강동성 江東城 236~237
강민첨 姜民瞻 127~128
강조 康兆 96, 112~117, 227
강화도 江華島 231, 244~245, 251~252, 266
개정군 開定軍 53, 57, 92
개태사 開泰寺 62
『거란국지 契丹國志』 120, 151, 171
검차 劍車 95~96, 116
견훤 甄萱 31, 40, 49
경궁 梗弓 181~182
경대승 慶大升 227, 230
경천흥 慶千興 291~292
경학박사 經學博士 85
『고려도경 高麗圖經』 228, 229, 233
『고사통 故事通』 39

고청명 高清明 132
골암진 鶻嵓鎭 37, 53, 56
공민왕 恭愍王 270~271, 281, 284~286, 288, 290~291, 295, 298~305
공복 公服 83~84
공험진 公嶮鎭 191~193, 195, 198
관선생 關先生 277, 295, 300~301, 303
광군 光軍 93
괴자마 拐子馬 150~151
구법당 舊法黨 158
9성 九城 138~139, 148, 187, 189, 191~200, 203
구육 貴由 212, 250, 257
구주성 龜州城 102, 129, 131, 233~235, 240~242
구준 寇準 107
군익도 軍翼道 288
궁노 弓弩 162
궁위기군 宮衛騎軍 79
귀순주 歸順州 168~169, 201
금오위 金吾衛 89
기의군 起義軍 19
김덕진 金德珍 174, 185, 187, 189
김득배 金得培 291, 294, 296, 298
김부식 金富軾 224, 226
김선치 金先致 292
김숙흥 金叔興 121
김순식 金順式 25

김용金鏞 302
김통정金通精 264
김한충金漢忠 187~188, 194
『김해병서金海兵書』 166

ㄴ

나성羅城 46, 48, 118
남경통군도감南京統軍都監 77
남당南唐 16, 18, 31
남평국南平國 16
남한南漢 16
내원성來遠城 77, 109, 114, 224
노弩 95, 181, 218
노비안검법奴婢按檢法 83
노책盧頙 285
뇌등석포雷騰石砲 96, 162

ㄷ

다루가치達魯花赤 238, 244, 246, 267, 280
다타이하茶陀二河 132
단련사團練使 173, 176
달고達姑 38
대광현大光顯 65~66, 106
대도수大道秀 66, 105~106, 118
대도호부大都護府 46
대수령부족군大首領部族軍 79
대요수국大遼收國 221
대우포大于蒲 235
대장군大將軍 66, 90, 168, 240
대조영大祚榮 59
대하大夏 158
도방都房 230

도선道詵 53, 56
도탕跳盪 181~182
동경 요양부東京遼陽府 22, 102
동녕부東寧府 280
동란국東丹國 56, 60
동모산東牟山 59
동여진東女眞 23, 113, 139, 154, 166~169, 173, 186, 200
동진국東眞國 221, 244, 253, 259
동팔참東八站 288
되적刀伊賊 168

ㄹ

로푸羅弗 152, 173

ㅁ

만부교萬夫橋 사건 36
만호萬戶(투멘Tumen) 214
만호부萬戶府 288~289
말갈靺鞨 59
망이亡伊·망소이亡所伊의 난 228
맹안猛安 149~150
모거경毛居敬 291
모극猛安 149~150
몽케蒙哥 212, 250
묘청妙淸의 난 96, 170, 224, 226~227
무신란武臣亂 226~227, 230
문관文冠 187, 189
민閩 16
민희閔曦 242, 246

ㅂ

박서朴犀 96, 234, 240~241
박양유朴良柔 101, 227
박호朴浩 162
반성潘誠 295
『발해고渤海考』 63~64
방호별감防護別監 231, 253
배중손裵仲孫 262, 264
백련교白蓮敎 275
백호百戶(자군Jaghun) 214, 288
번상番上 229
번진藩鎭 17~18
변량汴梁 276, 278
별무반別武班 180~182, 185, 230
별초군別抄軍 232, 252~253, 286
병마제정사兵馬齊正使 101
병목甁項 178~179, 187, 194, 202
보승保勝 89~90, 92
보주保州 73, 135, 224
부내로夫乃老 172
부필富弼 105, 159, 189
북원北元 277
북한北漢 16, 76, 86

ㅅ

사류이沙劉 277
살리타撒禮塔 237, 239~240, 242~244, 248~249, 252
삼별초三別抄 207, 231, 262~265
『삼조북맹회편三朝北盟會編』 140~141
상귀相貴 66
상장군上將軍 90, 298
생여진生女眞 22~23, 103, 145, 147~148, 157
서긍徐兢 89, 93, 228~229, 233
서수휘徐壽輝 275~276
서여진西女眞 23, 142, 166
서하西夏 72, 77, 158~160, 206, 210~211, 221~222
서학박사書學博士 48
서희徐熙 98~104, 107~109, 114~115, 133~134, 227
석경당石敬瑭 19, 21, 32
석적환石適歡 148, 171~174, 176~177
석포石砲 95~96
선덕관성宣德關城 175~176
소배압蕭排押 127~129, 132, 135
소손녕蕭遜寧 99, 102~104, 106~109, 133
소해리蕭解里 사건 151~153
속국군屬國軍 79~80
손자孫子 73
쇠뇌(노弩) 95~96, 181~182, 218
수영포가정守營鋪家丁 81
숙신肅愼 22
숙여진熟女眞 22~23, 147, 157
순군만호부巡軍萬戶府 286
쉬정許貞 152, 173
승천부昇天府 252, 257, 259, 261, 266
승화후 온承化侯 溫 262, 264
시무28조 84
신기군神騎軍 181~182, 185, 198
신덕申德 34
신돈辛旽 285
신법新法 158
신보군神步軍 181, 185
신안공 전新安公 佺 255
신의군神義軍 262

신채호申采浩 224
신호위神虎衛 89
십호十戶(아르반Arban) 214
쌍성총관부雙城摠管府 260~262, 267, 280, 288, 304
쑹주松柱 257

ㅇ

아과달阿果達 132
아구다阿骨打 142, 148~149, 151, 196, 202, 219
아르치카阿勒楚喀河 145
아무간阿母侃 255, 257
악비岳飛 150, 222
안경공 창安慶公 淐 258~259
안북부安北府 37, 52~53, 57, 68, 100, 102~104, 106, 117, 240, 242, 253, 255
안수진安水鎭 37, 52~53, 57
안우安祐 291, 294, 296, 298, 300
안융진安戎鎭 66, 104~107
안정진安定鎭 37, 52~53, 57
안홍민安洪敏 235
야별초夜別抄 230~231, 262
야사札撒 215
야율덕광耶律德光 21, 60
야율배耶律倍 60, 75
야율분노耶律盆奴 116
야율아보기耶律阿保機 20~21, 33~34, 60
야율을신耶律乙辛 156
야율중원耶律重元 156
양규楊規 115, 120~121
어장친군御帳親軍 79

역령役領 89
연운燕雲 16주 21, 72, 74, 86, 157, 221~222
연호군煙戶軍 182
영녕공 준永寧公 綧 255, 258, 263
예꾸也窟 257
오고타이窩闊台(태종) 212~213, 237~238, 250
5대 10국 14, 17~18, 20, 29, 75, 78
오연총吳延寵 185, 187, 195~200
오월吳越 16, 31
완옌부 여진完顏部女眞 138~139, 145~149, 151~152, 154, 157, 171~174, 177, 186, 194~196, 201~202
왕건王建 25~26, 29~30, 32, 40, 48, 53, 56, 60, 67, 69, 73, 83, 105, 161, 167, 195
왕계王繼 65
왕안석王安石 158
용호군龍虎軍 89
우구나이烏古迺 147~148
우별초右別抄 262
우야슈烏雅束(강종康宗) 148, 152, 154, 172, 177, 195~196, 200
운제雲梯 235
원종元宗 252, 260~262, 280, 286
유계兪櫗 107
유금필庾黔弼 37~38
유득공柳得恭 63~64
유방庾方 105~106
유복통劉福通 275~277
유승단兪升旦 246
『육도六韜』 96
윤관尹瓘 138~139, 170, 172, 174~176,

180, 185~202, 227
윤복창尹夏昌 246
윤서안尹庶顔 102
읍루邑婁 22
응양군鷹揚軍 89
이겸의李謙宜 100
이몽전李蒙戩 103
이방실李芳實 294, 296, 300
이성계李成桂 300
이세화李世華 234, 248
이암李嵒 291~293
이원호李元昊 158
이의민李義旼 227
이의방李義方 227
이이제이以夷制夷 157
이인임李仁任 291
이일숙李日肅 173, 178
이자겸李資謙 170, 224, 226~227
이자의李資義 174
이현李晛 257
이혼암伊昕巖 25
일리전一利川 26, 37
임간林幹 138, 165, 174~178, 180, 202
임언林彦 173, 185
입암산성笠巖山城 235, 259
잉거㺚歌 146~148, 151~154, 171~172

ㅈ

자꾸예著古與 236
자랄타이車羅大 258~260
『자치통감資治通鑑』 60
작고酌古 132
전민변정도감田民辨整都監 284

전연澶淵의 맹약 77~78, 111, 124, 155, 158~159, 222
전촉前蜀 16
절도사節度使 18, 75, 147~148
절령岊嶺(자비령) 103, 107, 296, 298
정강靖康의 변 222
정노精弩 181~182
정동행성征東行省 283, 285
정방政房 284
정성鄭成 115, 122
정악廷鄂 48
정안국定安國 60, 76, 86
정용精勇 89, 92
정중부鄭仲夫 227
조광윤趙光胤 75, 78
조물성曹物城 전투 34
조숙창趙叔昌 239
조원趙元 128
조천주趙天柱 296, 298
좌별초左別抄 262
주영세朱永世 290~291
주진군州鎭軍 90, 92~94, 101~102, 230, 286
주현군州縣軍 90, 92~93, 230, 286
죽주성竹州城 전투 234
중랑장中郞將 66, 116, 118
중방重房 90
중부족군衆部族軍 79~80
지채문智蔡文 117~118
지훈之訓 186, 202
진국辰國 59
진두鎭頭 53, 57
진변만호부鎭邊萬戶府 286

ㅊ

차성遮城 95
채송년蔡松年 240, 242
처인성處仁城 전투 234, 248~249
척준경拓俊京 175, 187~189, 196
천리장성千里長城(고장성) 148, 152~153, 163~166, 169, 173, 201
천우위千牛衛 89
천조제天祚帝 148, 156
천호千戶(밍칸Minqut) 149, 214~215, 288
천호장千戶長 149, 214~215
철륵鐵勒 38
철주성鐵州城 전투 240
청야입보淸野入堡 50, 234
최남선崔南善 39
최량崔亮 101
최승로崔承老 56, 84
최영崔瑩 299~302
최우崔瑀(최이崔怡) 226~227, 230, 240~241, 244~245, 260, 262
최의崔竩 227, 260
최충헌崔忠獻 227, 230
최항崔沆 227, 260
춘추필법春秋筆法 275
충렬왕忠烈王 280~281, 283, 286
충실도감充實都監 257
충주성 전투 234
친조親朝 119, 123, 126, 248, 250, 252, 255, 258~261
칭기즈 칸(테무친) 208~215, 221, 237, 274

ㅋ

케시크怯薛 215
쿠빌라이忽必烈(세조世祖) 210, 272, 274, 276
클라우제비츠, 카를 폰 179

ㅌ

타초곡가정打草穀家丁 81~82
탐라총관부耽羅總管府 264, 280
탕구트족黨項族 18, 20, 72, 77, 158, 210
탕정군湯井郡 51, 56
탕쿠唐古 242, 252
테케鐵哥 249
통덕진通德鎭 37, 53
통주성通州城 110, 113, 115~117, 120~121, 123~124
통주統州 288
튀르크(돌궐突厥) 14, 20, 74, 212
특모忒母 150

ㅍ

파두반破頭潘 277
팔관회八關會 85, 135, 161
패강진浿江鎭 41~44, 56, 58, 61
패서浿西 43, 47~48, 61~62, 66
팽형옥彭瑩玉 275~276
평산平山 41~43, 47~48, 61, 242, 298
평양平壤 14~15, 40, 43~49, 51, 56~58, 61, 68~69, 103, 105, 108, 236, 292~293, 298, 304
포선만노蒲鮮萬奴 221
폴로, 마르코 215, 273

푸타우蒲桃 242

ㅎ

학보學寶 48
한계산성寒溪山城 235
한교아韓咬兒 277
한림아韓林兒 276
한산동韓山童 275~277
함보函普 141, 146
함신진咸新鎭 239~240, 253
항마군降魔軍 182
해동청海東靑 156
해령海領 89
향정鄕丁 79~80
혁차革車 162
형남荊南 16
호라즘 제국 206, 211~212
호족豪族 25, 27~28, 47~48, 61
홍건군紅巾軍 275
홍두적紅頭賊 270, 275

홍복원洪福源 253, 257
화이론華夷論 238
환선길桓宣吉 25
회안공 정淮安公 侹 243
후당後唐 16~17, 30~32, 35, 60
후량後梁 16~17, 19, 30~31
후주後周 16, 75
후진後晉 16, 19, 21, 30~35, 48, 60
후촉後蜀 16
후한後漢 16
〈훈요십조訓要十條〉 28~30, 44, 56, 86
흉노匈奴 16
흑수黑水 38, 152
흑수말갈黑水靺鞨 22~23, 145
흑수부黑水部 22
흥료국興遼國 60
흥왕사興王寺 난 302
흥위위興威衛 89
흥화진興化鎭 109, 114~115, 117, 120~122, 124, 127~129

KODEF 한국 전쟁사 ❷

고려, 북진을 꿈꾸다
고구려 영토 회복의 꿈과 500년 고려전쟁사

초판 1쇄 인쇄 2009년 11월 25일
초판 1쇄 발행 2009년 12월 1일

지은이 | 정해은
펴낸이 | 김세영
펴낸곳 | 도서출판 플래닛미디어

주소 | 121-839 서울 마포구 서교동 381-38 3층
전화 | 3143-3366
팩스 | 3143-3360
등록 | 2005년 9월 12일 제 313-2005-000197호
이메일 | webmaster@planetmedia.co.kr

ISBN 978-89-92326-60-5 93910